EDITORA DO CONHECIMENTO

Auxiliando a humanidade a encontrar a Verdade

História da Umbanda no Brasil

Volume 8

História da Umbanda no Brasil – Vol.8

Diamantino Fernandes Trindade (Org.)

CONHECIMENTO EDITORIAL LTDA.
Fone/Fax: 19 3451-5440
www.edconhecimento.com.br
vendas@edconhecimento.com.br

Projeto gráfico: Sérgio Carvalho
Ilustração da capa: Banco de imagens

ISBN 978-85-7618-432-4
1ª edição – 2018

• Impresso no Brasil • Presita en Brazilo

Produzido no Departamento Gráfico de
CONHECIMENTO EDITORIAL LTDA
Rua Prof. Paulo Chaves, 276 – 13485-150
Fone: 19 3451-5440 — Limeira – SP

Dados Internacionais de Catalogação na Publicação (CIP)
(Angélica Ilacqua CRB-8 / 7057)

Trindade, Diamantino Fernandes.
História da Umbanda no Brasil - Retratos e memórias - Vol. 8 : / Diamantino Fernandes Trindade (Org.) — Limeira, SP: Editora do Conhecimento, 2018.
330 p. : il.

ISBN: 97-85-7618-432-4

1. Umbanda - História - Brasil 2. Perseguição religiosa - Umbanda I. Trindade, Diamantino Fernandes

18-0392 CDD – 299.672

Índice para catálogo sistemático:
1. Umbanda - História

Diamantino Fernandes Trindade
(organizador)

História da Umbanda no Brasil

Retratos e memórias

Volume 8

1ª edição – 2018

EDITORA DO CONHECIMENTO

Figura 1: Logo da Casa de Cultura Umbanda do Brasil.

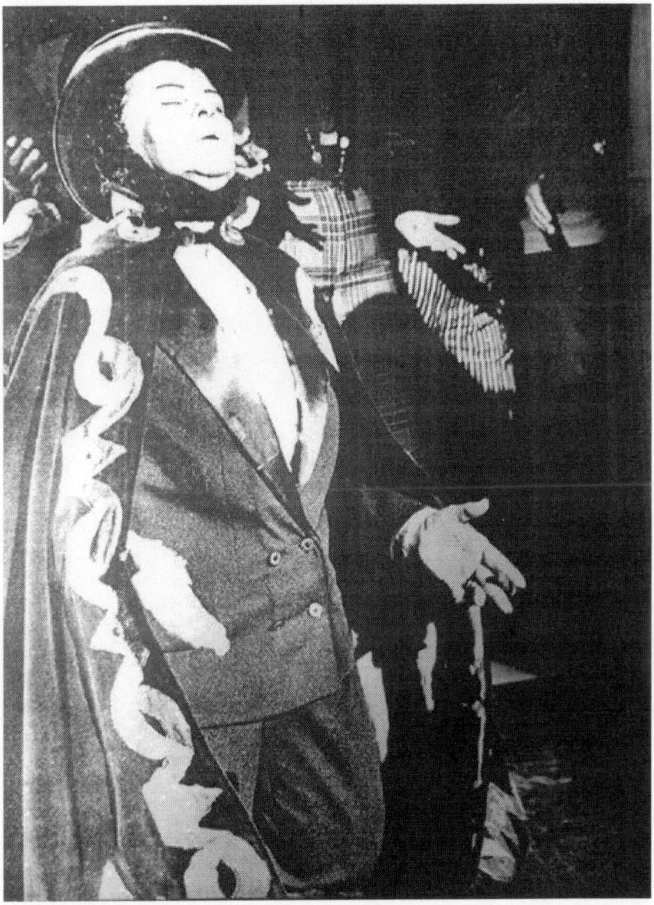

Figura 1: Seu Sete da Lira paramentado para os programas do Chacrinha e Flávio Cavalcanti em agosto de 1971.

Para todos os umbandistas que praticam a verdadeira caridade.

Agradecimentos

Aos irmãos Renato Tchalian, Coronel Carlos Soares Vieira, Rogério Correa, Padrinho Juruá, Cristiam Siqueira e Adão Lamenza pelas preciosas colaborações.

É impossível ao historiador a imparcialidade. Desde a coleta de documentos até a redação do trabalho são feitas escolhas, que não são causais. Qualquer tentativa de escrever sobre um fato ou período histórico envolve seleção, julgamento e pressupostos metodológicos. A História não pode ser nunca puramente descritiva, pois sempre haverá elementos de avaliação em qualquer relato. Sendo assim, o máximo que um historiador pode fazer no seu trabalho é alcançar uma face da verdade, que não é absoluta e sim variável de acordo com as condições que se apresentam no momento da escrita.

A Linha Branca de Umbanda é realmente a religião nacional do Brasil, pois que, através dos seus ritos, os Espíritos dos ancestrais, os pais da raça, orientam e conduzem a sua descendência. O precursor da Linha Branca foi o Caboclo Curugussu, que trabalhou até o advento do Caboclo das Sete Encruzilhadas que a organizou, isto é, que foi incumbido pelos Guias Superiores, que regem o nosso ciclo psíquico de realizar na Terra a concepção do espaço.

Leal de Souza

Segundo informações da Senhora Lygia, neta de Zélio de Moraes e atual dirigente da Tenda Espírita Nossa Senhora da Piedade, o primeiro Exu que incorporou na Tenda, sendo seu responsável, é o Sr. Marabaroo, sendo sua primeira médium a Senhora Zilka, irmã de Zélio de Moraes e posteriormente passou a trabalhar com um médium da Tenda, conhecido por Senhor Pinto. Zélio de Moraes em 67 anos de trabalhos mediúnicos ininterruptos nunca incorporou um Exu.

Padrinho Juruá

Sumário

PALAVRAS INICIAIS

Prezado leitor!

Há 30 anos venho resgatando a memória da Umbanda com a publicação de diversos livros: *A construção histórica da literatura umbandista*; *Antonio Eliezer Leal de Souza – o primeiro escritor da Umbanda*; *História da Umbanda no Brasil* (sete volumes), todos publicados pela Editora do Conhecimento e *Retratos e Registros Históricos da Umbanda* (dois volumes), pela Editora Bagaço. Finalizamos esta árdua e prazerosa pesquisa com esta obra que apresenta matérias jornalísticas, artigos, entrevistas e imagens ainda desconhecidos dos adeptos e simpatizantes da Umbanda. Reportagens de vários periódicos mostram os diversos aspectos das práticas umbandistas, além das perseguições policiais e da Igreja Católica contra os cultos afro-brasileiros.

Iniciamos com uma matéria, publicada em 1930 pelo *Jornal do Recife*, sobre a macumba. Ainda sobre o mesmo tema temos a publicação do periódico carioca *O Que Há*, de 1949, sobre um despacho no senado. O *Diário de Notícias*, em 1933, publicou a matéria "A caridade espírita no Rio de Janeiro". José Rodrigues Lopes Barros (O Aprendiz) publicou diversos artigos, entre 1932 e 1933, no *Diário Carioca*, sobre a Linha Branca de Umbanda e Demanda. É um importante registro, pois, nessa época apenas Leal de Souza escrevia sobre o tema. O autor faz referência, diversas vezes, à erudição de Leal de Souza sobre o assunto. Destacamos alguns desses artigos neste capítulo.

Em 1936 a revista carioca *Vamos Ler!* publicou uma matéria de Adolpho Morales[1] intitulada "Música do Brasil – A influência negra", texto que mostra a presença da música negra nos ritos afro-brasileiros. A mesma revista, em 1944, mostra um poema de Ascenso Ferreira, intitulado *Batuque*. No mesmo periódico, em 1944, encontramos uma interessante matéria intitulada *Orixás e macumbas* que faz uma análise sobre o sincretismo religioso nos terreiros cariocas.

A revista católica *A Cruz* (MT), de 1948, publicou uma carta de um católico fanático que denunciava às práticas, por ele consideradas nocivas a sociedade em Cuiabá, atribuindo aos livros e ao comunismo o crescimento da seita. O famoso periódico *Manchete*, em 1953, publicou a matéria *por que cresce a macumba no Brasil?*

A revista *Fauna*, em 1957, trazia um poema de Miguel Carlos intitulado "Já fracassou a macumba". O mesmo periódico, em 1961, trazia um matéria sobre O I Congresso de Umbanda do Estado de São Paulo e, em 1965, o artigo "Umbanda e o IV Centenário".

A revista *Realidade* publicou duas interessantes matérias em 1967 e 1968. A primeira sobre Mestre Yokaanam e a Cidade da Fraternidade Universal em Brasília. A segunda intitulada "Baixo o Santo!" aborda o panorama da Umbanda naquele momento. Nessa reportagem é feita uma descrição de uma gira da Tenda Mirim. Outra matéria dessa revista, intitulada "E a Umbanda continua crescendo" mostra o desenvolvimento da religião no Nordeste.

Em 1970, a *Tribuna da Imprensa*, apresentou uma publicação de Zair Cansado mostrando as diferenças entre Espi-

1 Engenheiro Arquiteto, nascido na cidade de San Sebastián, na Espanha. Filho do renomado arquiteto, Adolfo Morales de Los Rios, fundador do Conselho Federal de Engenharia, Arquitetura e Agronomia e da dona de casa Maria Rita de Cuadra, Morales partiu de sua cidade natal para o Rio de Janeiro em 1889, onde se estabeleceu definitivamente. Como empreendedor, arquiteto e urbanista, Adolfo Morales de Los Rios participa ativamente do projeto de modernização republicana, entre 1889 e 1930, manifesto nas reformas urbanísticas do Rio de Janeiro realizadas na presidência de Rodrigues Alves (1848 - 1919), e a administração municipal de Pereira Passos (1836 - 1913).

ritismo e Umbanda. O mesmo jornal, em 1971, mostra o texto onde o deputado Átila Nunes Filho pede providências ao Serviço de Censura e Diversões Públicas para a interdição do show de Carlos Machado na Boate Macumba, onde foi desrespeitada a religião de Umbanda, pois tal show constitui-se em uma violenta agressão aos princípios espiritualistas umbandistas. Outra matéria, de 1971, do mesmo periódico traz novamente Átila Nunes Filho protestando contra o achincalhe dos cultos afro-brasileiros nos programas de TV.

Wladimir Cardoso de Freitas escreveu uma importante matéria na *Gazeta de Umbanda*, em 1973, sobre a associação do homossexualismo com a personalidade do Orixá. Na *Tribuna da Imprensa*, em 1979, Nívio Ramos Sales faz uma brilhante explanação sobre a quizila.

Ricardo Kotscho realizou uma série de reportagens, no periódico paulistano *Jornal da República*, em 1979, sobre a expansão do que ele denominou de *Umbandomblé*, uma alusão aos cultos de Umbanda e Candomblé. Nestas matérias o autor traz, de forma contundente, as mazelas que permeavam os terreiros do Estado de São Paulo, como a exploração da crendice popular, exploração financeira, venda de diplomas, charlatanismo, assédio sexual, expansão das lojas de artigos de Umbanda, jogo de búzios, bem como a luta pelo poder temporal etc. Destaque para as importantes entrevistas com dois baluartes da Umbanda em São Paulo: Jamil Rachid e Pai Jaú, além do famoso repórter Moacyr Jorge.

Padre Mauro Batista, professor de Problemas Filosóficos e Teológicos do Homem Contemporâneo e vice-diretor comunitário da PUC de São Paulo, apresenta sua opinião abalizada sobre o assunto.

O jornal *O Liberal* (PA), de 1989, publicou uma matéria sobre a chamada "guerra das entidades". Em fevereiro de 1989, o Esporte Clube Bahia conquistou a Copa União (equivalente ao Campeonato Brasileiro) ao empatar como o Internacional de Porto Alegre. Fora de campo travou-se uma verdadeira "guerra de entidades espirituais" entre os pais de santo baianos e gaúchos, com ofensas e ameaças dos dois lados.

O periódico *O Liberal*, em 1989, mostra o ritual de sábado de Aleluia no Terreiro de Cosme e Damião, no bairro do Telégrafo, em Belém do Pará, conduzido por Mãe Justa. Em seguida apresentamos, na íntegra, dois volumes da rara obra *Umbanda: Escola da Vida*, escrita por Benjamim Figueiredo e publicada pela Tenda Espirita Mirim, em 1983 e 1984. Logo em seguida temos a palestra *As duas faces da moeda* proferida por W. W. da Matta e Silva na cidade de São Paulo, em 1978.

A próxima matéria, publicada na revista *O Tico Tico*, é uma interessante história, desenrolada em 1894, onde um dos personagens tinha o nome de Umbanda. Cabe ressalvar que o temo Umbanda, como expressão religiosa, só aparece em 1909, com o Caboclo das Sete Encruzilhadas. No entanto, a história em questão mostra que o termo já existia no vocabulário kibundo. O próximo texto versa sobre o culto da Cabula.

Nossos últimos registros são do nosso irmão Adão Lamenza que escreveu sobre Seu Sete da Lira e a Pombagira Audara Maria e do Coronel Carlos Soares Vieira que escreveu um texto histórico sobre a Tenda Espírita Mirim.

Encerramos com a tradicional Galeria de Imagens.

Caro leitor!

Desejamos uma boa leitura e permita-se conhecer algo que só é possível com anos de leitura e pesquisa.

Diamantino Fernandes Trindade
Hanamatan Ramayane

Saravá!

BRUXOS E BRUXAS

A Imprensa (RJ), n. 754, 30 de outubro de 1908

Lembrando-se dos tempos felizes da idade média, em que reinava a alta e negra magia, recordando-se das bruxarias fantásticas de McBeth, em noites soturnas e tempestuosas, aos sons infernais da música do sabbat, Maria Elydia dos Santos (que blasfêmia!), Rita Maria da Conceição, Ana Luiza Pereira da Silva e Abelio Gomes se entregavam ao exercício da feitiçaria, em Bangu, empregando as seguintes drogas: paus de Guiné, caixinha com areia, canecas contendo pedras e água, tábuas com cruzes a giz, facas espetadas nas paredes, pólvora, espelhos pequenos, santos quebrados, peles de cobras, batatas secas, bichos de várias espécies, entre os quais um pitecantropos, cuja feição característica e quase humana, não deixou de intrigar as autoridades policiais pela extraordinária semelhança com a espécie racional do nosso planeta.

Todos esses bruxos e bruxas, apesar de presos em flagrante, foram soltos pouco depois, por haverem prestado fiança, requerida por uma autoridade policial, o escrivão da 4a Delegacia Suburbana.

FEITIÇO CONTRA O FEITICEIRO

A Imprensa (RJ), n. 275, 10 de setembro de 1908

Os santos Xangô, Jurema e Rei Naná

Sábado ultimo, entrou pela Delegacia do 11° Distrito Policial, Ernesto Barroso da Silva que foi se queixar de haver aparecido pela manhã desse dia uma caveira humana à porta da casa onde reside, com sua amante Alexandrina Maria dos Prazeres, à Rua Major Pinto Sayão, n. 29, no morro do Livramento.

Disse Barroso que na mesma casa moravam outros inquilinos, sendo locatária Alexandrina e que costumava frequenta-la o cabo do Corpo de Bombeiros do Estado do Maranhão, João Henrique de Oliveira em serviço atualmente na Exposição Nacional, pernoitando ali, por este motivo, o cabo Henrique, algumas vezes.

Barroso, que não via com muito bons olhos a presença de Henrique naquela casa, começou a implicar com ele até que na quarta feira, chegando Henrique, tiveram uma altercação, nada havendo, porém, devido à intervenção de outros inquilinos que os apaziguaram. Entre estes estavam os de nomes Pedro Edmundo e Pedro dos Santos, que depuseram no inquérito, retirando-se o cabo Henrique que não mais voltou à dita casa.

Sábado, pela madrugada, Alexandrina despertada pelo latido do cão, chamou Barroso, dizendo que vira três indivíduos, dentre os quais reconhecera o cabo Henrique, saírem precipitadamente e, tendo ido verificar o que havia, encontrara uma caveira humana embrulhada em jornais.

Barroso saiu então a avisar uma praça de polícia que por ali rondava, indo em seguida dar queixa acerca do lúgubre achado.

O Delegado, Dr. Metelio Junior, desconfiado da narrativa que Barroso lhe dera, foi até a casa da Rua Pinto Sayão, 29, onde apreendeu a caveira humana, mandando abrir inquérito.

Intimada a depor, Alexandrina e demais moradores da referida casa, disse Alexandrina, que tinha como seus inquilinos Ernesto Barroso e mais os indivíduos citados acima, frequentando ainda a casa dela o cabo Henrique.

Que, quando encontrou a caveira, ficou muito assustada, mesmo porque, segundo disse, sempre que aparece uma caveira em casa, há atrasos e desgraça para os seus donos.

Os inquilinos referiram o que sabiam da briga de Henrique e Barroso, julgando isso sem importância, mas, que só viram a caveira humana quando Alexandrina lhes mostrara, dizendo que a fora encontrar à porta da rua.

O cabo Henrique declarou que quarta feira fora à casa de Alexandrina pedir a esta que fizesse com que Barroso deixasse de o andar perseguindo e nessa ocasião Barroso o provocara, não tendo ele feito uso de arma alguma e, no dia que diziam haver aparecido a caveira, ele tomara o trem em Cascadura, onde mora, à 7 horas da manhã, e que só soube do encontro da caveira, quando presente na delegacia.

O cabo Henrique contou, então, que Ernesto praticava bruxarias e que dizia possuir remédios com os quais poderia curar qualquer moléstia.

Depondo ainda outras testemunhas foram elas unânimes em afirmar que na casa de Alexandrina se praticavam bruxarias. As sessões realizavam-se em frente de uma mesa com vários objetos próprios desses atos, e nelas Barroso defumava os presentes, lendo a sina de todos, invocando os santos: Xangô, Jurema, Rei Naná e a Mãe d'Água.

Submetido Barroso a interrogatório, confessou que, de fato, procedia a sessões, a rezas, com intuito de curar, dar sorte e outras tantas sandices.

Messias de Moraes, filho de Alexandrina, fez declarações que muito comprometeram a Barroso e Alexandrina, acrescentando que Barroso procedia às sessões substituindo o preto Hermenegildo, que era quem as dirigia a princípio.

Alexandrina alega que viu o cabo Henrique atirar no portão de sua casa a caveira, não ficando isso, porém, provado pelas demais testemunhas.

Ernesto não soube dar explicações acerca do aparecimento da caveira, pois o soubera por Alexandrina, que o fora acordar, mostrando-a.

O Delegado Dr. Metelio Junior apreendeu, além da caveira, um fogareiro próprio para defumar, uma vela, penas de galinha pintada, algas marinhas, búzios, dentes, uma garrafa, tendo dentro uma cruz e escadas, enfim, toda a sorte de mandingas com que Barroso fazia as suas sessões de feitiçaria.

O Delegado vai processar Barroso como incurso nos artigos 156 e 157 do Código Penal.

Virou-se, portanto, o feitiço contra o feiticeiro!

LOUCOS?

A Imprensa (RJ), n. 8 de novembro de 1913

Um caso estranho ocorreu ontem com os moradores de uma casa da Rua da Alegria – O resultado das seitas falsas

A Rua da Alegria, ontem, às 3 horas da tarde, esteve em verdadeira rebordosa, com um fato anormal ocorrido na casa n. 171. Àquela hora gritos de desatino partiam do interior da casa e tantos eram eles que um pouco diante da porta da casa juntava-se formidável massa popular.

Da Fábrica de Tecidos São João, que fica nas proximidades da casa, saíram quase todos os operários, atraídos pelos gritos. Eram homens, mulheres e crianças, em um número aproximado de 1.000 pessoas que comentavam o que ocorria.

As portas da casa estavam fechadas e por isto foi chamada a polícia do 10° Distrito que pouco depois chegava. Ali foram ter o respectivo delegado Dr. Cid Braune, os comissários Rocha e Mello e guardas civis que ao chegarem, a custo penetraram na casa onde se passava uma cena edificante.

Os moradores da mesma pareciam invadidos de uma fúria diabólica! Em altos brados uns blasfemavam, enquanto outros choravam ou entoavam canções desconexas! Quem os visse diria encontrar-se em pleno manicômio, onde das celas fortes se houvessem escapado os mais infelizes dos loucos!

Uma criança, a meio da casa, de olhos vendados, pedia socorro em altas vozes.

As autoridades procuraram saber qual o mal que atacava àquela gente toda e todos eles diziam-se perseguidos por espíritos maus e afirmavam estarem sendo vigiados por um deus pertencente a lei de Umbanda.

Era impossível conduzi-los a pé até a delegacia ou mesmo em um veículo qualquer onde não se encontrassem isolados para evitar desatinos e por isto o delegado requisitou uma "Viúva Alegre" onde os meteu levando-os para a delegacia.

Eram eles; João da Silva Lucas, Antonio da Silva Lucas, José Corrêa Louzada, Maria da Silva Louzada, Manoel Correa Louzada, de 6 anos de idade; Manoel Rosa de Jesus, Antonio

Silva, Mario Lucas e Pedro da Silva Lucas.

Ali ficou depositada essa pobre gente que à entrada da noite parecia já mais tranquila, embora se mostrassem arreceados uns dos outros.

O comissário Bandeira, que estava de serviço, fê-los guardar por diversos soldados, devendo ser hoje os infelizes remetidos para a Polícia Central.

A MACUMBA EM FUNÇÃO

Macróbio[2] mandingueiro

Jornal do Recife, n. 96, 26 de abril de 1930

O catimbó, a mandinga, o xangô e todo vocabulário sinistro que traduz a arte diabólica de fazer mal ao próximo ainda vive intensamente entre nós.

Pratica absurda, desleal, imunda, a magia negra, apesar de tenazmente perseguida, atua sobremodo no seio do povo, valendo-se os catimbozeiros da ignorância reinante.

São de tal modo o pavor e o respeito por esses repugnáveis indivíduos e o receio que o povo tem de suas maquinações, que não raro se ouve dizer quando alguém está de azar: "isso é coisa feita"! Capaz de ser ponto! Você já foi a uma sessão? Diz que a dona fulana é boa.

E na ignorância enorme atiram muitas vezes o sujeito ao antro dos mandingueiros rotulados de espiritismo!

Se o cidadão é nervoso o caso é sumário, em pouco tempo se torna médium, canta loas, bebe, fuma e se diz pajé, fumando o cachimbo de Tupani.

Em meio a tudo isso os cobres vão se acumulando.

A polícia sabia que em Beberibe Mestre Carlos dava lições em determinado lugar e resolveu acabar com a história.

UM DESPACHO

O Que Há, n. 49, 5 de junho de 1930

A "macumba"... Na palavra do delegado Augusto Mendes, ela tem muito mais prestígio do que se pensa. Frequen-

2 Que tem idade muito avançada.

tam-na, altas damas, políticos, banqueiros. O senhor Augusto Mendes tem razão. Sábado, registrou *O Globo*, apareceu no Senado um "despacho". É que, macumbeiro velho, dos tempos da "roda de fogo" do cemitério da Boa Sentença da Paraíba, o senhor Tavares Cavalcanti tomou providências contra o senhor José Gaudêncio.

Esses nordestinos...

A CARIDADE ESPÍRITA NO RIO DE JANEIRO

G. Garcia

Diário de Notícias, n. 946, 28 de janeiro de 1933

O general Amaral, que foi chefe do Serviço de Saúde do Exército, disse uma vez, conversando em uma roda de amigos, que, se não fosse o Espiritismo, a pobreza, no Rio de Janeiro, morreria à míngua.

Realmente, o médium, apesar da perseguição oficial, é o médico do pobre, porque é o único que não cobra, nem força o doente a comprar os remédios nesta ou naquela farmácia.

Deixemos porem, as palavras e passemos às informações que, sendo positivas, são suscetíveis de serem provadas.

Nas sessões espíritas a caridade se manifesta no conselho aos desorientados, na cura de obsedados e de enfermos de outras moléstias, e até no auxílio à restauração dos meios materiais da vida.

Vejamos, em cálculo baseado na razão, o número provável desses beneficiados.

Segundo numerosos publicados neste jornal pelo Senhor Leal de Souza, só uma Tenda Espírita, a de Nossa Senhora da Guia, acolhe, por ano, quatorze mil pessoas. Calculando que as suas duas coirmãs, as Tendas de Nossa Senhora da Conceição e a sua matriz, a de Nossa Senhora da Piedade, atendam conjuntamente, ao mesmo número de necessitados, verificar-se-á que só as quatro Tendas do Caboclo das Sete Encruzilhadas socorrem, anualmente, a 28.000 pessoas.

O mesmo jornalista, em um inquérito que fez há dez anos, quando ainda não era espírita, visitou, só nesta capital, cento e dez centros espíritas. Admitamos que, nestes dez anos, tais centros não tivessem aumentado, e, diminuindo, se reduzissem a cem.

Em um cálculo pessimista, suponhamos que esses cem centros apenas atendam ao dobro dos consulentes que se socorrem naquelas quatro Tendas, ou seja, 56.900 pessoas, que somadas às 28.000 perfazem o número de 84.000 indivíduos.

Mas, a maioria absoluta das pessoas que recorrem ao Espiritismo não vai às sessões, onde não se receita, mas procuram os médiuns curadores, que podem trabalhar isoladamente, pois não necessitam da corrente.

Admita-se, sem exagero, que com os médiuns curadores, que dispõem cada um desses cento e quatro centros só atenda, por ano, a dois mil doentes. Teremos assim, 208.000 enfermos socorridos pelo Espiritismo.

Esse cálculo fica muito abaixo da realidade. É notório, está na consciência pública, que só na Rua Voluntários da Pátria, na Visconde da Silva e na Avenida Passos, o número de socorridos é superior a esse.

Quase todos esses centros amparam e socorrem desvalidos, com as suas esmolas. Que, uns pelos outros, os socorros atinjam a dez infelizes – são mais mil criaturas beneficiadas pelo Espiritismo.

É esse número também fica algumas dezenas de vezes abaixo da realidade, pois é quase o dos atendidos diariamente pela Federação Espírita Brasileira.

A par desse labor piedoso, a caridade espírita, no Rio de Janeiro, mantem dois asilos para velhos e três recolhimentos para crianças, sendo um reputado modelar.

Os que desconhecem o Espiritismo devem julgá-lo por esses frutos.

LINHA BRANCA DE UMBANDA E DEMANDA NA VISÃO DE UM APRENDIZ

Nosso querido irmão Padrinho Juruá resgatou diversas matérias sobre o escritor *Aprendiz*, pseudônimo de José Rodrigues Lopes Barros, português residente no Rio de Janeiro, sócio proprietário da Sociedade Laticínio Via Láctea Nevada Ltda. e vice-presidente do Sindicato dos Representantes Comerciais do Rio de Janeiro.

O *Aprendiz* escrevia regularmente no *Diário Carioca*, onde em 2 de fevereiro de 1933 assim se manifestou:

> – Devo confessar com toda a lealdade que, os meus vinte e cinco anos de crença, dedicação e observação das práticas espíritas em suas várias modalidades, a frequência com regular assiduidade nas Tendas Espíritas onde se praticam e exercem atividades caritativas, rigorosamente cristãs, por entidades do espaço, componentes da denominada Linha Branca de Umbanda, não consegui ainda sair do terreno do aprendizado, para que me possa apresentar como profundo conhecedor da significação minuciosa das referidas modalidades, certo de que outros há que com maior capacidade as poderão traduzir.

Padrinho Juruá assim escreveu:

> – Até então, tínhamos conhecimento que o único divulgador, na época, da doutrina apregoada pela Linha Branca de Umbanda e Demanda do Caboclo das Sete Encruzilhadas era o Sr. Leal de Souza. Por influência da Espiritualidade, conseguimos resgatar os textos a seguir que contêm em suas linhas, alguns aspectos da doutrina esposada pelo instituidor da Umbanda; o *Aprendiz*, com certeza, consultou os Guias Espirituais das Tendas Espíritas seguidoras do Caboclo das Sete Encruzilhadas, para angariar conhecimentos, e raciocinando com a razão, expô-los como o fez, com maestria. Observem que na maioria dos escritos, o *Aprendiz* também está defendendo a Linha Branca de Umbanda dos ataques de alguns ditos kardecistas ignorantes, intransigentes, preconceituosos, puritanos e conservadores de então, pois estes já, em época, queriam a todo custo, por pura ignorância dos ditames doutrinários da Linha Branca de Umbanda, de expurgá-la da doutrina Espírita, pois a tachavam de baixo espiritismo, e seus seguidores de ignorantes, mistificadores e exploradores.
>
> O *Aprendiz* em seus textos mostra que a doutrina

da Linha Branca de Umbanda do Senhor Caboclo das Sete Encruzilhadas está totalmente integrada à doutrina dos Espíritos Superiores, organizadas por Allan Kardec, e por isso, em época, era amplamente conhecida como uma modalidade de Espiritismo, chamada de: *Espiritismo de Umbanda*. Aliás, desconhecemos quem está autorizado a dar um diploma e carteirinha de espírita para alguém. Observamos nas entrelinhas, que o *Aprendiz* fala em nome da "Linha Branca da Umbanda e Demanda", e embora o surgimento de outros Terreiros em desacordo com as "Linhas Mestras" do Caboclo das Sete Encruzilhadas, magistralmente, em seus textos, o *Aprendiz* nos ensina a respeitar todas as modalidades, desde que sejam voltadas a pratica do amor, da fé, da simplicidade, da humildade e da Caridade desmedida. O *Aprendiz*, em nome da Linha Branca de Umbanda e Demanda também faz diversos alertas, a muitos falsos umbandistas da época, pelas práticas espúrias e feitiçarias efetuadas a bel prazer, todas com fins pecuniários. Em algumas observações sobre rituais, apetrechos, defumadores, cerimônias, o *Aprendiz* tece comentários, calcados em sua visão pessoal, que vimos ser limitada pela falta de informações científicas magísticas, o que não desmerece em nada todo o conteúdo.

Hoje, já temos explicações plausíveis calcadas na razão, de todo o arsenal natural utilizados pelos Guias Espirituais, em auxilio ao próximo. Em dias atuais, observamos umbandistas preocupados somente em cultuarem Orixás, realizarem festejos um após o outro, homenagear Exus e Pombagiras, dançarem efusivamente com roupagens coloridas e vistosas, dando ênfase a magias, oferendas e despachos disparatados, ostentando-se travestidos com indumentárias regionais, bebericando, aliando-se a espíritos de má formação moral, defendendo-os e exaltando-os como Guias Espirituais, e ai por fora. Pelos relatos do *Aprendiz*, vislumbraremos os reais Guias da Umbanda, humildes, amorosos, compassivos, evangelizadores, rezadores, intercessores, preocupados com a libertação das pessoas, enternecendo corações, e não somente Guias preocupados em travestirem-se coloridamente, dançarinos, alcoólicos, fumistas, galhofeiros; vamos ver Guias Espirituais que não estão preocupados com homenagens e exaltações; vamos ver Guias Espirituais que quando manifestados, sua preocupação é tão somente para ensinar ou trabalhar; vamos ver Guias Espirituais que nos orientam que: Festa em Terreiro é Caridade.

Podem igualmente observar, que em todos os relatos, em nenhum momento foi dado ênfase ao uso de atabaques, roupas coloridas e adereços. Em nenhum momento foram relatadas Sessões especificas e nem atendimentos fraternos com Exus e Pombagiras. Também não encontramos referência a feituras de cabeças, camarinhas, coroações, cultos e festejos para Orixás, festas regadas a comes e bebes e nem dançarias extasiantes. Somente encontramos as presenças marcantes de Espíritos Guias Espirituais em atendimentos fraternos, realizando desobsessões, preocupados em evangelizar e bem orientar e quem os procurassem, todos, obreiros humildes, sem vaidades, sem cultos individuais, somente querendo servir e nada mais.

Assim foi e são os trabalhos mediúnicos dos que se pautam pelas normatizações do Caboclo das Sete Encruzilhadas. Hoje, raros são os Terreiros que seguem, a totalidade das "Linhas Mestras" da "Linha Branca de Umbanda e Demanda" ditadas pelo Caboclo das Sete Encruzilhadas. O Caboclo das Sete Encruzilhadas tentou iniciar seus trabalhos juntamente com uma plêiade de Espíritos dispostos as práticas caritativas nas religiões já existentes, mas não foi aceito. Na época da implantação da Umbanda no Brasil, o catolicismo, religião de predominância absoluta, repudiava a comunicação com os mortos. O espírita kardecista estava preocupado com a pureza doutrinária e apenas reverenciava e aceitava como nobres as comunicações rebuscadas de espíritos considerados ilustres, catedráticos, com formação europeia, trajados com fraques e cartolas. O Candomblé como religião estruturada somente surgiria no Rio de Janeiro na década de 1930 (segundo o antropólogo Reginaldo Prandi), não aceitava a incorporação de eguns (espíritos que tiveram vida na Terra). O Caboclo só teve uma saída:

resolveu então, fundar uma nova religião, e seguir com o proposto perante a Espiritualidade Maior. Temos certeza que muitos irmãos kardecistas, hoje, respeitam e entendem o trabalho grandioso da Umbanda perante a espiritualidade. Mas, infelizmente, como em outrora, muitos outros irmãos kardecistas ainda encontram-se petrificados em elucubrações filosóficas idiossincrásicas, presos no ostracismo da ignorância.

Muitos podem nos perguntar: Mas porque dar tanta atenção e ênfase, tentando se explicar para os ditos kardecistas? A resposta é simples. Todos vão observar, na realidade, que a Linha Branca de Umbanda e Demanda instituída pelo Caboclo das Sete Encruzilhadas é considerada pelos Guias Espirituais como uma modalidade de Espiritismo, portanto, seguindo também a risca, o preconizado pelos Espíritos na codificação kardequiana, somente com algumas peculiaridades que em nada ferem o codificado. Não caberia, portanto, tantas ofensas e preconceitos, mas sim, entendimento e auxilio mútuo para melhor aperfeiçoamento doutrinário e mediúnico. Com os pensamentos contrários de muitos irmãos kardecistas de renome, acabou-se criando um fosso imenso entre as duas religiões. Observem que não nos interessa o julgamento e o que pensa o católico, o protestante, as seitas pentecostais e as neopentecostais, pois não fazemos parte da mesma linha doutrinária, e só temos em comum os ensinamentos de Jesus que são indiscutíveis. Os Espíritos da Umbanda, em tempo algum, jamais se pronunciaram negativamente ou pejorativamente contra quem os ofende. Somente nos orientam a ignorar tudo isso, pois o trabalho é grande e o tempo é curto. Os textos do *Aprendiz* se iniciaram após uma série de artigos publicados em periódicos, onde alguns kardecistas de renome, formadores de opiniões, expuseram seus achismos e idiossincrasias acerca das manifestações de Caboclos e Pretos Velhos, e das práticas da Umbanda.

Vejamos a seguir, algumas dessas matérias do *Aprendiz*, publicadas pelo *Diário Carioca*.

PRÁTICAS ESPÍRITAS

O Aprendiz

Diário Carioca, 9 de juho de 1932

Quando me refiro a práticas espíritas não entram em minhas cogitações, as que são exercidas por profissionais ou exploradores, e sim as praticadas por todos aqueles que se sentem animados das nobres intenções da Caridade. A ignorância nunca foi nem poderá ser empecilho – a prática da Caridade. Se a prática da Caridade é condição essencial ao progresso espiritual, não se podem nem se deve absolutamente impedir essa prática aos que desse progresso mais necessitam, e que são sem dúvida os que se encontram em nível inferior, condição de atraso primitiva, e o número desses irmãos é incalculável pelo seu elevado número, tanto na Terra como no espaço. A nenhum de nós encarnados me parece seja dado o direito de criar empecilhos, levantar obstáculos, ridicularizar ou repudiar esses nossos irmãos, pelo fato de praticarem a Caridade, por processos que se harmonizam com a sua condição de atraso, com o seu grau de desenvolvimento espiritual, muito embora em desarmonia com o nosso grau de civilização.

Em que princípio se poderão firmar os espíritas para negar aos criminosos o direito de regeneração, resgatando os seus crimes, com o exercício da prática de atos dignos e meritórios? A regeneração efetuada pelo resgate consiste em atos de Caridade, ou em demonstrações de cultura? Sejamos mais ponderados em nossos raciocínios e julgamentos mais tolerantes e menos vaidosos, menos orgulhosos de um saber que desaparece diante da Sabedoria Divina. Os indígenas, habitantes ainda do nosso Planeta, usam como sabemos, hábitos, costumes e linguagem inteiramente diversos dos nossos, sem que isso constitua razão para considerá-los indignos de confabularem conosco em seu ou nosso benefício na satisfação de interesses mútuos e de toda a humanidade. Ninguém se atreverá decerto, a acusar esses abnegados missionários que, embrenhando-se pelas matas virgens, levam a essas tribos de silvícolas a palavra da fé Cristã, as luzes da civilização que desconhecem.

Quem poderá divisar nessas confabulações de finalidade tão nobre, ato digno de censura ou repúdio? Respondeu-me um prezado irmão de crença as minhas considerações, que não devemos retroceder, solidarizando-nos com esses nossos irmãos, mas ao contrário, cabe-nos fazê-los avançar até nós. Parece-me haver em tal observação, uma leve dose de vaidade, que deve ser inteiramente repelida, porque nos falha capacidade autorizada para impor tal avanço, o qual se fará como determinarem as Leis Divinas, e não como muito erradamente cremos entender deve ser. Há, sem dúvida, erro de apreciação, porque não se retrocede absolutamente, pelo fato de confabular com esses irmãos, sejam eles Caboclos ou Negros, tanto mais quando as finalidades são nobres e dignas. Descer a uma posição de humilde não diminui ninguém; antes, eleva, e não se chama a isso retroceder, pois nada se perderá pelo que merecidamente se houver adquirido.

O malvado ou o benfeitor não perde a sua qualidade, seja qual for a origem ou nacionalidade, e clamorosa injustiça é por certo emprestar a esses pobres silvícolas, pela sua condição social, privilégio de incapacidade moral. Se da confabulação, do contato provocado ou não resultarem benefícios mútuos, não sei como se possam negar esses benefícios, alegando como irrisório pretexto serem conseguidos com práticas de "baixo espiritismo". Ídolos, símbolos, dogmas e rituais, só servem certamente para os que deles sinceramente julgam necessitar ainda, e essa sinceridade não pode ser posta em dúvida, quando nenhuma razão existe para isso, senão quando se cerram os olhos – para não ver as finalidades, e se arregalar para ver os meios.

Já disse e repito, sou o mais insuspeito para emitir estas considerações, por não ser frequentador ou praticante dos métodos a que me refiro. Faço, entretanto, a justiça, não de vir defendê-los porque não necessitam da minha defesa, mas de explicá-los como melhor me parece; se acertar dou-me por satisfeito de ter concorrido para desfazer dúvidas e divergências existentes; se errar, dou-me ainda por muito satisfeito, certo de que serei corrigido por quem possuir melhores luzes, permanecendo na minha muito humilde condição de aprendiz.

PRÁTICAS ESPÍRITAS

O Aprendiz

Diário Carioca, 12 de juho de 1932

Raciocinemos... Existem no espaço, inúmeros irmãos desencanados em estágio, digamos, conservando ainda sua primitiva condição de atraso espiritual, sejam, Caboclos, Negros, etc., e sobre isso não creio haver menor dúvida. Para conduzir esses irmãos encaminhando-os na senda do progresso espiritual, há irmãos de luz, investidos da personalidade de chefes de tribos, e no fiel cumprimento de sua sublime missão, como tal se nos apresentam. Não vemos absolutamente razões para que esses irmãos se sintam na obrigação de trair sua missão, revelando sua verdadeira identidade, por simples satisfação dos caprichos de quem quer que seja, que se julgue com o direito de duvidar dessa sua personalidade.

Ponho de parte as mistificações prováveis e admissíveis em determinados casos, cuja explicação o momento não comporta pela sua extensão. Muito maior e mais elevada é sem dúvida a responsabilidade desses irmãos no cumprimento de sua missão perante os habitantes do espaço, que perante nós encarnados, para que desçam a satisfazer nossa curiosidade e dúvidas injustificadas quando nos negamos a ver suas finalidades, para somente condenar e reprovar os meios de que se utilizam para satisfação de seus nobres desígnios.

A personalidade de que se encontram investidos esses obreiros da Caridade, está suficientemente explicada pelo meio em que é exercida sua missão, sendo obedecidos e respeitados, reconhecidos como chefes, numa personalidade que poderá ter sido real em anteriores encarnações. A sua ação se exerce onde o meio lhes é propício e simpático, despreocupados por completo do juízo que sobre eles queiram fazer os ignorantes, certos de que esse juízo em nada afetará a sublimidade da missão que lhes foi determinada, por quem está em plano muito além das mesquinharias humanas. Entre os elementos que os rodeiam, que lhes prestam auxílio no exercício da Caridade, há os que têm plena consciência do seu estado, e os que ainda a não possuem; mas tanto uns como outros, têm a convicção da autoridade exercida pelos referidos chefes, obedecendo-lhes cegamente na repressão do mal, ou seja, encaminhando-os por bem ou a força, a abandonar suas vítimas sobre as quais atuam (atuação fluídica), isso quando essa atuação não constitua em merecido castigo ao que chamamos provação.

Convenhamos, que o bem e o mal existem, sendo sua ação exercida e permitida por Deus, na razão direta do merecimento de cada um. Arrebatando no espaço ovelhas desgarradas, perniciosas pela sua grande ignorância e maldade, não só são encaminhadas para o aprisco, como ainda nos acautelam a sementeira para que não seja devorada, anulando todos os nossos esforços. Lastimável é sem dúvida que esses humildes pastores da Santa Seara de Jesus, se vejam alvo pela sua condição humilde, do repúdio por parte de irmãos nossos inadvertidos e apressados no julgá-los e acusá-los. Haverá porventura ainda quem ignore que alva pode ser a alma de um Negro, como negra a de um branco? Cor não significa qualidade, nem ignorância e humildade significam maldade. Aprendamos a divisar o bem e o mal onde eles estiverem, mais meticulosos nas nossas observações, para não fazermos juízos precipitados e errôneos.

Os métodos emprestados, como uso de ingredientes, utensílios, ídolos, símbolos, cânticos, pontos e outras coisas mais, que tanto horror causam a muitos, que tanta estranheza e repugnância lhes ocasionam, estão em harmonia com os elementos que deles se servem, pela sua condição de atraso, convictos porém, da necessidade de seu uso, em razão de seu próprio conhecimento, sem que daí nos possa advir prejuízo algum. Não poderá, de certo, alguém transportar da mata virgem um silvícola, exigindo-lhe que se apresente numa capital civilizada com nossos hábitos e linguagem que desconhece inteiramente, entretanto, a despeito de desconhecer esses nossos hábitos e civilização, nada o impede de alimentar nobres sentimentos, e ser capaz de praticar dignos atos.

Classificar-se como Magia Negra, a prática espírita que pelos seus métodos destoem de nosso meio civilizado, é erro de apreciação grave porque a meu ver, só se pode entender por Magia Negra a pratica exclusiva do mal, e Branca quando seja para o bem, sejam quais forem os processos empregados. A prática do mal pode perfeitamente ser exercida, sem que se desviem os praticantes do mais intransigente Kardecismo digamos para distinguir as práticas. Os meios não traduzem os fins, mas os fins justificam os meios, assim como nem tudo que é belo é bom, nem tudo que é feio é mal. Prosseguirei em minhas considerações, se isso me é ou for permitido sem que me afaste de minhas simples condição de aprendiz.

PRÁTICAS ESPÍRITAS

O Aprendiz

Diário Carioca, 3 de agosto de 1932

As manifestações por incorporações dos Espíritos de Chefes de Caboclos ou Africanos como Guias Espirituais, se revestem dos mesmos caracteres, não se podendo estranhar esse fato uma vez que se encontram esses irmãos investidos de uma personalidade real, senão no seu atual estado de outra encarnação primitiva, a qual não lhes é dado traírem, nem se encontrando obrigados a dele se despirem pela satisfação das dúvidas dos incrédulos. Como já me referi, essa personalidade se justifica no desempenho de uma sublime missão, a qual lhes foi designada, e pela qual respondem não perante os que deles entendem duvidar, mas de quem tem autoridade para determinar.

Se há quem se julgue no direito de por em dúvida a sua identidade e as probabilidades que apresento como racionais, deve demonstrar o contrário, não pretendendo satisfazer mantendo-se dentro do terreno da negativa simples. Já procurei explicar como melhor entende a razão do cerimonial observado nas referidas práticas, as quais, ou antes, o qual se identifica perfeitamente com os elementos do espaço que os adotam nas referidas práticas, traduzindo por essa forma a sinceridade com que agem e se nos apresentam. Sendo o meio propício à superstição pelo seu grande atraso de cultura, é explicável que predomino a mesma nos atos e tudo quanto os revestem, sejam objetos, etc., sem que disso resulte prejuízo para as finalidades, nem para os assistentes materiais, cuja passividade se cinge às finalidades.

Esse cerimonial ou ritual, para nós como assistentes materiais de um meio civilizado, só pode ter um caráter simbólico, uma vez que não nos é dado divisar a sua ação fluídica no mundo espiritual, onde indiscutivelmente ela se exerce, a despeito de haver quem sobre isso ponha dúvidas. Ninguém pensou ainda de certo em transportar esses hábitos para o nosso mundo civilizado; isso seria um verdadeiro contrassenso e receio infundado; nem mesmo se aconselha a propagação das modalidades pelos demais Centros e reuniões de práticas espíritas. Tolerá-los pelas finalidades dignas e nobres, é o que nos ordena o critério e bom senso. Pretender-se negar que essas práticas deixem de ser espíritas e que não sejam tão verdadeiras e de fim elevado como a dos mais intransigentes que as neguem por discordância; também não me parece que seja juízo acertado.

Que se classifique como baixo espiritismo todos aqueles que visem à prática do mal ou da exploração puramente material. Compreende-se e explica-se, mas, classificá-lo como falso não representa essa classificação à expressão da verdade. Que ninguém se iluda supondo que não seja verdadeira a ação por ser maldosa, que se livre as suas vítimas a essa ação e seus efeitos evitando se tornarem dignas e merecedoras das mesmas, e que se livrem da mesma forma os seus autores praticantes, das responsabilidades assumidas com tão perversa e covarde ação, na certeza absoluta de que não ficarão impunes seus nefandos e negros crimes. Convençam-se de que o mal só deixará de existir quando ninguém mais se torne digno dele, dependendo simplesmente do esforço próprio de cada um a conquista do merecimento ou desmerecimento do bem ou do mal. Sobre verdades tão lógicas e incontestáveis devem assentar a felicidade de toda a humanidade, e o regime social de verdadeira e sincera fraternidade. Tirar a vida de semelhante, seja qual for a modalidade, é sempre um crime de gravidade idêntica; assim como a boa ação não perde seu valor ou diminui seu grau por questão de simples forma ou método.

Praticar o bem, é sempre praticar o bem, seja qual for a forma, e cada um o deve praticar como melhor saiba e possa fazer. A palavra de conforto, de coragem e de conselho não varia de valor seja qual for o idioma com que se pronuncie, e, entretanto, uns parecem mais bonitos que outros. Não nos devemos preocupar de certo com o que desagrada a vista, antes de ver se desagrada ao coração, ou antes, procuremos ver mais com o coração que com os olhos que muitas vezes nos enganam.

PRÁTICAS ESPÍRITAS

O Aprendiz

Diário Carioca, 7 de agosto de 1932

Já desenvolvi os comentários e considerações que me parecem suficientes para demonstrar a razão de ser das práticas espíritas em questão, denominadas como da "Linha Branca de Umbanda". Se não desci a maiores minúcias, detalhando a significação de todos os atos, utensílios e objetos de que se revestem essas práticas, foi não só por me parecer inútil, como porque não sendo assíduo assistente, me não foi dada a oportunidade de um mais minucioso estudo, havendo, porém, que o posso fazer satisfatoriamente e que virá a público mais tarde nesse sentido. Resumi a explicação que podia dar interpretando o cerimonial como a reprodução de hábitos e costumes peculiares ao meio espiritual, da forma de viver que tiveram na Terra em sua derradeira encarnação, os nossos irmãos que emprestam seu valioso concurso a ação referida. Alguns desses irmãos, tendo adquirido rudimentares luzes sobre o culto religioso católico as misturam no seu culto indígena, dando ao mesmo um aparato por vezes exótico.

Assistindo-se a uma dessas reuniões e práticas, tem-se a impressão de transporte a uma dessas regiões onde os habitantes são indígenas, negros e caboclos, e ali entre eles se opera toda a ação independente de nossa interferência direta, como meros assistentes animados do desejo de com o concurso daqueles obreiros, aliviar os sofredores de seus padecimentos, especialmente se resultantes das influencias fluídicas de espíritos irmãos daquelas raças. Nós não ignoramos que infelizmente há criaturas de uma perversidade e covardia tão grandes que não trepidam em atrair e evocar esses espíritos, utilizando-os na sua ignorância e baixos instintos, para a satisfação de vinganças, caprichos ou interesses puramente pessoais e materiais, instigando-os sob falsas promessas a perseguirem suas vítimas, ou seja, irmãos encarnados convivendo em nosso meio. Recorrendo ao mesmo meio, lançando mão dos mesmos elementos, a única intenção dos bem animados é livrar essas pobres vítimas dessas malignas influências, realizando esse desiderato por bem ou a força, resultando dessa ação e intenções, inegável e indiscutivelmente, um salutar benefício mútuo. Sendo essa ação exercida numa região de indígenas, por elementos seus habitantes, nada mais acionais que livremente ajam de acordo com seus hábitos e costumes, não se lhes podendo exigir que tenham outros que desconhecem.

Essa liberdade de ação a qual em nada pode prejudicar a assistência, e que se quer chamar passividade com atos que se acredita fazerem retroceder os assistentes na escala do progresso intelectual. Não devemos, porém, esquecer-nos para uma apreciação menos intransigente de quem o progresso intelectual se poderá fazer em poucos momentos, mas o progresso moral só se fará por etapas, com o resgate do passado. Os cânticos (pontos) entoados pela assistência são adotados como meio de atração de falanges que por eles atendem, como meio de concentração, saudação de chegada ou despedida de tribos e seus chefes, atraídos ao local para desempenho eficaz da ação. Se nos fosse possível transpor este véu que nos separa do mundo espiritual, verificaríamos como nada têm de extraordinárias as referidas práticas, exercidas num meio humilde e pobre de cultura e raciocínio. Pelas considerações desenvolvidas, se deve concluir que é preciso ser-se mais ponderado nas apreciações para mais acertadas conclusões.

PRÁTICAS ESPÍRITAS – KARDECISMO – A LINHA BRANCA DE UMBANDA

O Aprendiz

Diário Carioca, 21 de dezembro de 1932

O nosso muito prezado e ilustre Leal de Souza, sem dúvida o mais profundo conhecedor da prática da Magia Branca da "Linha de Umbanda", vem pelas colunas do *Diário de Notícias* com brilhantismo inigualável, procurando explicá-las minuciosamente, demonstrando a sua razão de ser, revelando-nos a maravilhosa organização existente no mundo espiritual, dos elementos combatentes do mal que assoberbadas criaturas humanas, especialmente as que se encontram ainda inclinadas. Existindo, como é sabido e notório, considerável número de malvados formando falanges no espaço, ocasionando graves males e perturbações ao bem estar da humanidade, constituíram-se e organizaram-se verdadeiros exércitos com seu estado maior composto de espíritos em missão (Guias e Protetores) para dar combate a essa falange de malvados por ignorância, por prazer ou por perversidade. Fazem parte desses exércitos de Caridade, espíritos de todas as raças usando, como conhecedores, os mesmos processos e as mesmas armas.

O que há de extraordinário é apenas a perfeição da organização, a grandiosidade do empreendimento, o heroísmo dos combatentes, a sublimidade da sua missão, o desprendimento e a abnegação desse formidável exército de obreiros do Bem e da Caridade, que age sob a proteção Divina, guiado por Jesus Cristo. Ninguém, decerto, pensará em vencer simplesmente pela palavra de regeneração convertendo pela mesma, uma aluvião de maldades, armados dos mais baixos instintos e ardis, enfrentando-os sem outras armas. A palavra é sem dúvida suficiente sem, para aqueles, cujo estado moral lhes permita ouvi-la e compreende-la, mas não basta infelizmente para muitos, e para estes só a força poderá convertê-los.

Haverá um mal no emprego desta força em tais casos? Não, absolutamente, se a conversão não só aproveita ao convertido, com as vitimas indefesas de sua persistência na prática do mal, não podem ser em número bastante elevado. Essa luta que se trava no espaço, entre os filiados à "Linha Branca de Umbanda", e, esse incomparável aluvião de malvados justifica sobejamente o emprego de armas e processos idênticos, em harmonia com o meio em que essa luta se desdobra, e são esses processos que constituem as modalidades pelos adversários das mesmas. A solidariedade de novos elementos que reforcem as hostes dos batalhadores, conseguida por dádivas e oferendas à sua atração exercida por vários e convenientes meios, são ainda um complemento das modalidades que se observam nas práticas espíritas da "Linha Branca de Umbanda", adversária irreconciliável da Magia Negra, seus praticantes e seus efeitos perniciosos, das quais todos somos maiores ou menores vítimas.

A ação que exerce no mundo espiritual e a nós viventes na Terra, cabe-nos apenas auxiliá-la dada a sua sublime finalidade, não nos sendo motivo de preocupação e agrado ou o desagrado dos espectadores que se limitam a analisar as aparências sem mais quererem ou puderem compreender e aceitar, e deixem aos demais o direito de se sacrificarem numa luta que bastantes espíritos têm sem dúvida, mas que não é menos grandiosa, menos gloriosa pelos riscos e pelos perigos de que se reveste. É por certo bem mais cômodo e agradável ser praticante kardecista; não se lhes invejam essa comodidade e esse prazer; o que se pede como um direito e como justiça é um mais ponderado raciocínio, uma mais minuciosa análise, uma mais refletida atitude, para que não continue a predominar a calúnia e a perseguição. Sejamos mais espíritas, menos vaidosos e orgulhosos.

PRÁTICAS ESPÍRITAS

O Aprendiz

Diário Carioca, 22 de dezembro de 1932

Prosseguindo nas considerações que vinha fazendo pelas colunas deste jornal, as quais como frisei por várias vezes, tinham como fim premeditado chamar a liça às autoridades no assunto, certo de que as havia, e ainda da necessidade de ver convenientemente esclarecida a mesma, propositadamente baralhado ou ignorado, causando uma série de desinteligências entre a família espírita. Tenho hoje razões bastantes para me sentir regozijado vendo em campo como personagem principal, aquele que forceja e reconhece-lhe a maior capacidade aliada aos melhores conhecimentos do assunto, estudioso profundo das práticas espíritas em todas as suas modalidades, e que outro não é senão Leal de Souza, o autor da célebre reportagem de *A Noite*, que presentemente pelas colunas do *Diário de Notícias* ventila a questão.

Era de prever pela importância do assunto, que Leal de Souza fosse contraditado sinceramente pelos que discordem de suas teorias apesar de que as tem explicado suficientemente dentro da lógica e da razão, isso, entretanto, não é o que tem sucedido, como se poderá constatar, preferindo os adversários enveredar pelo terreno da agressão numa pretensão irritante em fugir a verdade, confundindo para caluniar, pelo prazer de negar publicamente aquilo que reconhecem intimamente por atos e por fatos. Esses Papas do Espiritismo, como bem disse Leal de Souza, não defendem princípios, mas posições de destaque entre os adeptos das doutrinas, receando perdê-las, mais preocupados com a sua perda que com os esclarecimentos que necessitam os que nele confiam.

Tem o ilustre confrade envergadura suficiente para se defender das aleivosias de seus adversários, confundindo-os como vem fazendo, arrancando-lhe a máscara e sacudindo-lhes as teias em que se deixam envolver pela sua intransigência conservadora, que os tem levado a pretender impor normas e modalidades de se exercer a Caridade, subordinando-a ao seu belo prazer. Um de seus contraditores, vindo a público disfarçadamente, como gato sobre brasas, sem contestar as afirmações e argumentos de Leal de Souza, certamente por incontestáveis, lança a pecha caluniosa e faz uma insinuação inverídica e malévola, pretendendo convencer que são os kardecistas os perseguidos, quando em verdade são os perseguidores pela intransigência de atitude que assumem, as quais sem Kardec, não autorizam.

É falso que os praticantes da chamada "Linha Branca de

Umbanda" combatam os kardecistas; eles apenas se defendem das acusações injustas que lhes fazem alguns de seus confrades, afirmando e prontificando-se a provar que suas práticas são espíritas e rigorosamente sinceras e caritativas cristãs, muito embora não queiram admitir como senda kardecistas. Não se afirma que sejam kardecistas, mas incontestavelmente são cristãs porque são caritativas as referidas práticas, queiram ou não os seus adversários e não é possível fazer ver quem não quer. Estão esses confrades representando o papel dos inimigos do espiritismo que negam sem conhecerem aquilo que negam. Chamados a analisar a questão, recusam-se para poderem persistir numa negativa que se não é de interesse particular é demonstração de ignorância ou de perversidade. Mais lealdade meus caros confrades; dentro da doutrina espírita kardecista não há apoio para atitudes confusas, senão hipócritas, e perdoar as franquezas de um modesto.

PRÁTICAS ESPÍRITAS – ESPÍRITAS KARDECISTAS E ESPÍRITAS QUE NÃO O DEIXAM DE SER

O Aprendiz

Diário Carioca, 23 de dezembro de 1932

O nosso prezado confrade Leal de Souza, focalizando essa tão debatida questão das modalidades das práticas espíritas, conseguiu com raro brilhantismo e precisão reunir uma série de argumentos colhidos das próprias obras de Kardec, pelas quais demonstrou claramente que já previa e admitia-o, a diversidade de formas sem prejuízo dos fins, não existindo, portanto, razões para que continuem os intransigentes a manter suas atitudes à sua sombra. Os praticantes espíritas da "Linha Branca de Umbanda" sempre acataram com o devido respeito e consideração, os ensinamentos de Kardec, não o culpando nunca pela intolerância dos que os não souberam ler ou compreender, a qual vai ao ponto de negar que o intercâmbio que exercemos com o mundo espiritual e seus habitantes, seja Espiritismo, esquecidos de que, não deixaria de o ser, ainda mesmo que nos não animassem as mais nobres intenções.

Não tem querido os nossos confrades, descer a uma análise dos nossos atos, preferindo lavrar condenações, sem permitir a defesa dos réus, e chamam a essa forma de julgar, Kardecismo, nós, entretanto, fazemos mais elevado conceito de Kardec, acreditando-o e reconhecendo-lhe, pelas suas doutrinas que não desconhecemos, incapacidade para apadrinhar esses juízes de última hora. Afirma um confrade, pelas colunas do *Farol*, jornal editado em Niterói, que não se pode admitir que um espírito evoluído possa, como prova, tomar uma personalidade de categoria inferior. O seu erro está: primeiro em confundir missão com prova, muito embora a missão não deixe de constituir uma prova; e, segundo, em duvidar que, quando prova seja, possa ela ser perdida pelo próprio espírito, que na mesma encontra utilidade para si ou seus semelhantes. Prova ou missão tanto poderá ser imposta, como solicitada, e devemos concordar que não somos nós que os espíritos devem satisfações de suas missões ou provas. *A l´ocurez on connait l'artisan* (nota do autor: "Você pode dizer a um artista por seu trabalho"), diz o velho provérbio francês, e se isso não bastar para os nossos confrades, que nos ensinem melhor maneira de podermos identificar os bons e os maus, distinguindo-os. O altruísmo das palavras e dos atos de nossos "Guias Espirituais" são para nós suficiente prova de sua elevação moral; sua personalidade nos é revelada, sendo motivo para anagogia.[3] Os nossos caros confrades parecem que gostam da chirinola[4] e procuram fazê-la para satisfação e contento dos inimigos de nossas doutrinas, que divisam nela um excelente meio de propaganda contra as mesmas; nós, entretanto, estamos perfeitamente tranquilos quanto ao desfecho da contenda, da qual sairemos todos, amigos sinceros e leais. Se o desejo é humilhar-nos, nós aceitamos a humilhação, convictos de que ela nos elevará; não nos diminuirá perante Deus, em nome de quem exercemos a nossa atividade na defesa dos que sofrem e que acorrem às nossas Tendas de trabalho. Falo em nome coletivo, embora sem autorização para fazê-lo; faço-o porém por um dever de solidariedade moral, que, considero ingratidão negar.

3 Êxtase, arrebatamento, enlevo.
4 Trapalhada.

PRÁTICAS ESPÍRITAS – RECEIOS INFUNDADOS

O Aprendiz

Diário Carioca, 7 de janeiro de 1933

Ao que se presume, dada a repulsa manifestada publicamente por alguns de nossos confrades em evidência na atualidade, pelas práticas espíritas da "Linha Branca de Umbanda", em suas modalidades de aparência exótica no nosso meio social, receiam esses confrades, que haja a pretensão de generalizar essas modalidades, impondo-as ou adaptando-as em substituição às que se caracterizam com a nossa civilização. Supõem talvez os nossos confrades, que possam vir a ser introduzidos nos salões de nossa sociedade, ou nos centros espíritas kardecistas, digamos para distingui-los no meio social espiritual, os caxambus (nota do autor: Dança de Negros, espécie de batuque ao som do tambor) e os baticuns (nota do autor: Barulho de sapateados e palmas) que tanto horror lhes causa, não devendo, no entanto, nutrir tais preocupações que não tem o menor fundamento.

Tudo no Universo é relativo, e nas criaturas não deixa de o ser. Operam os obreiros kardecistas num meio que se nivela ao nosso, no seu grau de evolução, guiados por espíritos superiores no exercício da Caridade, usando, portanto, modalidades peculiares, e se entre esses obreiros ou necessitados, alguns Negros ou Caboclos se confundem, pode-se afirmar sem erro, que a sua condição de progresso espiritual se acha nivelada ao meio, com a qual se confunde por afinidades fluídicas. A ação caritativa exercida pelos praticantes da "Linha Branca de Umbanda", meus caros confrades, se não quereis que seja tão nobre como a vossa, se em verdade reconheceis que se não reveste de aparato e serenidade tão sedutores, deveis ao menos fazer a justiça de reconhecer e proclamar, que é sem dúvida bem mais espinhosa, mais rude, mais povoada de perigos e abismos, mais infestada de sofrimentos e de dores pela triste condição de atraso moral do meio que é exercida.

Afrontado todos os perigos decorrentes desse meio, sofrendo por vezes suas consequências inevitáveis, esses abnegados obreiros da Caridade Cristã têm razões para se entristecerem com as acusações que lhes são feitas, e ainda mais quando elas partem de confrades, que deixam de ver em sua ação uma necessidade de cujos benefícios compartilham embora ignorando, para divinizarem a satisfação de um prazer ou finalidades malévolas. Leal de Souza, o mais legítimo e o mais autorizado embaixador na Terra dessa falange de guerrilheiros do espaço, que combate com ardor a ação maléfica da qual somos todos os maiores ou menores vítimas, acaba de nos demonstrar clara e racionalmente, a surpreendente organização dessa falange do Bem com a mais poderosa combatente, o mais formidável exército espiritual mobilizados por espíritos elevados, investidos de personalidades e autoridades indispensáveis à luta que se trava com a Magia Negra, sua ação e seus autores.

Solidários nossos confrades com essa luta e seus comandantes, emprestam-lhe o concursos que lhes é pedido ou exigido, passíveis às suas ordens, em benefício próprio e de todos quantos lhes solicitam defesa, vítimas da ação maléfica dos ignorantes ou dos malvados do espaço. Não são, portanto, criação dos praticantes terrenos essas modalidades com as quais se tornam solidários e passivos, explicadas as mesmas pela relatividade com o meio espiritual e necessária ao bom êxito das finalidades.

Repugna a muitos confrades esta luta por lhes parecer anti-caritativa; o meio, entretanto, assim o exige e o justifica, se não bastasse a necessidade de livrar a humanidade de tantos sofrimentos e ainda a de evitar agravem suas responsabilidades os praticantes do mal, persistindo em sua prática. Essa luta é travada num campo onde as armas e os processos são equivalentes e as palavras seriam infrutíferas, não impedindo que se empreguem estas quando necessárias e profícuas. Força não sobrepuja a palavra senão quando se torna aquela indispensável, e esta inútil, bastando-nos saber que os dirigentes superiores que comandam essas hostes de guerrilheiros, são espíritos clarividentes de categorias elevadas no desempenho de missões que lhes foram designadas, para cujo cumprimento se investem de personalidades adequadas.

Jesus Cristo pregou pela palavra e pelo exemplo, o amor ao próximo, mas chicoteou quando achou que assim devia fazêlo, como castigo aos que o mereceram, e infelizmente ainda há muito quem o mereça.

PRÁTICAS ESPÍRITAS

O Aprendiz

Diário Carioca, 17 de janeiro de 1933

Já se tem clara e categoricamente demonstrado que as práticas espíritas da "Linha Branca de Umbanda" estão em perfeita congruência com os princípios da doutrina Espírita, sem que desvirtuados sejam os fins premeditados, só quais se fundam no exercício exclusivo da Caridade Cristã dentro da qual nenhuma criatura se perderá. A obra enciclopédica de Rivail não foi, não é, nem será deturpada por aqueles que sincera e honestamente se entregam aos exercícios da Caridade por modalidades que não traduzem métodos, mas sim necessidades ocasionais em harmonia não só com os meios, como os fins. Um nosso confrade vem de há tempos classificando as práticas acima referidas como "empíricas", combatendo-as incessantemente, não nos habilitando a lhe responder, e, contestá-lo por ignorâncias que o sentido que pretende dar à sua classificação por ser variada.

Se for sua intenção mimosear-nos com o título de charlatães, deve fazê-lo sem rebuços, para que tenha direito ao mérito pela sua amabilidade e prova de tolerância, e bem assim para que se possa compreender a maneira como interpreta as doutrinas das quais se arvora intransigente defensor. Se ao contrário, entende esse confrade que se baseiam as modalidades da "Linha Branca de Umbanda" na simples experiência, então lhe poderia dizer, que se por tal razão há quem nos julgue errados, mais errado está de certo, quem na experiência não tem base suficiente para suas afirmativas. A cura das enfermidades sejam elas de qualquer origem, melhor, senão maior eficácia tem tido na experiência, do que na própria ciência dos homens, que na mesma tem seu apoio, sua base mais sólida. Se algo há que lamentar nestas controvérsias entre os professantes de princípios e fins que se harmonizam, são as sentenças draconianas lavradas contra confrades, cujo maior crime consiste em não saberem, nem concordarem com disfarces, reputando suas atitudes e condutas nobres, dignas e elevadas a despeito do seu desagrado, para os que preferiram aparatos sedutores embora hipócritas.

Não ignoramos, prezados confrades, que as modalidades de nossas práticas, se não prestam em absoluto a satisfação de vaidades exibicionistas pela humildade do meio em que são exercidas, não sendo por esse motivo invejadas, se elevado é o número dos que as preferem, é sem dúvida porque, em nossas Tendas, e seus humildes Terreiros, tem encontrado a acolhida que necessitam os que às suas portas tem vindo bater.

Não me prende a essas Tendas chefiadas espiritualmente pelo "Caboclo das Sete Encruzilhadas" o menor cargo de responsabilidade; assistente não muito assíduo, apenas faço esta declaração para demonstrar a minha insuspeição, não importando ela na diminuição da mais completa solidariedade à sinceras, honestas e rigorosamente Cristãs práticas espíritas, que ali poderá testemunhar o mais escrupuloso observador, desconhecedor que seja da idoneidade dos elementos ativos materiais. A vós, pois, que com tão infrutificado ardor combateis aquelas modalidades e seus compartilhantes, que os apontais a perseguição das autoridades policiais, da repudia de seus confrades, atraindo sobre eles a humilhação pública, eu ousarei perguntar-vos: Tendes porventura conhecimento de que ali seja comerciada a Caridade por mais insignificante que tenha sido o seu preço? A alguém foi pedida ou exigida qualquer recompensa pelos benefícios prestados nessas Tendas de Caridade? Satisfeita a vossa curiosidade e a observação, se nada de desonesto ou de interesse material vos foi dado constatar, perguntai então a vossa consciência onde estão os charlatães, os falsos ou baixo espíritas praticantes de magia negra, que a vossa intolerância vos leva a divisar? Lembrai-vos prezados confrades que ninguém responde senão pelos seus próprios atos e pela extensão de suas consequências; dentro deste dogma se encontram os que acusam e condenam inocentes.

PRÁTICAS ESPÍRITAS – FETICHISTAS, FALOS ESPÍRITAS, MACUMBEIROS

O Aprendiz

Diário Carioca, 20 de janeiro de 1933

A conclusão a que se chega das críticas e reprovações das práticas espíritas da "Linha Branca de Umbanda" é que em geral os críticos e improvisados juízes desconhecem inteiramente aquilo que condenam; ao contrário não se desfariam em polêmicas e argumentos que nenhuma referência tem com o assunto em questão, e que nada absolutamente provam em contrário do que se tem dito sobre as modalidades das referidas práticas, nem ao menos explicando a razão de sêr dos variados epítetos e das acusações formuladas por simples prazer de agredir ou caluniar.

Não conheço pessoalmente nenhum dos acusadores e agressores senão através das suas atitudes, as quais pretendem apoiar no Evangelho que interpretam ao seu sabor e que não pode de forma alguma acampar agressões. Desprezados os princípios da tolerância e da fraternidade explícitos em todos os Evangelhos, desprezada a respeito pela idoneidade moral dos seus semelhantes, os críticos e juízes improvisados e apressados, transformam seus confrades em êmulos, escachando-os com epítetos que primam pela variedade e prodigalidade agressiva. É fértil a imaginação desses Papas Espíritas em criar intenções que não existem, em ver crimes e criminosos na diversidade das modalidades, quando em verdade que provam desconhecer, não se derrogam princípios nem fins.

Fartamente explicada com toda a clareza a razão de ser das referidas modalidades, não por mim humilde e modesto aprendiz, mas pelo erudito digno e sincero confrade Leal de Souza, o mais devotado obreiro da Caridade Cristã dentro das modalidades que se caracterizam pela humildade de seus praticantes, persiste-se apesar de tudo, sem explicação, o porquê em achar na clareza das mesmas margem a dúbias interpretações. "Fetichismo" (nota do autor: "Culto dos fetiches, ou feitiços; veneração exagerada, supersticiosa, de objetos inanimados que se crê estarem ligados aos Espíritos e que, por isso, passam a representá-los simbolicamente"), salvo erro, significa o culto a fetiches (nota do autor: "Objeto que se cultua por se atribuir valor mágico e/ou sobrenatural"). e não consta que entre os elementos ativos materiais ou espirituais se ensinem ou se renda culto a fetiches (entre os praticantes da "Linha Branca de Umbanda"), essa classificação não tem, portanto, nenhuma procedência senão ainda na ignorância dos classificadores.

Eu tomarei a liberdade de aconselhar ao confrade que de há tempos vem combatendo as referidas modalidades, designando-as ora como fetichistas, ora de falso e baixo espiritismo, ou ainda como de macumbas, a que procure analisá-las convenientemente, bem como a idoneidade de seus praticantes; procure como curiosidade ao menos ler a que a propósito das mesmas tem sido publicado pelas colunas do *Diário de Notícias* de autoria de Leal de Souza, contestando as suas considerações, se entender na sua perspicaz sabedoria não traduzirem a expressão da verdade, certo de que será o primeiro a lhe agradecer as melhores luzes que pode trazer sobre o assunto. Deus, Cristo e os Espíritos que se destacam pela sua elevação moral, sejam Santos ou como lhes queiram chamar, tem para os praticantes da "Linha Branca de Umbanda" tanto ou maior merecimento, é digno de tanta ou maior veneração como são para aqueles que se acreditando privilegiados no saber, os pretendem monopolizar dentro de sua orientação, que pode ser mais adaptável a época, mas não aos meios nem aos fins.

Nega que a Caridade seja Caridade pela humildade de que a pratica; nega o valor da obra por que o artista não é um *gentleman*, porque não tem escola, porque é preto ou bronzeado, porque veste uma simples tanga ao invés de um elegante costume, e por tal prisma não tolerariam, hoje, novo messias que não viesse de casaca e chapéu alto, pretendendo disfarçar ante os papalvos um orgulho e uma vaidade patenteadas. Convençam-se de uma vez para sempre que a Caridade não é privilégio de castas, raças ou indivíduos, seja qual for a sua condição social; o seu exercício é possível e permitido a todas as criaturas humanas, e maior é a sua nobreza entre os humildes e os incultos que os inteligentes e os poderosos... Dentro dela todos acharão a sua salvação.

PRÁTICAS ESPÍRITAS

O Aprendiz

Diário Carioca, 2 de fevereiro de 1933

Devo confessar com toda a lealdade que, os meus vinte e cinco anos de crença, dedicação e observação das práticas espíritas em suas várias modalidades, a frequência com regular assiduidade nas Tendas Espíritas onde se praticam e exercem atividades caritativas, rigorosamente cristãs, por entidades do espaço, componentes da denominada "Linha Branca de Umbanda", não consegui ainda sair do terreno do aprendizado, para que me possa apresentar como profundo conhecedor da significação minuciosa das referidas modalidades, certo de que outros há que com maior capacidade as poderão traduzir.

Consciente, preocupado mais com a razão de ser e as finalidades, absorvido com a beneficência dos efeitos resultantes da ação, com a análise da sinceridade e honestidade das intenções e de seus autores, tenho-me despreocupado com os pequenos detalhes e minúcias, com as aparências extravagantes, dos gestos, das linguagens e mesmo de atos, pela convicção lógica de que apenas caracterizam hábitos e costumes, maneiras de agitar energias fluídicas, peculiares e propícias das diferentes raças de povos, que constituem os meios, dentro das quais se desenvolvem e exercem as atividades, sem que por essas razões se tenha o direito de duvidar da sinceridade, recusando a solidariedade e passividade necessárias e úteis aos meios e as finalidades, indubitavelmente nobres.

Esforçando-me para publicamente demonstrar o resultado de minhas observações, justificando a razão de ser das modalidades combatidas sem razões lógicas que mereçam atenção, afastada de antemão qualquer suspeita de falta de sinceridade, expus claramente, exemplificando a lógica da razão de ser, mas a despeito de todos os meus esforços e boa vontade, não bastam reconheça, para satisfação dos incrédulos, dos cegos e surdos, por vaidade ou prazer, com os quais não pretendo gastar tempo e palavras. Combatem-se as modalidades em questão, confundindo-as propositalmente com as práticas exploradoras, perseguem-se, ridicularizam-se, humilham-se e infamam-se os seus autores como réus de crimes que se fantasiam, e quando os réus vitimas das injustiças desses juízes de fancaria,[5] pedem, insistem pelo direito sagrado que lhes assiste como defesa, um exame minucioso, uma análise rigorosa em todos os seus atos taxados como indignos, desonestos e criminosos, como resposta apenas conseguem ver redobrada a violência das agressões, como demonstração de um desejo diabólico de caluniar, de agredir e chama-se a isso Espiritismo, chamam-se a tais processos de doutrinas evangelizadoras.

Que nos diga o bom senso, se não é mais preferível e agradável conviver com a ignorância humilde dos Pretos e dos Caboclos, que entre a mentalidade moderna dos sábios espíritas que professam essas sábias teorias. Que nos digam esses sábios, se a ação nobre e caritativa deixa de o ser, ou perde sua virtude, quando praticada conscientemente por um humilde, pobre de cultura ou mesmo por um criminoso? Que nos digam se por tais razões se torna digna de gratidão a boa ação? Que nos digam se a condição de inferioridade social de qualquer criatura humana é motivo para que se impeça o exercício da Caridade, e logicamente por esse exercício a sua educação e progresso moral?

Que nos digam se hábitos e costumes de vida silvícola são significados de perversidade ou de sentimentos indignos? Que nos digam se Deus na Sua Sublime Justiça e Amor seja cego ou sendo para os que lhe dão outra denominação nas suas invocações? Que nos digam, se as súplicas e as preces endereçadas a Deus tenham maior valor e eficácia, pronunciadas em Latim, Francês ou Guarani? Que nos digam, se o Negro africano por ser habitante das selvas, não pode possuir tanta sinceridade nos seus atos, na sua palavra, na sua crença e nas sua fé, como o mais "civilizado" parisiense? Que nos digam se, por comer

5 Trabalho pouco esmerado, feito a pressa.

feijão com farinha em cuia, se alimentam sentimentos menos nobres, que quando se servem iguarias em pratos de porcelana? Que nos digam enfim, se por uma simples tanga ou uma casaca se pode avaliar o caráter do seu dote? E não vamos mais longe, para não sentirmos o contraste da moralidade entre um batuque ou um caxambu, e um baile da nossa alta sociedade. Não humilhem aqueles que se nos não podem dar lições de civilização, talvez nos possam dar alguma proveitosa lição de moral e muitos há que delas sentem a sua falta.

PRÁTICAS ESPÍRITAS – COMBATE A MAGIA NEGRA

O Aprendiz

Diário Carioca, 16 de fevereiro de 1933

Deve ser este o brado que deve repercutir em todos os recantos da Terra, como quem anunciando a era de uma ofensiva sem tréguas contra autores, ação, e as funestas consequências das práticas espíritas de Magia Negra, profusamente exercida dos exploradores ambiciosos e perversos, numa extensão tão clamorosa que justifica a necessidade e a energia da luta do combate acérrimo. Não cogita de uma luta para satisfação de vinganças, de ódios, de invejas ou quaisquer sentimentos anticristãos, mas sim, de defesa contra a ação maléfica de indignos, de covardes e malvados que se utilizando da ignorância e fraqueza de instintos de seu irmãos desencarnados, os arrastam ao serviço das suas infames satisfações, ambições exclusivamente materiais e pessoais, conduzindo aqueles infelizes ao caminho da desgraça aonde vão semeando o sofrimentos e a dor, agravando cada vez mais as suas responsabilidades, e elevando o número de desgraçados.

Faltando elementos, as autoridades terrenas, para que exerçam uma indispensável repressão contra esses perversos exploradores praticantes da Magia Negra, sobram sem dúvida esses elementos para aqueles que dentro das práticas espíritas se sentem animados das mais nobres intenções, e encorajados pelo desejo de exercerem essa indispensável e útil repressão, sem que, desvirtuadas sejam essas nobres intenções pela energia de uma ação, cuja elevação de finalidade justifica. A energia da luta e do combate tem a presidi-la tanto por princípio como por fim a exclusiva prática da Caridade, e não deve em absoluto descer ao terreno da vingança seja contra quem for, seja qual for o grau de perversidade do autor, seja qual for a extensão de seus males.

Quando a conversão dos perversos ou ignorantes não pode ser satisfeita mutuamente, seja pela palavra ou pelo exemplo demonstrativo da necessidade e das vantagens da mesma, resta como recurso extremo, quebrar e anular a ação desses malvados, sendo sem dúvida esse recurso mais digno, do que abandoná-los consentindo-lhe que semeando o sofrimento, agravem o peso das suas responsabilidades, pela persistência na sua ação devastadora da tranquilidade de suas vítimas. As modalidades de que se reveste essa luta não poderão de forma alguma deixar de estar em relação com o meio e as circunstâncias que o cercam, não devendo absolutamente justificarem a separação ou a divergência dos combatentes, quando as finalidades não são quebradas em sua sonoridade identificando-se em perfeita harmonia pela sua elevação. Tolher-se o livre arbítrio de uma criatura humana quando do mesmo abusa em prejuízo dos seus semelhantes, não pode constituir um crime ou um erro, quando se tem a convicção de que, desse abuso resultam vítimas, sendo a maior vítima o próprio autor desse abuso, pela responsabilidade de que sobre si acarreta. Ato de caridade deve ser, portanto, impedir-se de ser empregada a energia, que só o grau de rebeldia requer, e torna necessária.

Os praticantes da Caridade Espírita da denominada "Linha Branca de Umbanda", chamaram a si a iniciativa dessa luta, de combate sem tréguas ante a extensão da maldade exercida pelos praticantes da Magia Negra, conhecendo bem a gravidade, a responsabilidade, as asperezas e os espinhos dessa luta, certos de que não lhes será recusada a assistência e o valioso auxílio capital dos bons amigos do espaço, aceitando agradecidos os de todos, seja qual for a sua personalidade, por mais humilde que seja ou pareça ser, desde que se identifiquem os desejos e as intenções, numa ação conjunta, conduzidos e iluminados por uma ofuscante estrela... A Virgem Mãe Santíssima, como guia Jesus Nazareno, não importa de certo a esses trabalhadores, nem lhes sobra o tempo para que se preocupem com impensados, o que apegados aos preconceitos sociais se não limitam apenas a lhes negarem sua solidariedade moral que seja, nessa luta tão nobre e elevada, como confrades que negam ser, combatemos e apontamos a execração de seus irmãos, como indignos de merecerem consideração e respeito.

Não se satisfazem esses irrefletidos com as humilhações a que tem procurado submeter os obreiros da "Linha Branca de Umbanda", procurando ainda embaraçar, dificultando a sua ação, senão a defesa intransigente desses preconceitos, os quais se esforçam por enquadrar dentro dos Evangelhos e das obras dos escritores, entre as quais se acomodam melhor que as palavras de retórica balofa, os exemplos das ações nobres e caritativas. Nas fileiras dos combatentes contra a Magia Negra, há lugar pra todos os de boa vontade, seja qual for a sua raça ou cor, seja qual for a sua condição de progresso espiritual, e essas fileiras aumentarão cada vez mais pelos que com exemplos se vão convertendo de obreiros do mal, em combatentes do mesmo, em obreiros do Bem. Se há quem acredite humilhar-se se alistando nessas fileiras; se há quem se acovarde diante dos espinhos desta luta, que se recolha no silêncio desse orgulho e dessa falta de coragem, onde não seja perturbado pelos que apenas divisam a nobre missão que tem a cumprir.

Seja-me permitido advertir esses infelizes transviados, menos pelos males que possam ocasionar nessa luta, que pelas suas próprias obras cujas responsabilidades assumem, vós praticantes da Magia Negra, meditai bem, refleti no negror e na imensidade de vossos crimes; lembrai-vos de que nunca será tarde para retroceder no caminho; lembrai-vos de que nunca será tarde demais para a reflexão e arrependimento; inevitável será a responsabilidade de vossos atos e suas consequências; o resgate é imprescindível, temeridade é sem dúvida e persistência no erro o agravo da responsabilidade, sob o peso das quais sereis vencidos, esmagados, fatalmente; recuar desse caminho que palmilhais em vosso próprio benefício.

Que Deus tenha piedade de vós, permitindo aos obreiros da "Linha Branca de Umbanda" possam, eles manietar a vossa ação, aniquilar as vossas maldades, cassar o vosso livre arbítrio, apressando a oportunidade do resgate da vossa criminosa ação. Animam esses obreiros da Caridade o desejo e a ação de defesa das vossas vítimas, sem vos almejar senão a vossa conversão tão depressa quanto seja possível e permitido por Deus na sua misericórdia e bondade infinita. Que Deus vele por todos os seus filhos.

PRÁTICAS ESPÍRITAS – COMBATE A MAGIA NEGRA

O Aprendiz

Diário Carioca, 2 de março de 1933

É necessário que se compreenda a ação e se reconheça a enormidade de extensão dos graves malefícios espalhados pelos infames obreiros da Magia Negra, para se poder avaliar o quanto é necessária a conjugação de todas as criaturas de boa vontade, empregando o máximo de se esforço para que incentivada e redobrada seja a intensidade da luta, do combate sem tréguas aos autores e aos nefastos efeitos da sua ação. A mais perfeita e poderosa organização de combate existente no momento, tal como no-la descreveu brilhantemente o muito ilustre e prezado confrade Leal de Souza, deve-se sem dúvida a esse Espírito iluminado que a chefia e que se acoberta na humilde personalidade do Caboclo das Sete Encruzilhadas.

Se grande é indubitavelmente o seu poder benéfico e o da organização que preside no espaço, coadjuvada por seus auxiliares terrenos, se eficaz e frutífera tem sido a sua ação, se extraordinários tem sido os benefícios semeados nessa luta titânica encetada e travada em favor das pobres vítimas indefesas da ação traiçoeira da Magia Negra, é indispensável que se reconheça o quanto mais fértil seria a colheita desses benefícios, se esse grande e abnegado trabalhador e seus soldados tivessem ao menos a solidariedade moral de todos aqueles que, ainda mesmo não sendo espíritas, ou não sendo apologistas das suas modalidades de ação, tenham a defesa de que, aliviados possam ser os sofredores e aliviados sejam os seus próprios sofrimentos como um dever de Caridade recíproca, reservando alguns poucos minutos diários para em fervorosa prece ao Criador, implorar a sua proteção e o seu amparo a esse devotado combatente e seus humildes soldados que engrossam as fileiras de seu admirável exército. Nenhuma razão justa pode prevalecer para que recruzada seja essa coadjuvação, quando a mesma é solicitada e precisa em nome de tão digna missão, numa luta que prima pela elevação e nobreza das suas finalidades.

Recusem-se se assim o quiserem, a solidariedade, as modalidades prevalecer para que recusada se neguem a cooperar nas mesmas os que sinceramente discordam por motivos cuja razão se não pretende mais comprovar, quando o que se pede não é a aprovação ou a passividade com os meios, e sim a solidariedade moral que seja apenas as finalidades, que em verdade se não pode negar sejam dignas e merecedoras que não sejam úteis e necessárias ao bem estar a felicidade e a paz de toda a humanidade, especialmente das vítimas e dos autores da ação nefastas e devastadora da Magia Negra. Não se imploram remunerações ou agradecimentos como retribuição aos esforços e aos sacrifícios dessa falange de abnegados obreiros da Caridade, ou que se ousa implorar em seu nome por voto espontâneo; é a insignificante contribuição de uma prece erguida com fervor e fé ao Pai de Misericórdia, para que esses batalhadores tenham revigoradas e centuplicadas as suas energias para com a possível brevidade alcancem o completo triunfo a definitiva vitória nessa luta, nesse renhido combate ao mal, pela conversão dos malvados pela sua inatividade ou transformação em obreiros da Caridade.

Cessem de hostilidades aos meios, a humildade de seus elementos ativos da Terra ou do espaço, a sua condição de progresso espiritual, a sua raça ou a cor da sua epiderme, a pobreza da sua linguagem, na certeza de que mais altos pairam os seus desígnios, mais elevados pairam os sentimentos que os guiam nessa heroica luta, na qual se não desconhecem os deveres fraternos para com os vencidos. Se não bastarem à clareza destas palavras, se não forem suficientes para que se possam traduzir os sentimentos que animam os que se proferem, se ainda apesar de tudo apenas continuares a ver modalidades e através das mesmas, macumbeiros, falsos e baixos espíritas, que Deus vos perdoe a vossa prazenteira cegueira, e que nos permita atingidos pela mesma em vossas acusações, perdoar-vos também.

PRÁTICAS ESPÍRITAS – RÉPLICA

O Aprendiz

Diário Carioca, 3 de março de 1933

É com mais profundo pesar que sou provocado a vir em público lavrar o meu protesto, revoltado contra as aleivosias, contra as insinuações caluniosas contidas na carta do Senhor Presidente da Liga Espírita do Brasil, endereçada e publicada na *Vanguarda* de 22 do corrente, cuja carta acidentalmente me foi dada a ler por um confrade e amigo. Estupefato, começo por não acreditar em absoluto que os membros das entidades filiadas à Liga Espírita, às quais seria de presumir o senhor presidente representar-se, endossem as aleivosias assacadas em seu nome contra os seus confrades, pelo crime de praticarem a Caridade Cristã usando modalidades adequadas ao meio espiritual, no qual são verdadeiramente exercidas com a desaprovação e o desagravo daquele senhor, que por qualquer motivo, arvorado em Papa Espírita, insulta e agride-os.

A despeito das afirmações e de todas as demonstrações públicas da sinceridade e da rigorosa honestidade das referidas práticas espíritas, da clareza e da elevação comprovada das suas finalidades, da idoneidade posta à prova dos seus praticantes, esse cavalheiro, contrariado publicamente na sua maneira de pensar, depois de haver declarado que não combateria em público, se bem que continuando a discordar, direito incontestável e reconhecido, surpreende-nos na sua incontida explosão de despeito, atirando sobre os que se atrevem a contrariá-lo uma série de insultos em insinuações baixas e caluniosas, pouco dignas da autoridade com que as profere.

Não fora a autoridade de que se investiu para assacá-las, e não mereceriam a consideração da réplica. Confesso, apelando para o testemunho dos que me tem honrado com a leitura dos meus rabiscos nas colunas deste jornal, que apesar da estreita convivência com a ignorância humilde dos Pretos e Caboclos, ainda não me ensinaram eles os baixos e indignos processos, aprendidos na elite, de caluniar e agredir os que discordam do meu pensar. Na humildade ignorante, seja real ou aparente desses selvagens do espaço, eu apenas tenho colhido os mais sublimes exemplos de elevação moral, palavras de conforto e conselhos Cristãos, pronunciados na sua linguagem arrevesada mas traduzindo sentimentos de nobreza de seu caráter, não se confundindo absolutamente com a polidez das agressões que constituem os princípios exemplares dos Papas Espíritas, para quem os praticantes da "Linha Branca de Umbanda" não passa de "espertos", "exploradores" e outras sandices que não vale repetir aqui.

Conhecida publicamente minha atitude na defesa e justificativa da sinceridade e da honestidade dos que se acham fora do alcance de qualquer suspeita dentro das referidas modalidades, mais do que a eles me atingem as acusações caluniosas, lamentando que o Senhor Presidente da Liga Espírita tenha feito trincheira de papel das obras de Kardec para o ataque desferido contra seus confrades, procurando nelas o apoio que jamais poderá encontrar para maneiras tão descorteses, intolerância tão chocante, intransigência tão agressiva, forma de julgar tão insensata, orgulho tão mal disfarçado. Faço, entretanto, sem favor ao grande mestre Kardec, a justiça de o não acreditar capaz de abrigar em seus ensinamentos que não desconheço formas de proceder, de exclusiva responsabilidade e capacidade de seu autor. Para que se não suponha que me acomodo com duelos de calúnias e agressões públicas, recusando antes a luta para a qual me falham armas e terreno, ignorante no seu manejo, convido insistente e respeitosamente o Exmo. Senhor Presidente da Liga Espírita a vir nessa qualidade em público, positivar individualizando às acusações que formulou na referida carta, autorizando-o desde este momento a levar o escrúpulo da sua análise aos meus atos públicos e privados em todos os terrenos, nas minhas atividades comerciais e industriais, numa labuta consecutiva de trinta e dois anos nesta capital.

Frequentando com alguma assiduidade as seções práticas de Caridade das Tendas Espíritas de Nossa Senhora da Conceição e Nossa Senhora da Guia, ambas nesta cidade e adotando as modalidades em questão, embora sem cargo de responsabilidade da sua direção, sem, entretanto me achar autorizado, tomo por mim a liberdade de convidá-lo a trazer publicamente as provas de que nelas seja explorada qualquer criatura humana, que se aceitem ou peçam recompensa por mais disfarçadas que sejam, que se exijam sequer agradecimentos pela Caridade distribuída, que se disfarcem por qualquer forma interesses de ordem material, que se explore aproveitando em proveito pessoal e ignorância de quem quer que seja. Levado o exame e análise até a vida privada dos responsáveis pela direção terrena dessas Tendas, se provadas não poderem ser as aleivosias assacadas tão graciosamente, eu me julgarei com o direito de exigir publicamente que a Liga Espírita do Brasil não continue a ter seus destinos geridos por quem não possui o controle de seus nervos, de seus sentimentos e instintos, colocando em tão delicada e triste situação as entidades que represente, senão a própria doutrina que justifica sua organização e sua existência.

Que me perdoem Deus e os meus confrades, meus excessos de revolta, culpado como me acredito de tê-los tornado alvo das agressões que os atingiram, talvez pela evidência com que os defendia, que considerei a considerarei preferível a covardia de um silêncio que poderia ser interpretado como a confissão dos crimes imputados. Não temo a responsabilidade da defesa assumida, certo quando tomei essa iniciativa de que não faltaria quem me sobrepujasse na intelectualidade que a possuo em fraco grau para que dela me envaideça ou orgulhe, da sinceridade das minhas palavras e da honestidade dos meus atos, especialmente no terreno espiritual, não pretendo fazer monopólio, mas não posso permitir sem revolta e protesto, que pretenda alguém, por mais cultura se julgar privilegiada na elevação e nobreza dos sentimentos que devem presidir essas palavras e esses atos, e que conferem a qualquer o direito de dizer-se espírita.

PRÁTICAS ESPÍRITAS – LINHA BRANCA DE UMBANDA

O Aprendiz

Diário Carioca, 4 de março de 1933

A insinuação de que combatemos o Kardecismo é aleivosa; apresenta uma falsidade, com intenções que se diziam facilmente. Somos combatidos acusados e agredidos, e a nossa atitude tem sido apenas de defesa, cabendo a intransigência de alguns kardecistas a responsabilidade da luta que provocaram e mantém, muito contra o nosso desejo, distraídos dos afazeres espirituais, forçados a vir a público desfazer e anular essa campanha de intrigas e difamações, alimentada pelos que nada construindo, pretendem tudo destruir.

Cessem as acusações, ou provem-nas se isso lhes é possível, é esse o desejo que alimentamos e não o de manter polêmica como fosse parecer a alguém, e o assunto está por demais esclarecido para os que querem compreendê-lo. Não é absolutamente exato que se pretendam estabelecer preferências para estas ou aquelas modalidades, classificando umas superiores as outras; há nessas insinuações perfídia evidente, pois se tem frisado claramente que essas modalidades se explicam pela harmonia existente entre as mesmas e o meio espiritual, em cujo terreno se desenvolve a ação. Não nos cabe impor métodos ou modalidades, senão no terreno material em que habitamos; é de certa infantilidade querer-se estender os nossos preconceitos sociais a um mundo de condições muito diversas, desconhecidas poderemos dizer, em sua grande parte. Tudo tem a sua razão de ser, e é sabido que não tomba uma folha seca que não seja pela vontade de Deus.

Se somos os enfermos necessitados de ser curados, não temos senão que nos entregarmos confiantes nas mãos do facultativo, e se constatamos pelas suas curas que lhe não falha a competência para exercício da sua profissão ou missão, será porventura justo que se veja ele acusado de inepto, indigno ou desonesto, porque se alimente de ervas, fale o idioma diverso do nosso, use traje diferente, ou more numa cabana ao invés de um palacete? Os medicamentos repugnantes em geral, mas nem por isso os recusamos quando necessitados pela cura dos males que nos afligem, sujeitando-nos por vezes a maiores sacrifícios e dores que os da própria enfermidade, tendo em vista a conservação da vida da matéria, ou seja do corpo material.

Não propagamos nem aconselhamos a preferência de métodos; cada qual segue ou adota os que melhor lhe convém e agrada, dentro das mesmas finalidades, é claro, sobre as quais não devem prevalecer dúvidas quanto a sua nobreza e elevação; o que não podemos é recusar a Caridade a quem no-la solicita, quando em nossas mãos estejam os meios precisos, e é isso que estamos crentes; todos os bons Espíritas devem fazer, sem a preocupação de mesquinharias de interesse pessoal. Queremos a liberdade e o direito de agir com honestidade no exercício da Caridade, pelos meios que nos são facultados pelos seus principais e diretos autores, aqueles que os acharem por isso dignos de pedradas, que atirem. P.S. – Agradecido ao prezado amigo Sr. Joaquim Ferreira do Nascimento pela sua solidariedade e conforto. Em resposta a sua pergunta tenho a dizer-lhe, que a Tenda de Nossa Senhora da Conceição é na Rua da Quitanda, n° 201, e as sessões públicas de Caridade nas Terças-Feiras, às 20 horas.

MÚSICA DO BRASIL: 1816-1850 – A INFLUÊNCIA NEGRA

Adolfo Morales de Los Rios Filho

Vamos Ler!, n. 18, 3 de dezembro de 1936

A música do negro é acentuadamente rítmica, e, portanto, pobre em melodias.

O compasso, marcado pelo ritmo permanentemente cadenciado dos instrumentos de percussão – *ganzás*, *atabaques*, *gonguês*, e *piútas* – e pelos batimentos de pés e mãos, é demasiado uniforme e até enervante.

Sofre, porém, algumas vezes e imprevistamente, uma ligeira mutação ou sincope. É uma exclamação de estrema sensibilidade, um rumor, grito ou sussurro. É uma ligeira modificação no ritmo geral, um improviso dos tocadores. É o eco africano transportado no dorso das nuvens para as terras americanas. É a Etiópia, a Hotentotia, o Senegal.

O canto – que sempre acompanha as danças, pois o negro não canta sem dançar – é rico de ritmos e de acentuado colorido. É, entretanto, triste. Saudade chorosa das terras da África. Canto dolente da Flórida, Jamaica, Cuba, Haiti e Brasil: terras da escravidão.

Ao som do *banzo* ou *pandeiro*, do *carimcó*, do *cracachá*, do *berimbau*, da *marimba*, do *adufo*, do *mulungo*, do *caxambú*, do *chequerê*, da *viola* e de inúmeros tipos de chocalhos inspirados no *maracá* – os negros e negras, uns frente a outros, volteavam, requebravam as ancas, roçavam ombros e traseiros, contorciam-se, rebolavam, faziam tremelicar peitos e seios, mergulhavam, deslizavam, sapateavam e oscilavam; – quer fosse no *candomblé*, no *côco*, no *chorado*, na *fofa*, na *chocaina*, quer na *capoeira*, que simbolizava o combate, no *quizomba*: dança nupcial angolense, no *lundu*, lúbrico e tremelicante movimento coreográfico, e no *jongo*, que, sendo uma espécie de *candomblé*, constituía a dança das fazendas.

As danças dos negros eram coletivas – apresentando, também, as duas feições principais: *mímicas* e *ginásticas* – e de pares e emparelhadas.

Nas danças *mímicas*, os negros personificavam cenas amorosas e os atos fetichistas. Quando se tratava destes últimos, elas tinham caráter mais grave, solene, como é o caso dos realizados nos candomblés, onde se evocavam os espíritos, se faziam preces ou eram consultados os oráculos.

Nas danças *ginásticas*, os negros imitavam por meio de pulos, movimentos bruscos e atitudes belicosas, não só combates, como cenas de caça. Os dançarinos, que evoluíam no meio da roda, eram quase sempre homens e acentuavam, com as suas curiosas e imprevistas atitudes, o caráter do ato coreográfico.

Foi daí que surgiram os *quicumbres* e os *quilombos*, nos quais se simulam os combates entre negros fugidos e indígenas.

Mas, tudo se foi transformando e surgiram as danças de ritmo sincopado e de origem luso-espanhola: a *cana verde*, o *miquirão* e o *chula-fado*. Aproveitando esse ritmo, o negro formou o *batuque*, que constitui a exteriorização do amor.

O *batuque*, o *batucajé* ou *batucada*, é a mais alta expressão coreográfica dos afro-brasileiros. As vozes esganiçadas das mulheres têm como contraste as vozes roucas dos homens. Palmas, lamentos, exclamações, berros, uivos, assobios e batimentos dos pés, acentuam ou quebram, abruptamente, o compasso. A excitação, o frenesi, vai apoderando-se de negros e pardos. Todos se lançam doidamente à dança e ao canto, invocando nesse, os seus fetiches e santos, os animais, o sertão, a noite, a lua...

As cantigas – acompanhadas do *toque*, ou ruído martelante dos instrumentos de percussão – explodem em uma linguagem estranha e complexa; em uma algaravia.

Eis um exemplo bem característico:

Viado no mato
É *corredô*
Cade Ochoça
É *cacadô*

Ô! Bamba eu vai *tirá*
Ô! Bamba eu tira *memô*

Outras são mais compreensíveis e poéticas. Haja vista a que segue, com invocação à lua.

Brilha no Céu a lua nova
Bordada de ouro
Macumbebê
Olha macumbebê, olha macumbaria

Naturalmente se compreende que o negro não diz *brilha* e *olha*, como foi escrito e dito para melhor apreensão, e sim *bria* e *oia*.

O toque aumenta de intensidade. A aceleração com que os instrumentos são percutidos é, também, cada vez maior. Ferve a *macumba*, arde o *candomblé*.

O *pai do terreiro* dirige os cantos e as cerimônias.

Invocam-se os gêmeos e lá vêm os dois santos eternamente unidos.

São Cosme, São Damião
Cadê Doum
Doum, Doum
Tá na mesa da Umbanda, Umbanda
Umbanda, Umbanda
Eu vou conta a vovô
Que a maradinha chegou
Foi Doum, foi Doum
Foi Doum, o merecedô

Figura 2: Negra dançando. *Vamos Ler!*, n. 18, 3 de dezembro de 1936.

Figura 3: Negro dançando. *Vamos Ler!*, n. 18, 3 de dezembro de 1936.

BATUQUE

Ascenso Ferreira

Vamos Ler!, n. 425, 21 de setembro de 1944

I
A chuva bate no tambor do chão
Batuque de negro, batuque de bátega
Batuque de cafre[6] banzando utucungo
Do Congo, de Angola, da Costa do Ouro...

– Pai Jubiabá, valei-me de Exu Sete Caminhos!

Caiu no ogan, sumiu no terreiro
Subiu na fumaça, lá vai ele embora

De dentro da noite vem canto de macumba
Da boca da noite batuca o batuque
Desse urro de atabaque berrando na noite
É alma de escravo batendo urucungo

Saltam da terra Zumbi e Yassanan
Fracejam no ar braços de virgens
Visando visões, suando feitiço...
Inaé toda encapotada chega escorrendo chuva...

Oxumaré! Xangô, Xangô!
É espírito de cafre banzando urucungo
Choro de alma cafusa nas selvas do Congo

II
A chuva bate no tambor do chão
O canto é surdo e longe o lamento
Batuque de negro vai embora outra vez
Quando raia o dia a alegria volta de novo...

---

6 Termo ofensivo para designar uma pessoa de etnia negra.

ORIXÁS E MACUMBAS

Vamos Ler!, n. 426, 28 de setembro de 1944

Todos os povos criam suas religiões à altura do seu estado cultural. O negro africano, de civilização primitiva, encontrou nos seus fetiches e mandingas a forma religiosa que melhor se adaptava à ignorância em que vivia. Mas, mesmo primitivíssima, essa religião é, como todas as outras, baseada em princípios aprimorantes. A prova está em que não foi condenada pelos jesuítas quando iniciaram a catequese no Brasil. Com habilidade e inteligência, os missionários católicos procuraram estabelecer uma conjugação entre a forma rudimentar religiosa do índio e do negro com o catolicismo. Assim, ligaram o crucifixo a Zambi ou Nzambi, deus maior dos africanos, que recebia várias outras denominações ente as inúmeras tribos negras que para aqui vieram. Os pretos passaram a usar o crucifixo ao pescoço como "iteque", ou melhor, talismã.

Aliás, essa adaptação é constatada na grandiosa obra de José de Anchieta, nas primeiras festas do Brasil-Colônia, nas coroações dos reis negros, nas congadas e taleras.

Da grande massa negra entrada no Brasil, as levas chegadas ao Rio de Janeiro eram constituídas de tipos mais feios, ignorantes e atrasados – os bantos. Eles nos trouxeram as macumbas, ritual fetichista paupérrimo. Como os bantos vieram em menor proporção e eram inferiores, absorveram muito da religião dos yorubás e dos malês da Bahia, conservando apenas os traços fortes do culto original. O ritual dos negros do Rio está preso aos mortos – animismo – daí a ligação com o espiritismo, aos animais – totemismo e o mais perigoso: a medicina mágica. Do culto fetichista conservaram a adoração das pedras e da luz, sob a materialização do girassol, tão empregado nos préstitos carnavalescos dos ranchos e escolas de samba.

Oxalá ou Zambi é o deus maior nas macumbas cariocas. Não confundir com Zumbi, maléfico espírito das trevas. Os orixás correspondem aos santos, são numerosos. Tantos, que quase sempre "baixam", "descem" ou "incorporam" em grupos ou falanges e pertencem a várias "nações" ou "linhas". O grande sacerdote, o "pai de santo", chama-se também "embanda" ou "umbanda". O acólito, sacristão, ajudante de cerimônias, é o "cambone" ou "cambono". Os que, encarnam os espíritos são os médiuns, filhos de santo, aparelho ou cavalo. Não é de estranhar a interpretação da religião negra pelas religiões superiores como o catolicismo e o espiritismo. Não existe religião pura, todas elas se prendem aos cultos mais antigos, primitivos. A religião negra do Rio apresenta, em similitude com os santos católicos, os seguintes orixás:

Oxalá – Jesus
Ogum – São Jorge
Xangô – São Jerônimo
Oxóssi – São Sebastião
Iemanjá – Nossa Senhora da Conceição
Exu – Satan, diabo, espírito maligno
Aguará – Santo Onofre
Ibeji – São Cosme e São Damião
Nanamburucú – Nossa Senhora do Rosário
Iansan – Santa Bárbara
Oxum – Nossa Senhora da Aparecida

O lugar onde se realiza a macumba toma o nome de congá ou terreiro, seja no chão batido dos caminhos e encruzilhadas ou no assoalho dos compartimentos onde está armado o pegi, altar ornado com flores e fetiches que materializam os orixás. Sobre o pegi devem permanecer as guias, colares de contas coloridas, pontos de firmeza que os chefes ou guias de linhas entregam aos aparelhos. As contas podem ser de vidro, de madeira ou sementes. Para cada linha há uma guia característica. Assim para a linha de Ogum as contas são três encarnadas, duas vermelhas, três brancas e uma azul e, para a de Iemanjá, três brancas, três verdes, três douradas e uma azul. Todas as guias devem ter, no mínimo, 52 contas e, no máximo, noventa e nove. Há objetos e utensílios indispensáveis à cerimônia – citemos a pemba branca – espécie de giz que vem da África, pemba de várias cores, ponteiros ou punhais de aço, coités, invólucro de coco cortado ao meio e polido, moringas de barro, velas, fitas e cadarços das cores do arco íris, barbantes, otás ou pedras de rio, conchas, defumadores de toda a espécie, bodoques, flechas, capacetes de penas, charutos, fósforos, pólvora, plantas e raízes.

Durante a cerimônia tiram-se pontos cantados ao ritmo de tambores, caxambus, batus, catecás, tantãs e chocalhos. Esses pontos são firmados com pemba, recobertos com pólvora, à qual se ateia fogo no momento máximo da solenidade. Há vários pontos tradicionais característicos desse ou daquele orixá. O mais comum é o signo de Salomão ou ainda signo salmão ou ainda signo saimão, constituído por dois triângulos entrelaçados em forma de estrela. Os pontos, tais como os brasões, as insígnias de nobreza, os escudos de armas, encerram a história e os preceitos dos orixás. Os velhos embandas africanos como os conhecedores da heráldica, sabiam decifrar os traços, estrelas curvas e entrelaçamentos dos pontos que traçavam.

Durante as macumbas, muitas vezes preparam-se comidas, nas quais prevalecem o fubá de milho, o azeite de dendê e a pimenta. As bebidas preferidas são cerveja branca ou beja, cerveja preta chamada mijo de porco, parati ou marafa, água ou mazá, aluá, bebida feita com milho verde, mel de abelha e vinho tinto e branco. Os trabalhos são sempre iniciados no último quartel da noite ou às vinte e quatro horas precisamente. Os crentes devem permanecer descalços sobre a terra nua. Os melhores dias para os trabalhos da macumba são segunda e sexta feira.

A cerimônia e a duração dependem da imaginação do macumbeiro – não há um ritual pré-estabelecido. Nela, sob a sugestão dos ritmos, cantigas e passes cabalísticos, desenvolve-se, no impressionismo dos assistentes, cenas e lances que, partindo da supraexcitação, chegam à loucura.

Todos os orixás são festejados nos dias dos santos católicos a que correspondem. Ontem, 27 de setembro, dia de São Cosme e Damião, as macumbas cariocas festejaram Ibeji, os gêmeos, os "dois dois", como são conhecidos pelo povo. Desde agosto que, pelas ruas dos bairros e subúrbios da nossa cidade, andam mulheres e crianças munidas de bandejas forradas com panos de crochê enfeitadas com flores de papel, sobre as quais descansa a imagem conjugada de São Cosme e Damião, que foram, respectivamente, médico e cirurgião, ambos mártires da Igreja. Os milagres atribuídos à intervenção dos gêmeos árabes são notáveis. Bastava que tocassem com as mãos para que os doentes ficassem curados. É crença popular que, onde há Cosme e Damião, não entra epidemia, malefício e feitiçaria.

Figura 4: Cosme e Damião. *Vamos Ler!*, n. 426, 28 de setembro de 1944.

Na religião negra, Cosme e Damião são os protetores das crianças, principalmente dos gêmeos. Nesse dia, as macumbas enchem-se de crentes, recebem dádivas e doces a granel. São presentes dos que ali vão render homenagens aos seus orixás e protetores. O interessante é que há muito marmanjo e velhota sabida que, para poderem gozar sem peias as delícias das guloseimas, encarnam durante a festança apenas espíritos de crianças e, como se tal fossem, falam em tatibitabi,[7] pulam, fazem travessuras – e atiram-se, vorazmente, aos doces e salgadinhos, como garotos mal educados. Não resta dúvida que o que prejudica as boas intenções é a especulação.

7 Uma forma de fala caracterizada pela articulação defeituosa de certas consoantes.

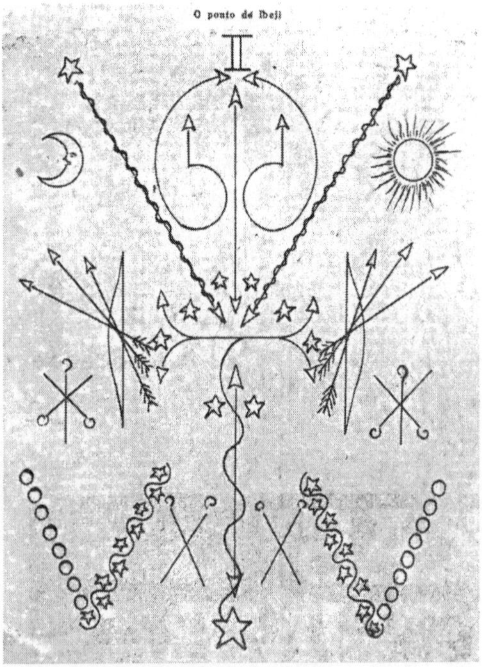

Figura 5: Ponto riscado de Ibeji. *Vamos Ler!*, n. 426, 28 de setembro de 1944.

CARTA RECEBIDA

A Cruz (MT), n. 1802, 4 de abril de 1948

Senhor Redator de A Cruz.

Cumprindo o meu dever de católico, venho por meio desta fazer-vos ciente dos acontecimentos que infestam, cada dia mais, a nossa terra. Quero falar de uma nova seita que está avassalando, dia a dia, a nossa cidade verde, seita de maus costumes e verdadeiras práticas satânicas, cujo título africano é Umbanda ou Congá.

Reúnem-se os seus conciliábulos diabólicos, para a prática de nefandas bruxarias, como também das mais tristes imoralidades. Até famílias inteiras vão a esses centros de perversão, sacrificar sua honra e os maridos se precipitam no abismo do alcoolismo, por ordem dos tais chefes de Congás.

Está, cada vez mais, alastrando-se esta peste em nossa cidade, e até onde iremos com tamanha degradação moral? A polícia nada faz para repelir a marcha acelerada desta seita de profanações e imoralidades, explorações das classes pobre e abastada, pois todos acorrem a esses centros diabólicos e corruptos. Vemos por toda cidade coisas impossíveis ou sejam frutos desses focos de ignorância. Os santos do nosso catolicismo profanados com nomes bárbaros e exóticos, *Oxularia* é Jesus, *Ogum* é São Jorge, *Euxóssi* é São Sebastião, *Sinhá Simba* é Nossa Senhora das Dores (veja que horror!), *Nhonho Rengo* é São Gonçalo, *Nhasan*, Nossa Senhora do Rosário, *Omulu*, São Lázaro, *Siriricacute*, Anjo da Guarda, *Zambi Oxalagria*, Padre Eterno. É o cúmulo!

Ainda mais: há senhoras que tomam a benção a esses bárbaros nos Congás e vão a Igreja pedir garrafas com água benta ao sacerdote de Cristo para batizar frangos pretos nos Congás da feitiçaria. Lá pedem proteção a *Exu*, ou seja, Satanás, e este exige presentes imundos. Ao Clero, nosso diretor espiritual, venho pedir sérias providências, antes que seja tarde, pois somente a Igreja de Cristo pode exterminar esta praga espírita, que vem nos roubar a felicidade cristã.

Há poucos dias me contou um amigo que na Rua Governador Rondon (ou bairro da Mandioca) existe um centro com o nome de Tenda de Pai Viraton; este centro de patifarias e imoralidades, dirigido por tal João Luiz Garcia, tem o costume de separar casados por intrigas feitas pelo tal protetor Viraton, que aconselha o marido a abandonar a esposa, porque esta o atraiçoa. E o marido, depois desta consulta, chega a casa embriagado e dá uma surra na mulher e a põe para fora do lar. Podia relatar milhões de fatos degradantes desse centro e de outros, fatos que me vem aos ouvidos por pessoas de severa honestidade. No dia de Nossa Senhora da Conceição, ou seja na linguagem africana, *Mamái Axum Nana Burucú*, houve uma festa em um dos tais Congás e me contou um amigo, que certa hora apagaram as luzes e houve uma verdadeira bacanal de nudismo e indecências medonhas.

Pois a santa da macumba assim queria, para maior glória da sua seita. Devemos o alastramento dessa praga maldita a um livro, que foi editado no Rio e vendido aqui em Cuiabá, cujo nome é *Umbanda e Quimbanda*; a falta de escrúpulo das livrarias, que importam tais livros, foi a causa do alastramento da seita diabólica. O comunismo também é um grande aliado da seita do Congá; é ali o lugar de suas mesquinhas propagandas contra o Clero e o Catolicismo.

Na seita da macumba, o homem deixa de ser homem para ser cavalo; vejam que cúmulo. Negar a si, para dar-se o nome de um animal! Depois de ser cavalo, um certo tempo, passa a ser Ogan e depois Babalau, e em seguida Ladorixá. São estes os graus da hierarquia diabólica e me disse um amigo, que é muito difícil ser Babalau, pois tem que ser um profundo feiticeiro, e ter parte com o demônio, e que só temos um em Cuiabá, mas não me disse o nome. Deus nos livre de que haja mais outro.

Disse-me que existem os umbandistas e os feiticeiros, que os últimos são protegidos por Exu, São Jorge, Gurumis ou seja São Cosme e São Damião, que são para eles, santos feiticeiros.

A informação prestada eu acho suficiente para o cumprimento do meu dever de católico. E quanto puder fazer para o combate tenaz a esta seita diabólica, farei com o espírito sereno de verdadeiro cristão.

Um católico.

Prezado leitor!

Mantivemos os termos citados sem alteração, por dever histórico. Porém, percebe-se a ignorância do "católico" em questão. Pelo que escreve nunca passou perto de um terreiro, pois, tudo foi "um amigo" que contou. Ou então é um daqueles católicos que vai escondido aos terreiros. É um texto, ao mesmo tempo triste e cômico, porém, quantos católicos e evangélicos não tem esse tipo de pensamento ainda hoje?

POR QUE CRESCE A MACUMBA NO BRASIL?

Reportagem de Carlos Galvão Krebs

Manchete, n. 50, 28 de março de 1953

Quando se fala em cidade de muitas igrejas, lá vem o refrão: Salvador, a cidade das trezentas e sessenta e cinco igrejas. É uma mentira que aprendemos escolares, e que acreditamos verdade pelo resto da vida. Quem se der ao trabalho de tirar isso a limpo, verá que nunca chegaram a uma centena, mesmo incluídas as capelas privadas.

O curioso é que em Salvador, com relação às casas de culto fetichista, vale dizer, dos candomblés, se dá exatamente o fenômeno contrário. Informa-se um total muito menor do que a realidade. Graças à farta bibliografia relativa ao assunto, podemos hoje, grosso modo, mas com certeza, refazer a marcha do Candomblé.

Nina Rodrigues viveu dentro dos terreiros baianos cerca de quinze anos, em fins do século passado. Em *O animismo fetichista dos negros baianos* e aludindo a Salvador, afirma textualmente: "Na capital existe um número crescido de terreiros que, num mínimo exagerado, calculo de quinze a vinte entre grandes e pequenos". A intimidade com o assunto e a probidade científica de Nina Rodrigues impõem a segurança dessa estimativa. Vamos admitir o máximo, desse mínimo exagerado: Havia vinte candomblés em Salvador, nos fins de século XIX e primeiros anos da presente centúria.

Em 1948 o Museu do Estado da Bahia incluiu na série de suas publicações a obra *Candomblés da Bahia*, de Edison Carneiro.

Diga-se de passagem, que, apesar de alguns senões, esta é a melhor obra de divulgação sobre o Candomblé jamais escrita no Brasil. Edison Carneiro, meio século após Nina Rodrigues, dá cerca de cem candomblés para Salvador.

Em abril de 1951 apareceu em Paris *Le Cheval des Diex*, de Henri-Georges Clouzot. Esse Clouzot é o mesmo irrequieto cineasta que dirigiu vários filmes na França, inclusive *Le Gorbeau*, talvez o mais conhecido deles no Brasil. Já um mês antes, através das páginas de *Paris Match* (número de 12 de maio) Clouzot havia conseguido um "furo" jornalístico internacional, publicando, pela primeira vez no mundo todo, fotografias documentais da "feitura de santo" na Bahia, apanhadas por ele próprio. *Le Cheval des Diex* é um livro de reportagem fascinante. Sem dúvida perpassa – inclusive – de tremenda ingenuidade em suas páginas e em certos trechos. Mas é um livro vivo, escrito com vibração. Pois Clouzot afirma existirem em Salvador quatrocentos e cinquenta e três casas de culto fetichista.

Nós sabíamos que os cem candomblés mencionados por Edison Carneiro em 1948, já na época estavam abaixo de uma estimativa razoável. Mas, sinceramente, nunca tão abaixo. Em correspondência com José Valladares, no último trimestre de 1951, solicitamos que informasse o número exato, na atualidade. José Valladares, desde jovem, é diretor do Museu do Estado da Bahia e é dos mais categorizados colaboradores da Diretoria de Patrimônio Histórico e Artístico Nacional. Conhece demais o Candomblé, assunto pelo qual sempre se interessa e do qual está muito bem informado. Tanto é assim que, por sua orientação, o Museu do Estado editou duas obras sobre o tema: *Pesquisas Etimológicas na Bahia*, de Melvile J. Herskovits (1943) e a citada obra *Os Candomblés da Bahia*, cinco anos mais tarde. Dias após a pergunta José Valladares contestava: "A Secretaria de Segurança costuma informar que há na Bahia 121 candomblés, mas os entendidos dizem que há pelo menos quatro vezes mais".

Pessoalmente sabemos que a Secretaria de Segurança não merece muita fé, em face de não possuir – segundo cremos – um bom serviço de estatística. Entre ela e os "entendidos", desde que apontados por José Valladares, ficamos com estes.

Ora, as quatro vezes mais significam, 480 candomblés. O fato de José Valladares falar que "há na Bahia" não quer dizer que se refira ao Estado inteiro. Para os baianos de todos os quadrantes Bahia significa, antes de qualquer coisa, a Cidade de Salvador. Esta é como que a primeira e principal acepção de topônimo.

A estimativa consignada por José Valladares até supera a

de H. J. Clouzot. Por prudência, desprezamos oitenta e quatro unidades, e mantenhamos o total de 400 redondos.

Cinquenta anos medeiam entre os dados de Nina Rodrigues e a estimativa presente. Nesse meio século o número de candomblés de Salvador se elevou ao quadrado: de vinte para quatrocentos.

Em Porto Alegre, extrema capital do Brasil meridional, não dispomos de uma tão longa perspectiva como a tornada possível pela obra de Nina Rodrigues na Bahia. Em compensação possuímos dados estatísticos e fidedignos, há já três lustros completos: de 1937 a 1951 inclusive. É um ótimo trabalho da Diretoria de Estatística Educacional, subordinada à Secretaria de Educação e Cultura. Se os reputamos como dignos de fé e por alguma boa razão. Para "bater", isto é, para realizar um "toque", uma festa, cada casa de culto solicita licença à Repartição Central de Polícia, que a concede mediante prova de quitação com o citado serviço estatístico. Ignoro se até hoje é mantido esse controle. Mas sei que até três anos atrás era assim. Daí porque estas séries merecem crédito.

Vejamos as revelações do trabalho paciente da Diretoria de Estatística Educacional. Ao final vamos verificar se o crescimento fantástico dos candomblés da Bahia é um fenômeno apenas regional ou se ele se manifesta, também, no extremo sul do país. A série que apresentamos se refere exclusivamente aos anos e ao respectivo número de casas de culto registradas em Porto Alegre no seu transcurso. E "Batuque" é a mesma coisa que Candomblé.

1937 – 13 casas de Batuque
1938 – 23 casas de Batuque
1939 – 27 casas de Batuque
1940 – 37 casas de Batuque
1941 – 42 casas de Batuque
1942 – 52 casas de Batuque
1943 – 80 casas de Batuque
1944 – 63 casas de Batuque
1945 – 70 casas de Batuque
1946 – 75 casas de Batuque
1947 – 78 casas de Batuque

1948 – 80 casas de Batuque
1949 – 80 casas de Batuque
1950 – 98 casas de Batuque
1951 – 116 casas de Batuque

Isto desprezadas as casas que não "batem" regularmente conforme decisão tomada entre 1943 e 1944, e o normal coeficiente de evasão. Como se vê, também no Sul é fabuloso o crescimento das casas de culto fetichista. Há ainda a notar o seguinte: não estão incluídas na série a s casas de Umbanda, que a Diretoria de Estatística Educacional, ou por pouca intimidade como assunto, ou por pouca intimidade com o assunto, ou por outa razão qualquer, vem apurando separadamente, e só de dois ou três anos para cá. Não obstante, as casas umbandistas tem a mesma origem cultural, que é a África, e a mesma essência religiosa de todas as outras acima apontadas. Devem, por todas as razões, estar junto às outras. Uma vez integradas na série, veremos que o total aumenta consideravelmente, além das 116 casas consignadas para o ano de 1951.

Aparentemente existe um contra senso entre tal ascensão e o decréscimo do analfabetismo, se considerarmos tais religiões como próprias de uma classe inculta ou ignorante. De fato, a estatística demonstra que o fetichismo aumenta enquanto cresce o índice de alfabetização. Por que o fenômeno desse crescimento?

Pelo raciocínio corrente, o lógico sem esperamos uma marcha diretamente proporcional entre os dois. A baixa de um determinaria a baixa do outro. No entanto, o inverso é o que se verifica.

Há várias causas, segundo pudemos compreender em estudos que vão desde a bibliografia especializada, até o conhecimento, e de presença, de várias casas de culto em Pernambuco, na Bahia, no Rio de Janeiro e no Rio Grande do Sul.

A primeira delas, e que nos parece fundamental, é o contato direto com a divindade, proporcionado pelo culto fetichista. Nas outras regiões, monoteístas de maneira geral, este contato da criatura com o Deus único é muito remoto, estabelecendo-se através da prece, e da comunhão em algumas.

Sem dúvida, na elevação, o sacerdote católico – por exemplo – diz "este é meu corpo, este é o meu sangue", referindo-se à hóstia e ao vinho. Não obstante, mesmo que o milagre da transubstanciação se verifique, a história e o vinho continuam aparecendo como tais aos olhos físicos de todos. Ainda que o crente comungue com Deus, esta comunhão exteriormente sem manifestações sensíveis.

Ora, no fetichismo brasileiro, herdado dos africanos, tudo se passa ao contrário. O crente, se é "feito", isto é, se é "filho", mãe" ou "pai de santo", pode receber – e se recebe geralmente – no seu próprio corpo a visita da divindade: é o fenômeno do transe, da possessão, da baixa do santo. Todos os circunstantes veem com seus olhos, e no sentido mais estrito um deus baixa ao corpo de um fiel, abençoar a um e outro dos presentes ou mesmo fazer oráculos.

Já pensaram alguma vez, os que não têm intimidade com o assunto, na orça convincente deste fato? Sabem o que significa para o mortal beijar as mãos do corpo humano no qual está visivelmente, por maior ou menor espaço de tempo, o deus seu protetor? Imaginam o valor da possibilidade real de dizer-se a deus, de viva voz receber dele o consolo e o conselho?

No Rio Grande do Sul ainda subsiste a crença de que o possuído, o "cavalo de santo" não deve saber que recebe a divindade, sob pena de morrer ou de – na melhor das hipóteses – endoidecer. Mas no Rio de Janeiro para cima esse velho preconceito africano vai desaparecer gradativamente ou já está quase extinto de todo. Neste caso, o crente, sabe com a maior naturalidade, que o seu deus protetor baixa e se apodera de sua cabeça, de seu corpo. Neste caso a comunhão da criatura com a divindade é total, absoluta, como nenhuma outra religião pode oferecer, salvo o Espiritismo, com relação aos "espíritos guias".

Outa razão da pujança crescente do fetichismo está na atração do sobrenatural, do mistério por assim dizer tangível, do milagre que a possessão é. E não milagre que tenha ocorrido há séculos, ou que aconteça em lugar onde não estamos. Não. É milagre que acontece de baixo do nosso nariz, todas as noites, aos montões. E essa atração do sobrenatural para o homem, para o homem, que vive sempre preso da angústia do "outro lado" da vida terrena, é quase irresistível.

Outra causa que explica a vitalidade do fetichismo é um sentido para a vida, uma garantia contra os males e as necessidades que ele oferece ao crente, uma vez atendidas às prescrições rituais e as determinações dos "santos", como acentua Melvile J. Herskovits. Penas de amor, dificuldades de trabalho, questões de saúde, tudo pode ser resolvido.

Ainda é Herskovits quem aponta outra razão para a força das "casas de nação", a necessidade profundamente humana de uma posição de prestígio social, desfrutado pelos chefes de culto, prestígio este ao qual se ajustam inconscientemente todos os adeptos. A criação de valores estéticos, também para Herskovits é outra causa de atração dos "terreiros" fetichistas. O ritmo, o canto, a dança, as vestimentas coloridas, as grandes festas públicas com uma assistência vibrante, isso se combina para proporcionar o prazer e a tensão emotiva de que, em outras culturas, se encarregam o teatro e o cinema, os concertos e a ópera.

Uma causa subtil, mas muito ponderável, da disseminação do fetichismo, é a fusão crescente, o sincretismo tendente a uma aglutinação completa de todas as crenças existentes no Brasil. Já Arthur Ramos denunciou isso. Em Porto Alegre, no Abrigo Espírita São Francisco de Assis, culto umbandista chefiado até a morte pelo irmão maior Laudelino de Souza Gomes, encontramos misturados (1948) elementos bantos, jejês, yorubanos, católicos, ameríndios, protestantes, espíritas e esotéricos. Cada elemento deste sincretismo é um ponto de contato entre o fetichismo e os crentes de culturas diferentes e de outras religiões. Desta forma aumentam fabulosamente as possibilidades de proselitismo: não é como pescar à linha, mas, sim – pescar com espinhel.

Para finalizar diremos que, no fundo de tudo, está a maior de todas as causas. É a massa do sangue negro que corre nas veias de uns 33% de nossa população negra pura e mulata. É o mestiçamento psicológico da maioria branca, denunciado por Gilberto Freyre, maioria branca que em grande parte se criou com o preto, que mamou leite branco nos seios generosos das babás negras, que se iniciou no amor com a carne trigueira das mucamas jovens. Ou que possuiu algumas, muitas talvez, dessas brasileiríssimas "Nega Fulô", tão bem cantadas por Jorge de Lima.

Algumas das causas apontadas, ou todas juntas, pesando estas mais que aquelas, serão as razões, a nosso ver, da progressão crescente do fetichismo no Brasil.

JÁ FRACASSOU A MACUMBA

Dedicado a Neleola

A Fauna, n. 10, outubro de 1957

Utilizando armas de feitiçaria
Num misterioso fingimento
Criação de uma perfeita macumbeira
Para atingir o seu intento

Mas, quando chega a hora de dormir
Tua consciência cheia de revolta
Como um punhal te continua ferir
Mulher criminosa que vive solta

Escondida como autêntico escorpião
Premeditando com ação infernal
Falsificar e roubar atrás do balcão
Até que a condene o tribunal

Miguel Carlos

CONGRESSO DE UMBANDISTAS PARA MORALIZAR A MACUMBA

O Jornal, n. 12435, 19 novembro de 1961

São Paulo, novembro (Meridional) – Sociedades Federativas da capital e do interior preparam ativamente o I Congresso de Umbanda do Estado de São Paulo, a ser realizado de nove a dez de dezembro.

Algumas pessoas que vivem da exploração do culto da macumba, e mesmo algumas entidades, entre as quais a extinta União Espiritista de Umbanda procuram torpedear o conclave de todas as formas. Acusações públicas são feitas a cada momento, todas elas agora rebatidas pelos integrantes da numerosa comissão de dirigentes umbandistas.

– O I Congresso Umbandista Estadual está sendo criteriosamente organizado, reinando o maior entusiasmo por toda parte em face dessa feliz e oportuna iniciativa, esclareceu o tenente-coronel Nelson Braga Moreira. O conclave está sob a responsabilidade e orientação de Sociedades Federativas e outras organizações umbandistas, representadas por homens respeitáveis na vida social e nas atividades do Culto, atendendo recomendação do II Congresso Brasileiro de Umbanda, recentemente realizado no Rio de Janeiro.

Inspirados em sentimentos inferiores e na mais dolorosa maldade, alguns falsos umbandistas levantam aleivosias e inverdades que apenas beneficiam e interessam aos adversários da Umbanda.

Esclarecimentos

Prosseguindo em suas afirmações, o coronel do Exército exibiu farta documentação e declarou:

– Qualquer oposição a esse oportuno congresso somente poderá ser fruto da incompreensão de algumas pessoas que não conseguem conter seus impulsos e nem tratar com serenidade e elevação, pelas vias próprias, questões tão sérias e importantes como esse primeiro grande encontro estadual dos umbandistas bandeirantes. Se tivessem se dignado participar do II Congresso Brasileiro de Umbanda – em atenção aos convites formulados – por certo outras seriam suas atitudes, uma vez possuídos de boa fé.

Causa estranheza à Comissão Organizadora o fato de que os detratores dessa feliz e oportuna realização são pessoas que, em sua quase totalidade, subscreveram o Manifesto de Convocação do I Congresso de Umbanda do Estado de São Paulo, em nome das entidades que representam durante as reuniões de que participaram.

União dos umbandistas

A seguir, disse o coronel Nelson Braga Moreira:

– Em face da inadiável necessidade de união real dos umbandistas em nosso Estado e no Brasil, por meio de um trabalho de unificação sabiamente planificado e criteriosamente realizado, assim como pela cooperação nos esforços tendentes a efetivar a Codificação Doutrinária do Culto de Umbanda, a fim de que o mesmo possa ser colocado em condições de igualdade com as demais concepções religiosas e escoimar todas as suas deficiências, concitamos os umbandistas responsáveis e suficientemente esclarecidos a cerrar fileiras no seio do I Congresso Estadual de Umbanda, fazendo suas inscrições conscientes e espontâneas, participando das solenidades que serão realizadas em Santos e nesta capital. Estimaríamos que as pessoas concordantes e que se considerem umbandistas ponderassem mesmo sobre suas atitudes, palavras e conceitos guardando a lealdade que caracteriza o adepto desse culto, essencialmente cristão, sem falseamentos e nem expedientes condenáveis.

Arrecadação de dinheiro

A uma pergunta do repórter sobre o dinheiro que está sendo arrecadado, disse o presidente da Comissão Organizadora do Congresso:

– Como é público e notório, todos os congressos sobre qualquer assunto são custeados pelas contribuições das pessoas e entidades interessadas e, geralmente, pela ajuda dos Poderes Públicos. De conformidade com o disposto pelo Regimento Interno desta Comissão Organizadora aprovado em agosto último, as contribuições por parte das sociedades umbandistas, na forma de taxa de inscrição são espontaneamente feitas, quando assim o resolvem as entidades interessadas, sem prejuízo da participação das mesmas nas solenidades do Congresso quando não possam contribuir na forma prevista.

No caso de verificar-se saldo dessa arrecadação, será o mesmo entregue à Sociedade Unificadora que for oportunamente constituída pelo Congresso como órgão supremo da Umbanda, no território estadual, dada a existência de mais de uma dezena de entidades federativas congregando número muito pequeno de tendas legalmente constituídas. Dado a exiguidade dos recursos arrecadados e o vulto das despesas a serem obrigatoriamente feitas, pensa a Comissão Organizadora em recorrer à ajuda dos Poderes Públicos e todos quantos possam auxiliar. De tudo isso tem ciência aqueles que procuram confundir, iludir, difamar e desvirtuar, em um vão esforço de impedir a realização de um congresso praticamente vitorioso, dada a elevada compreensão já manifestada de milhares de tendas e adeptos, em reuniões que estão sendo realizadas nesta capital, em Santos e em outras cidades.

FORAM TRÊS VEZES AO CEMITÉRIO ROUBAR CAVEIRAS PARA A MACUMBA

Ultima Hora (PR), n. 2178, 16 de maio de 1959

A reportagem de *Ultima Hora* deslocou-se na tarde de ontem, para o cemitério de Vila Formosa, a fim de ouvir a administração da necrópole sobre os acontecimentos verificados de quinta para sexta-feira de madrugada, quando, em uma verdadeira orgia, ladrões bêbados profanaram o campo santo e roubaram estatuetas, vasos para túmulos, velas, uma grande crucifixo e uma caveira.

Foram eles, de acordo com o que publicamos em nossa segunda edição de ontem: Osmar Gomes de Oliveira, de 39 anos, casado, residente no Jardim Nova Iorque, chefe do bando; Hermínio Simões Ferreira, de 28 anos, casado, Rua Sete, 54, Vila Antonieta; Paulo Santos Galvão, 36 anos, casado, compadre de Hermínio e que com ele reside; e Diomid Gargalac, 33 anos, casado, Rua Sete, quadra 8, n. 14, Vila Formosa. Todos foram detidos por uma viatura da Rádio Patrulha, na Avenida Rio das Pedras, defronte aquele cemitério, quando retornavam da pilhagem, tendo a eles se juntado, posteriormente uma mulher, Benedita de Oliveira, esposa do chefe do bando, mas que saíra em busca do marido por causa da enfermidade de um dos filhos menores do casal.

Em palestra com o Sr. Sebastião Cordeiro, um do administradores do cemitério de Vila Formosa, apuramos que grande parte do roubo ocorreu em uma casinha existente na parte Sul da necrópole, cerca de 300 metros da porta da entrada. Os ladrões, não conseguindo arrombar a porta, quebraram o vitrô e surrupiaram objetos. Antes de se retirarem, profanaram também alguns túmulos, completando assim a obra criminosa. Segundo ainda o Sr. Sebastião Cordeiro, foi esta a primeira vez que houve violação de túmulos no cemitério de Vila Formosa, em contradição com o que afirmaram os ladrões à reportagem, no dia de sua prisão, no plantão do D. I., quando declararam que tinha sido a terceira vez.

Continuando, finalizou o Sr. Cordeiro:

– A casinha onde se deu a maior parte do roubo, é destinada à guarda de ossos.

Consoante a versão dos próprios ladrões no plantão do D. I., a quadrilha roubara todos aqueles objetos com a finalidade de promover sessões de macumba. Em três outras oportunidades, foram bem sucedidos.

PROFANAVAM TUMULOS EM CENTENÁRIO DO SUL PARA PREPARAR OS DESPACHOS!

Ultima Hora (PR), n. 2288, 22 de setembro de 1959

Há vários anos os habitantes de Centenário do Sul testemunhavam assombrados um fato fora do comum, a violação do túmulo de seus parentes e retirada de seus despojos.

Diversas queixas foram formuladas ao delegado. A violação, no entanto, não era efetuada frequentemente, o que dificultava o trabalho das autoridades policiais; em 9 anos, 11 cadáveres foram retirados do cemitério. Nunca se sabia o momento que os violadores agiriam.

Macumba: Curandeiros Profissionais

Designados para efetuar diligências, seguiu para o Centenário do Sul o agente Sebastião Roque, da Delegacia de Investigações e Capturas. Seu trabalho era prestar auxilio ao delegado local, tenente Paulo Vieira, nas investigações.

Após vários trabalhos, foram presos, como suspeitos, Bernardo Figueiredo, Maria Branca e Benedito de Lima que, interrogados, confessaram a autoria do delito. Contaram, em minuelas, o fato. Quando instados a esclarecer os motivos que os levavam a praticar tão vil roubo, declararam-se praticantes da macumba. Bernardo Figueiredo era curandeiro profissional. Para efetuar as curas, necessitava esqueletos e só havia um meio de obtê-los: roubando-os do cemitério. Era auxiliado, neste mister, por sua amásia Maria Branca e por Benedito de Lima. Admitiu, realmente, haver se apossado dos 11 esqueletos. Após usá-los, atirou-os em um rio.

Prisão preventiva

Os violadores encontram-se recolhidos à cadeia de Centenário do Sul. Foi instaurado inquérito para puni-los. Sabe-se, outrossim, que já foi requerida a prisão preventiva dos indiciados.

Serão passíveis, como violadores de sepulturas e vilipendiadores de cadáveres a pena de prisão e multa.

MACUMBA EM CURITIBA

Ultima Hora (PR), n. 2760, 30 de março de 1961

Manuel dos Santos, proprietário da fábrica Monte Castelo, Avenida Anita Garibaldi, s.n. (Abu de Cima) queixou-se ontem à tarde, na Delegacia de Costumes, de que seu ex-funcionário Abrão Pereira por não querer desocupar sua casa localizada nos fundos da fábrica, dava todos os dias sessões de macumba, para prejudicá-lo. O titular daquela especializada designou vários policiais, que, no local, aprenderam duas garruchas, velas arruda e mandingas próprias dessas sessões.

Ida e Nilda Costa e Leoni Pereira, esposa de Abrão, participantes da reunião, foram notificados a comparecer aquela Especializada para serem ouvidos. Foram testemunhas Teresinha Vicente e Dilico José dos Santos, ambos funcionários da fábrica.

Figura 6: A polícia aprendeu garruchas, velas e arruda no local onde se realizavam as sessões de macumba.
Ultima Hora (PR), n. 2760, 30 de março de 1961.

SENHORIA FAZIA MACUMBA PARA INQUILINO DESOCUPAR A CASA

Ultima Hora (PR), n. 117, 14 de outubro de 1961

Bela Werneck alugou a casa situada à Rua Brasílio Itiberé, 2396, casa 4, para Crispim Curi, há tempos. Agora acha que deve aumentar o aluguel, não tendo Crispim concordado com a majoração, Bel pediu-lhe que deixasse a casa. Crispim também não concordou com isso e Bela Werneck, não vendo outra solução, apelou para a macumba. Meio dia, duas da tarde, meia noite, não importa a hora, lá está Bela, no portão da casa, batendo com uma pedra em um pedaço de fumo em corda, acendendo velas e colocando despachos. Crispim registrou queixa na Delegacia de Costumes. Um agente foi ao local, precisamente na hora em que Bela fazia seus trabalhos. Quis trazer a mulher à DC, mas – como sempre – não tinha viatura à disposição. RP não veio e o superintendente Bastos resolveu mandar um agente de táxi, na companhia do queixoso, o qual deixou na Especializada um pacote contendo velas, charutos, fumo e outros artigos de macumba.

COLOCOU DESPACHO NA CASA DA VIZINHA

Ultima Hora (PR), n. 123, 21 de outubro de 1961

Maria Elisabete Felício reside à Rua Professor Evaldo Schibler, número 180, apto 4 e tem por vizinha uma mulher de nome Honorina, residente no número 29 da mesma rua. Acontece que Honorina vive a se intrometer na vida de Maria Elisabete, ofendendo-a em virtude da vida noturna que a queixosa exerce e cobiçando avidamente todos os bens que esta adquire ou ganha de presente. Maria Elisabete tem dois filhos menores, uma menina de 11 anos e um menino de um ano e três meses, e tem sido constantemente perseguida pelas "atenções" de Honorina. Ontem, ao chegar a casa, assustou-se ao encontrar, à porta de seu apartamento, um sapo com a boca costurada. Certa de que Honorina recorreu a macumba para prejudicá-la, Maria Elisabete dirigiu-se à Delegacia de Costumes, registrando sua queixa, nervosa e indignada.

POLICIA VASCULHOU TERREIRO DE MACUMBA NA VILA MARIA: PAI DE SANTO PROCESSADO

Ultima Hora (PR), n. 157, 30 de novembro de 1961

São Paulo – Atendendo a uma denuncia feita pelo Sr. Luís Cardoso (52 anos, casado, Rua Quirino, 100, Vila Maria), agentes da 19ª Delegacia de Polícia, rumaram para o citado endereço e após várias escavações, encontraram peças de macumba enterradas em dos aposentos da casa. Os objetos foram encaminhados àquela dependência policial, onde o Delegado Orlando Fernandes determinou a instauração de inquérito.

Segundo declarações do Sr. Cardoso, o indivíduo Flavio ou Flaviano Macedo dos Santos, de qualificação ignorada, funcionário do Banco da Lavoura de Minas Gerais, foi há algum tempo residir em um dos cômodos da moradia. Logo depois, os vizinhos estranharam o grande número de pessoas que passaram a visitar o novo inquilino; todavia, não deram maior importância ao fato. Com o passar dos dias, Flaviano, que tomou maior intimidade com os outros moradores disse-lhe que fazia trabalhos, nos quais as pessoas poderiam pedir o que desejassem, que ele conseguiria. Apesar de algumas criaturas menos avisadas, acreditarem em Flaviano, outras o sabiam ser charlatão. Várias queixas foram apresentadas à Polícia, porém, nenhuma providência foi tomada. Vendo que por meios legais, não conseguia nada, o proprietário da casa de cômodos pediu a Flaviano que desocupasse o aposento, pois uma sua filha deveria ali residir.

Trabalho

Diante do pedido de Luís Cardoso, o macumbeiro arranjou nova moradia nas proximidades do Aeroporto de Congonhas. Antes de deixar a casa, ameaçou todos os seus moradores, alegando que faria um trabalho e todo eles "iriam para trás". De fato, no dia dois de novembro (finados), Flaviano procedeu a uma escavação no seu quarto e na manhã seguinte, o buraco já não mais existia. Havia sido coberto e cimentado. Dois dias depois, Flaviano se mudou.

Desconfiado de que algo estivesse enterrado na cova feita por Flaviano, Luís Cardoso solicitou a Polícia. Durante as escavações os agentes encontraram: dois colares, dois punhais, um litro de pinga, uma panela de barro, seis imagens de santos, duas ferraduras, seis velas, uma pedra mármore, uma cruz de cimento, dez charutos, uma galinha preta e uma lista com o nome dos moradores das proximidades. Tudo foi apreendido e agora a Polícia está empenhada na captura de Flaviano, a fim de que seja ouvido no inquérito instaurado.

VIZINHOS DENUNCIAM TERREIRO DE MACUMBA: INQUÉRITO NA DC

Ultima Hora (PR), n. 205, 30 de janeiro de 1962

Moradores de Vila Macedo, no bairro do Corte Branco, solicitaram à Delegacia de Costumes, através de abaixo-assinado, providências contra os proprietários de um terreiro de macumba situado no número 335 da Rua 2, naquela localidade. Valmor Sebastião da Silva, soldado da Polícia Militar em serviço na Penitenciária do Estado, onde desempenha as funções de guarda, é o chefe do terreiro, assessorado por Helena

Silva e pela mãe desta, Maria Rodrigues dos Santos. Os onze vizinhos que assinaram a petição solicitam providências policiais sob a alegação de que ao antro de baixo espiritismo da Vila Macedo é ponto de confluência de malandros e desclassificados, palavrões gritados em plena madrugada, imoralidades de toda a espécie, bacanais e música de tambores em alto som perturbam a tranquilidade dos moradores da vila.

Inquérito

Compareceu na Delegacia de Costumes, Tiago Brás Máximo, morador da casa ao lado do terreiro e assinante da petição. Explicando o caso às autoridades policiais, ficou estabelecida a abertura de inquérito. Testemunhas deverão prestar depoimentos oportunamente.

DESPACHO EM CURITIBA PARA CURAR REI PELÉ!

Ultima Hora (PR), n. 316, 9 de junho de 1962

"Sete Encruzilhadas fazei com que Pelé sare logo. As oitavas de final estão aí e nós precisamos dele lá na frente, junto de Amarildo". Com essas palavras, ao som rítmico e místico de dezenas de tambores, em uma sessão de macumba em Curitiba, Zé Bafo iniciou o ebó (despacho) para curar o atacante brasileiro. Depois foram executadas várias marcações de ponto, danças e chamamentos de guias, entre eles, Peninha Branca, cujo nome, pronunciado com histérica veneração eletrizava os circunstantes.

Zé Bafo, vestido de branco, charuto na boca, colar de contas no pescoço ria e chorava, chamando o guia da terra dos espíritos (Aruanda). Sobre o congá (altar), entre velas, estava o retrato de Pelé, que recebia passes do pai de santo, completamente atuado pelo seu protetor.

Durante a função agradeceu a Sete Encruzilhadas porque fez Amarildo ficar com o diabo no corpo e acabar com aquela gente.

Terreiro

Centenas de velas iluminavam o terreiro, em cujo centro

estava o conga forrado de sal virgem, charutos, caixas de fósforos, fitas vermelhas, azuis e água do mar. A cachaça (marafo) e a cerveja (loira) estavam presentes, como aparato indispensável do ritual. Mulheres, usando pano branco na cabeça, à guisa de véu, com a voz abafada, faziam coro às evocações fortes de Zé do Bafo, cantando uma "lenga" do folclore africano, na qual introduziam o nome de Pelé.

Nos bairros de Juvevé Bacacheri, Portão e Água Verde, nos dias cabalísticos de sexta e quarta feira, tem sido realizados dezenas de despachos, todos visando o rápido restabelecimento do atacante brasileiro.

Delírio

O ritual terminou com um estranho quadro de prostração de todo que dele participaram. Zé do Bafo, ao centro, tremia e dizia com a voz rouca: "Pelé vai sarar e o Brasil vai ganhar". Nessa altura, o delírio tomou conta da macumba e, da aparente quietude dos corpos prostrados, explodiu a cantoria e a dança frenética em uma espécie de "prece do corpo", com todos gritando: "Pelé vai sarar".[8]

MACUMBEIRA DESPACHAVA INQUILINAS: POLICÍA FECHOU A PENSÃO CLANDESTINA

Ultima Hora (PR), n. 432, 23 de janeiro de 1962

Denuncias feitas na Delegacia de Costumes por Elisabete Sousa e Sandra Marques levaram as autoridades policiais a localizar um centro de macumba, explorado por Conceição Maria Ferreira (28 anos, desquitada), na pensão de sua propriedade à Rua Desembargador Mota, 1855.

Em um dos quartos, habitualmente fechado, agentes da DC encontraram grande quantidade de material próprio para despachos, encomendas de maldições e toda sorte de santos, imagens, altares e até bonecos. A macumbeira estava de posse de diversos objetos de uso pessoal e joias de pessoas que alugavam seus préstimos para se livrarem de algum mal ou que desejavam rogar pragas a seus inimigos.

8 Pelé não se recuperou. Não participou de mais nenhum jogo da Copa do Mundo de 1962, mas o Brasil conquistou o segundo título mundial.

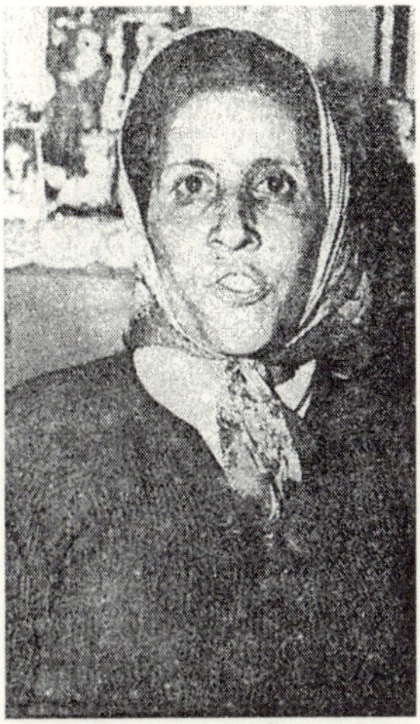
Figura 7: Conceição Maria Ferreira.
Ultima Hora (PR), n. 432, 23 de janeiro de 1962.

Ilegal

Segundo se apurou, a pensão de Conceição Maria Ferreira, apesar de não estar registrada nem na Delegacia de Costumes, nem no Departamento de Fiscalização de Saúde Pública, funciona há meses. Seus quartos, apesar de separados com paredes de madeira, e sem cobertura no teto, são alugado em bases que vão de 8 a 15 mil cruzeiros mensais. Ontem mesmo, o Delegado Glauco Cirus do Amaral determinou que fosse fechado o estabelecimento.

Terreiro

Na pensão ocorriam com frequência sessões de terreiro, também clandestinas, pois a Polícia disso não tinha conhecimento. Escondido sob diversas peças de roupas, encontrou-se um pedaço de madeira com alguns desenhos circulares a giz, no centro dos quais estava cravado um punhal. Conceição explicou tratar-se de um despacho contra vizinhos que a importunavam, referindo-se a suas inquilinas Elisabete e Sandra.

Invasão

Além da prática de macumba, Conceição deverá responder na DC também por invasão de domicilio. De fato, quando suas inquilinas Elisabete e Sandra retornaram de uma viagem ao Rio de Janeiro encontraram o quarto onde residiam completamente revirado, do qual acharam falta dos focos de luz.

MISSA E TOQUE PARA FESTEJAR SÃO JORGE

Ultima Hora (PE), n. 281, 23 de abril de 1963

Todo o Brasil caboclo comemora hoje o dia de São Jorge, padroeiro dos militares e dos humildes. Apesar da Igreja Católica ter ordenado a cassação do culto ao Santo Guerreiro, as festividades não decresceram de entusiasmo nas cidade onde ele é venerado: Rio de Janeiro, Salvador e Recife.

Chefe da Linha de Ogum, na Lei de Umbanda, São Jorge receberá, de noite, a homenagem de todos os terreiros do Brasil, com toques em sua honra, quando soarão os atabaques (em ritmo alucinado) e filhos e filhas de santo, ao som dos pontos (canções) receberão suas entidades espirituais, para uma incorporação e dança.

Na Igreja Católica – O Papa João XXIII considerou São Jorge como santo de Segunda Classe, juntamente com Santa Filomena, por ser bastante lendária sua vida e, também, por causa de sua popularidade nas sessões e prática da Magia Branca (Umbanda).

Na Matriz de Santo Antonio, em altar especial, o capitão-capelão Uchôa Cavalcanti celebrará missa na intenção do Mártir. Nascido no Império Romano e morto sob o Império de Diocleciano, São Jorge tornou-se um mito, suscitando dúvidas, séculos depois, sobre sua santidade.

MACUMBA ACABA NO D. I. – POLÍCIA CERCOU O TERREIRO DE UMBANDA

Ultima Hora (PR), n. 2495, 24 de maio de 1960

A sessão de Umbanda no Terreiro de Mãe Oxum foi terminar, ontem, no D.I. por volta das 23 horas, os moradores da Rua Paulo Orozimbo, no Cambuci, solicitaram o concurso da Rádio Patrulha, para por termo ao barulho infernal que vinha da casa número 102, onde homens, mulheres e crianças participavam de uma reunião de baixo espiritismo.

Em poucos momentos a casa foi completamente tomada por policiais que compareceram em cinco viaturas (52-54-46-RP2 e uma viatura da RUDI) chefiados pelo Delegado Sérgio de Castro. Os participantes da sessão, nem tomaram conhecimento da invasão, prosseguindo a sessão com maior entusiasmo ainda. Pelos fundos do prédio e mesmo pelo telhado, os policiais alcançaram o interior da casa, constatando que, naquela altura, a reunião já havia se transformado em verdadeira bacanal, com mulheres dançando e pulando completamente despidas.

Treze prisões efetuadas

Foi necessária a intervenção de vinte policiais para que a ordem voltasse a imperar. No balanço final, registraram-se treze prisões, sendo oito mulheres e cinco homens. Duas crianças (4 e 5 anos), apavoradas diante da correria, foram postas no interior de uma RP.

Os detidos foram encaminhados ao Departamento de Investigações e o Delegado determinou o fechamento do sobrado.

Figura 8: Mulheres detidas na batida policial.
Ultima Hora (PR), n. 2495, 24 de maio de 1960.

Figura 9: Prisão de um dos participantes.
Ultima Hora (PR), n. 2495, 24 de maio de 1960.

PAI DE UMBANDA NO XADREZ: DAVA RECEITAS MÉDICAS

Ultima Hora (PR), n. 2564, 12 de agosto de 1960

O agente Moacir, da Delegacia de Costumes surpreendeu, ontem à tarde, na Avenida Sapopemba, 8.100, Vila Diva, o indivíduo Bartolomeu Silva Reis (30 anos, casado, morador no local), que se diz diretor espiritual da Tenda de Umbanda Pai Bartolomeu, ali instalada. Na ocasião, Pai Bartolomeu atendia às senhoras Maria Pascoal Duarte, Iracema Fidalgo Badio, Aurea Conceição da Cruz e Elvira Molina, duas das quais se dizem médiuns.

Figura 10: Bartolomeu Silva Reis. *Ultima Hora* (PR), n. 2564, 12 de agosto de 1960.

O representante da lei apreendeu um diploma de umbandista de Bartolomeu, estatuetas e outros apetrechos de que ele utilizava para a prática do ritual de magia e também para proceder a receitas médicas.

Por exercício ilegal da medicina, Pai Bartolomeu foi levado ao Departamento de Investigações, juntamente com aquelas suas clientes, e autuado em flagrante. Prestou fiança de 500 cruzeiros e foi dispensado. Os autos do flagrante subirão à Justiça para os devidos fins.

UMBANDA E ESTELIONATO

Ultima Hora (PR), n. 2575, 25 de agosto de 1960

O 17° promotor público denunciou Rosália Correia de Oliveira nas penas do crime de estelionato, praticado contra Maria Pelais que, estando doente, acabou sendo vítima da denunciada. A vítima contou a Rosália de Oliveira que estava doente em virtude de um noivado desfeito. E o tratamento médico a que vinha se submetendo, tendo em vista seu estado de saúde, não surtia qualquer efeito animador.

A estelionatária convenceu-a, então, de que seu caso não era de medicina mas de um tratamento a ser feito em uma tenda de Umbanda, que ela mantinha na Rua Conde de Frontin, nesta capital. Maria Pelais, sofrendo de profunda depressão mental, passou a frequentar o terreiro de Umbanda, como se estivesse fazendo um tratamento com o objetivo de melhorar sua vida.

Depois de algum tempo, reconciliou-se com seu noivo e, então, atribuiu o fato ao trabalho desenvolvido nas sessões de baixo espiritismo por Rosália Correia de Oliveira. A criminosa, tendo ascendência cada vez maior sobre a vítima, começou a exigir-lhe dinheiro para manter o noivado, tão ansiosamente desejado pela moça; e assim, aos poucos, pôs-se a explorá-la, extorquindo-lhe dinheiro, joias, móveis, objetos de uso pessoal e utensílios, avaliados pela Polícia em Cr$ 350.000,00. A vítima, desesperada, cedeu aos desejos da estelionatária, temerosa de que esta viesse perturbar o noivado.

Genoveva Gianotti levou o caso ao conhecimento da Polícia. Um psiquiatra examinou-a, chegando à conclusão de que era portadora de uma neurose, afetadora de sua sensibilidade.

CASAMENTO UMBANDISTA

Ultima Hora (PR), n. 2564, 12 de agosto de 1960

Durante 20 minutos, ao som de atabaques, na Tenda Espírita Ogum Maley, na Mooca, o Sr. Alfredo Costa Moura, presidente da Federação Umbandista de São Paulo, e a jovem Eunice Silva, ouviram, ontem à tarde, a confirmação de seu casamento, por um mensageiro da luz, enquanto isso, defronte ao prédio em que se realizava a cerimônia, filhos de santo entoavam pontos de Umbanda. O casamento civil fora realizado a 23 de setembro último. A cerimônia de ontem compareceram representantes de 21 tendas espirituais da Capital e do Interior, além dos professores Valentina Amaral e Rossini Tavares de Lima, respectivamente, da Associação Brasileira de Folclore e da Comissão Paulista de Folclore.

Figura 11: Cerimônia de casamento.
Ultima Hora (PR), n. 2564, 12 de agosto de 1960.

FESTA DE UMBANDA

Ultima Hora (PR), n. 2763, 3 de abril de 1961

Caboclo Arranca Toco, patrono da Associação Espírita Tenda Luz e Verdade, foi homenageado ontem, na festa de aniversário da Tenda do Primado de Umbanda de São Paulo, à Rua Maria Marcolina, no Brás. Desde as 15 horas, a movimentação foi intensa com a chegada dos representantes dos terreiros: Tenda de Umbanda Caboclo Sete Estrelas, Tenda do Pai Xangô, Caboclo Ubirajara, Caboclo Mata Cerrada, Tenda Luz e Caridade e Caboclo Juremeiro. Sob direção espiritual de Félix Nascentes Pinto, foi invocado, através das curimbas, o capitão de Arranca Toco, um dos índios (segundo a tradição) guerreiros da linha de vibração de Oxóssi e que se constitui no Orixá que governa o reino das florestas. Os festejos se prolongaram até as 18 horas, com as curimbas (cantos guerreiros), em homenagem a Oxóssi, Ogum, Xangô, Kaô, Yemanjá e Preto Velho.

POLÍCIA "BAIXOU" E PRENDEU O PAI DE SANTO

Ultima Hora (PR), n. 2271, 12 de abril de 1961

O terreiro de Umbanda Mãe das Dores, situado na

Figura 12: Ejaides, o pai de santo do terreiro de Vila Santa Maria, compareceu ao auto de flagrante com vestimenta de uruzu.
Ultima Hora (RJ), n. 2271, 12 de abril de 1961.

Rua Fernando 29-A, Vila Santa Maria, proximidades de Vila Nova Cachoeirinha, teve na tarde de ontem, uma sessão extra. É que a Polícia que já vinha observando as atividades ilegais desse centro, onde é pai de santo o umbandista Ejaides Ferreira da Silva, de 36 anos, casado, apareceu. Quando os agentes chegaram, nada menos de 30 pessoas estavam consultando o guia espiritual da tenda. Copioso material de prática umbandista foi então arrecadado, notando-se entre ele, grande número de colares, flechas, estatuetas, uma caixinha para colocar dinheiro, bebidas, charutos, velas e figas.

Cura tudo

Ejaides curava de tudo. Assim é que, entre as pessoas presentes, foram arroladas como testemunhas da prisão em flagrante do pai de santo Sr. José Francisco de 50 anos, casado, que tem as pernas de há muito doentes, com princípio de úlcera. Disse que não pagava nada e estava experimentando o tratamento. O Sr. Francisco Bueno de Camargo, de 56 anos, casado, que foi ontem tirar a primeira consulta: reumatismo. Pagou 200 cruzeiros pela consulta. Dona Maria Luísa Camargo, de 53 anos, casada, que foi consultar sobre seu filho que está desempregado. Disse que não pagou nada. Dona Carolina Pereira da Silva, de 30 anos, casada. Dona Maria Clara Gabriel, de 39 anos, casada, que vem se tratando há dois anos.

Fiança

Levados todos para a Delegacia de Costumes, o delegado Faiz Assad Chaves lavrou auto de prisão em flagrante de

Ejaides Ferreira da Silva, arrolando os clientes citados como testemunhas. Tratando-se de crime afiançável, Ejaides foi posto em liberdade.

TENDA DE UMBANDA VASCULHADA

Última Hora (PR), n. 2778, 20 de abril de 1961

A Tenda de Umbanda Mãe Cambinda foi vasculhada ontem pela triagem da Delegacia de Costumes e a macumbeira Otila Oliveira (46 anos, casada, Rua Paranacá, 20 – Penha) entrou em flagrante. Praticando curandeirismo a mulher receitava remédios milagrosos. Fazia também benzimentos e endireitava a vida dos clientes quando não entortava de uma vez. Era mestra em qualquer problema. Cobrava 50 mangos a consulta, incluindo previsão do futuro. Somente ontem, havia 40 incautos em sua tenda. Material em quantidade foi apreendido, porque os guias da Otila não souberam prever que a cana estava à caminho.

MACUMBA CONDENADA: EXIGIA DINHEIRO DA JOVEM PARA NÃO ATRAPALHAR NAMORO

Ultima Hora (PR), n. 2778, 20 de abril de 1961

Buscando reatar um namoro que mantivera com Milton Saieg, a jovem MP procurou a macumbeira Rosalina Correia de Oliveira. Esta, valendo-se do estado de depressão psíquica da moça, conseguiu, mediante sortilégios captar sua confiança, dela obtendo vantagens ilícitas. Processada perante o Juízo da 17ª Vara Criminal, a mãe de santo acaba de ser condenada a um ano e meio de reclusão e multa de dois mil cruzeiros, por estelionato.

Após ouvir da jovem o relato de seus infortúnios, a acusada afirmou que estaria pronta a fazer um trabalho, pela importância de 13 mil cruzeiros. Credulamente, a jovem retirou da Caixa Econômica todas suas economias, montante de 10 mil cruzeiros, entregando-as à macumbeira. Com sacrifício conseguiu mais três mil cruzeiros, que também entregou à ré, inteirando assim a quantia exigida. A vítima passou então a frequentar uma tenda de Umbanda, à Rua Melo Peixoto, onde Rosalina, após ingerir uma beberagem e fumar um charuto, caía em transe, afirmando receber o espírito do Pai José Cantagalo. Após várias sessões, a jovem conseguiu reatar o namoro com Milton Saieg, por intermédio de uma ligação telefônica que a mando da macumbeira fizera à residência do rapaz. A acusada passou, então, a extorquir dinheiro da jovem, sob ameaça de atrapalhar o namoro. Assim, a moça viu-se compelida a entregar-lhe dois terrenos, um situado em Santos e outro nesta Capital, bem como objetos de uso pessoal e joias, tudo avaliado em 408 mil cruzeiros. Uma terceira pessoa veio finalmente a saber do que acontecia e condoída da sorte da jovem, denunciou a macumbeira à Polícia. O magistrado em sua sentença esclarece que não ficou bem esclarecida a situação de Milton Saieg, no sentido de que o mesmo estaria conluiado com a acusada para ludibriar a vítima.

QUIS ACABAR SESSÕES DE UMBANDA COM VIOLÊNCIA E DEPREDAÇÕES!

Ultima Hora (PR), n. 242, 15 de março de 1962

Luís Fornarolli é dono de um terreiro de Umbanda, que funciona sob o nome de Tenda Pai Tomás, na Rua Almirante Gonçalves, 1.115. Na casa ao lado, no número 1.097, mora uma vizinha que não gosta em absoluto de Umbanda, Alaíde Fernandes e que resolveu expulsar a qualquer custo os umbandistas da vizinhança.

Para tanto, começou por depredar diariamente a Tenda Pai Tomás, fazendo cair sobre o telhado da casa e seus frequentadores uma verdadeira chuva de calhaus. Luís Fornarolli recorreu à DFDG, uma vez que mais de cinquenta telhas foram quebradas pelas pedras atiradas por Alaíde. Esta, intimada duas vezes, não compareceu à Especializada.

Quebrou portão

Há poucos dias, em uma noite em que os umbandistas promoviam uma sessão com cântico, a vizinha Alaíde instalava o seu rádio na janela e dava início a uma barulhenta festa com músicas de carnaval. Apesar disso, não conseguiu roubar a paciência dos fiéis, cujos cânticos chegaram mesmo a abafar a algazarra carnavalesca. Em vista da inutilidade de seus esforços, Alaíde resolveu recorrer a um expediente mais violento: auxiliada por terceiros, arrancou o portão de ferro da casa onde funciona o terreiro de Umbanda, atirando-o depois, todo retorcido e quebrado, no terreiro de Luís Fornarolli. Este solicitou abertura de inquérito na DFDG, uma vez que seu terreiro é legalizado e tem licença para funcionar. Alaíde Fernandes deverá responder a processo.

UMBANDISTAS FORAM SALVOS POR MILAGRE

Ultima Hora (PR), n. 293, 14 de maio de 1962

Ontem pela manhã, quando retornava da localidade de Cachoeirinha, em demanda a esta Capital, conduzindo 10 passageiros, na altura do km 10 da Estrada de Rio Branco, o caminhão Chevrolet, placa 45-83-82 – Piraquara, dirigido por Antonio Carlos Padilha (21 anos, solteiro, Avenida Manuel Ribas, 52), capotou espetacularmente. O motorista e alguns passageiros, apesar da violência do acidente sofreram ferimentos leves.

Foram medicados no PSM, Antonio Carlos Padilha; soldado do Corpo de Bombeiros; Airton Ferreira da Silva (56 anos, casado); Aurora da Silva (37 anos, casada, residente em Corte Branco) e os menores Roberto e Orlando Luís de 10 e 7 anos respectivamente. Depois de atendidos naquela nosocômio recolheram-se às suas residências.

Sessão de Umbanda

Segundo apurou a reportagem, o caminhão de propriedade da firma F. Zeni & Cia, fora cedido a um grupo de pessoas pelo candidato a deputado Francisco Zeni, para que realizassem uma sessão de Umbanda em Cachoeirinha.

PONTA GROSSA: POPULAÇÃO DE VILA ANA RITA ALARMADA COM "DESPACHOS" DE OGUM MEGÊ

Ultima Hora (RJ), n. 576, 12 de abril de 1963

Ponta Grossa, 12 (UH) – A residência da viúva Maria Maravieski, à Rua Seis, 335, na Vila na Rita, foi invadida, à madrugada, por elementos do Centro de Umbanda Ogum Megê, que deixaram na porta da casa um caixão de defunto em miniatura, contendo charutos, cinza e um feto.

O fato alvoroçou toda a população do bairro, que acorreu ao local para apreciar e comentar o estranho despacho, efetuado por pessoas que não estão concordes com a vida e princípios da viúva Maravieski. De índole cristã, a mulher e seus familiares negam-se a participar de sessões na tenda de Ogum Megê e talvez por esse motivo alguns elementos daquela seita resolveram incomodar a viúva e familiares em outras ocasiões.

Não é a primeira

Em contato com diversas pessoas residentes na Vila Ana Rita, a reportagem de *Ultima Hora* apurou que o ocorrido com a Senhora Maravieski já se repetiu em outras oportunidades na residência de outras pessoas que habitam as proximidades da Tenda Ogum Megê. Avisada, a Polícia compareceu ao local onde fora encontrado o despacho, ordenando a destruição do caixão e dos outros elementos que completavam o ritual diabólico, levando apenas o feto.

UMBANDISTAS DE CURITIBA RENDEM HOMENAGEM A OGUM

Ultima Hora (PR), n. 585, 23 de abril de 1963

Os 40.000 umbandistas de Curitiba rendem, hoje, homenagens a Ogum, principal divindade da crença – guerreiro e vencedor de demandas – que na religião católica é representado por São Jorge. Conforme informações do Sr. Valdomiro Santos, presidente da Casa do Umbandista, existem aproximadamente mil terreiros em toda extensão da cidade, nos quais a festa de Ogum é uma obrigação do dia de hoje.

As homenagens constam de duas partes, respectivamente, espiritual e material. Na primeira, com início às 20 horas, os médiuns recebem os guias espirituais, através do ritual comum da incorporação. O ato é acompanhado por todas as pessoas presentes às tendas, que entoam cânticos e hinos em louvor a Ogum. Para essa cerimônia os dirigentes dos terreiros e os médiuns usam indumentária diferente daquela utilizada nos dias comuns das sessões, que geralmente é composta de vestes brancas.

O ritual às vezes difere entre as diversas correntes que os terreiros adotam. Alguns são apegados às tradições mais antiga da Umbanda, praticando toda as suas modalidades de culto às divindades. Nessa classe estão alguns umbandistas que, no dia de hoje, ainda fazem oferendas e preces a seus ídolos. O Sr. Valdomiro Santos informou a UH que nenhuma tenda de Umbanda fará procissão, nas ruas, porque essa prática não é própria da crença.

A parte material consta de confraternização entre os umbandistas e suas famílias com distribuição de doces, refrigerantes etc., em seguida ao ato espiritual.

FESTA BRANCA REUNIU 500 MIL PESSOAS NO RIO

Ultima Hora (PR), n. 799, 3 de janeiro de 1964

Rio, 3 (UH) – Aos gritos de "Salve Iemanjá", "Salve Janaína", "Salve Oxum", cerca de 500 mil pessoas, entre homens e mulheres, adultos e crianças, prestaram homenagem a Iemanjá nas praias cariocas, de Ramos a Sepetiba e do Leme ao Leblon, ofertando à rainha do Mar, segundo os umbandistas, flores, velas e até joias, que uns barcos simples mas bem preparados levavam mar adentro.

A festa branca transformou as areias das praias cariocas em imenso templo de Umbanda, no qual centenas de centros espíritas realizavam sessões especiais, ao som dos atabaques e de cânticos. Os médiuns, de roupas alvas e engomadas, recebiam seus guias sob as vistas de crentes e de curiosos. À meia noite, os foguetes espoucavam no ar saudando o Ano

Novo, enquanto os pequenos barcos serenos, partiam para os braços de Iemanjá.

A hora grande

A exemplo dos demais anos, Copacabana foi a praia mais concorrida durante a festa branca. Iluminada por milhares de velas, sobre suas areias havia uma multidão de crentes, que aguardavam a hora grande: o raiar do Ano Novo. Grande número de turistas e curiosos ali se concentravam assistindo ao espetáculo místico.

Entre os presentes se encontravam inúmeras pessoas vindas dos Estados especialmente para assistir à festa e para trazer oferendas por graças alcançadas.

No Leblon, próximo ao canal, ficou o terreiro do babalorixá Nilo, do Centro Espírita Nossa Senhora das Graças, situado na Gávea em terrenos vizinhos à Pontifícia Universidade Católica. O ritual com a participação de 200 filhos de santo, atraiu figuras conhecidas da sociedade carioca.

Ao centro do terreiro, um barco iluminado recebia as oferendas destinadas à Iemanjá, de centenas de pessoas que por ele desfilavam, enquanto não chegava a lancha que o rebocaria. Flores, perfumes, estojos com joias – um sem número de prendas, no valor de quase um milhão de cruzeiros, era depositado para Janaína.

FEDERAÇÃO DE UMBANDA

Ultima Hora (PR), n. 817, 24 de janeiro de 1964

Dentro em breve todas as tendas umbandistas do Estado estarão unificadas em uma federação. Pelo menos é oque pretende o Sr. João Mendes, presidente da Cabana Espírita Cacique Jaraguá que vem se empenhando na fundação da entidade coordenadora dos adeptos da seita.

Existem no Estado – segundo explicação do Sr. Mendes – mais de duas mil tendas, 1.200 das quais em Curitiba. Prova do elevado número de umbandistas residentes na Capital é o funcionamento – com grande movimento – de cinco herbanários e bazares especializados na venda de objetos e produtos usados nos rituais da seita: Santa Maria, Tupi, Feira de Nagô, Jurema e Ogum.

Programas dominicais, nas rádios Emissora Paranaense e Marumbi, pela manhã, produzidos pelos umbandistas João Mendes e Valdomiro Santos, são campeões de audiência no horário. Tão logo seja fundada a Federação Paranaense de Umbanda, diz o Sr. Mendes, será realizado um congresso estadual, "para tomada de importantes posições". Outra meta do líder umbandista é a gravação, pela etiqueta Araucária (de sua propriedade), de um LP com hinos e cantos, interpretados por conjunto umbandista da Capital.

UMBANDA NO IV CENTENÁRIO

O Jornal, n. 13377, 7 junho de 1965

No próximo dia 13 de maio o carioca e os visitantes que aqui se encontram, terão oportunidade de assistir a um espetáculo *sui generis*, que será levado a efeito no estádio do Maracanã. A festividade terá a denominação de "Você sabe o que é macumba?", terá início às 18 horas e faz parte oficial dos eventos do IV Centenário.

O Dr. Alaor Pedro de Oliveira, vice-presidente da Confederação Espírita Umbandista e Presidente do Hospital Nacional de Umbanda antecipou ao *O Jornal* que a festa será de caráter essencialmente folclórico, inexistindo, sob qualquer aspecto, demonstrações de cunho religioso, tendo aspecto estritamente filantrópico.

Crê o Dr. Alaor que uma grande massa de pessoas comparecerá ao grande festival de Umbanda, mormente quando se considera que a renda da festa será revertida em benefício do Hospital Nacional da Umbanda, que depois de concluído – como disse – será mais uma excelente aquisição para a rede hospitalar do Estado.

O desenvolvimento do espetáculo – explicou-nos – sofreu modificação de última hora e terá o seguinte roteiro:

1°) Recepção às altas autoridades presentes incluindo as delegações africanas e comissões de Embaixadas.

2°) Apresentação dos instrumentos da Orquestra Afro-

Brasileira, quando será explicado o significado da palavra MACUMBA.

3º) Sincretização de São Jorge e Ogum, mostra que nos levará aos tempos da guerra do Brasil com o Paraguai.

4º) Apresentação da Yalorixá "Senhora", mãe de santo de um dos maiores candomblés da Bahia, o Ilê Opô Afonjá, a qual será coroada como Mãe Preta do Ano, simbolizando todas as mães de cor. A escolha de "Senhora" foi feita sem o objetivo de evidenciá-la, pois todas são merecedoras.

5º) Apresentação do Conjunto Folclórico AFOXÉ OMOM XAPANÃ, com seus figurantes vestidos a caráter no belíssimo quadro.

6º) Apresentação apoteótica de todos os terreiros presentes, em demonstração de folclore, danças e vestimentas.

YOKAANAM É UM PROFETA

Texto de José Carlos Marão

Realidade, n. 13, abril de 1967

No planalto goiano, a 62 quilômetros de Brasília, um coronel-aviador reformado fundou há dez anos a Cidade da Fraternidade Universal, onde vivem hoje 200 famílias em regime que eles chamam de comunitário-cristão. Ali não existe dinheiro, todos trabalham e as mais diferentes religiões do mundo são praticadas com liberdade. O chefe dos chamados "espiritualistas ecléticos" é ainda o coronel reformado, de nome de Oceano de Sá, mas que dentro da sua cidade se chama Mestre Yokaanam. Nas vizinhanças, contam-se coisas estranhas sobre a cidade. Uma delas é que, frequentemente, discos voadores descem lá, para se comunicar com Yokanaam e orientá-lo sobre os graves acontecimentos que virão. Mas os seguidores do mestre não se preocupam com as ameaças de castigo dos céus, pois, para eles, Yokaanam conhece os caminhos da salvação.

A primeira vez em que os espíritos vieram falar com Mestre Yokaanam ainda não foi para avisar sobre a Cidade da Fraternidade Universal, onde hoje vivem 200 famílias, na terra sagrada. Aconteceu há alguns anos, quando o mestre era piloto civil e sofreu um acidente. Os médicos do mundo profano queriam amputar-lhe um braço e uma perna. E foi para isso que os espíritos vieram pela primeira vez: o venerando mestre não podia ser mutilado, pois tinha sua obra a cumprir. Então os espíritos lhe ensinaram que bastava torcer o braço e a perna de certa maneira, e ele ficaria bom. Os médicos aceitaram a auto diagnose, fizeram como o mestre mandou – orientado pelos espíritos – e deu certo.

Foi a partir daí que o mestre nunca mais cortou o cabelo e a barba, passou a chamar-se Yokaanam, já que seu nome profano era Oceano de Sá, e resolveu dedicar-se inteiramente às causas espirituais e humanitárias.

Mestre Yokaanam não diz se desta primeira vez os espíritos vieram no disco voador, como fizeram posteriormente e farão muitas vezes mais, para dar-lhe instruções sobre certas coisas, algumas já acontecidas, outras ainda por acontecer.

No ano de 1946, pouco depois do acidente e da salvação, Yokaanam, que no mundo profano era também coronel-aviador da reserva, ex-combatente da Segunda Guerra e homem letrado, membro de academias, fundou no Rio de Janeiro, a Fraternidade Espiritualista Universal. Para o mestre não existem diferenças entres as fés, e seu movimento pretende unir todas as religiões do mundo.

Sempre instruído por forças extraterrenas, Yokaanam conseguiu milhares de seguidores para a Fraternidade Eclética. Até o dia em que os espíritos vieram avisar sobre a Cidade da Fraternidade Universal. Eles lhe forneceram as coordenadas da terra sagrada, onde deveriam ir viver o mestre e seus discípulos, em absoluta fraternidade, em um sistema comunitário onde não houvesse ganância, nem ricos, nem pobres, nem dinheiro.

E em janeiro do ano de 1956 Yokaanam partiu, para reconhecer as terras, anunciadas e descritas. Desceu em Anápolis, Goiás, andou de jipe, carro de boi, a pé, e identificou o lugar, em redor do monte sagrado, no planalto goiano, a 62 quilômetros do local onde, alguns anos depois, começaria a ser construída a nova capital brasileira. Yokaanam comprou as terras e, até agosto daquele ano, oito famílias de espiritualistas ecléticos já estavam lá. Mas a grande viagem, do Rio ao planalto goiano, a peregrinação-êxodo, conforme a chamou o mestre, começou na hora zero do dia 1° de novembro do mesmo ano de 1956.

A multidão no pátio

Foi nesse dia que irmão Ciríaco ficou conhecendo irmã Noêmia, ainda na estação da Estrada de Ferro do Rio. Yokaanam tinha conseguido um trem especial para que os 415 primeiros peregrinos o seguissem. Pouco antes da meia noite do último dia de outubro, ali estavam todos, no pátio da estação – homens barbudos, cabelos longos e olhar místico, de longos vestidos, com suas crianças e suas malas pobres. A bagagem coletiva era enorme: alimentos, utensílios, ferramentas, barracas de lona onde morariam provisoriamente ao chegar.

– Salve, irmã Noêmia.

– Salve, irmão Jeremias.

Ciríaco ouviu, a poucos metros de distância, no meio da multidão, o cumprimento respeitoso que outro irmão dirigiu a Noêmia. Pegou a mala, subiu no vagão onde já estavam seus pais e irmãos, e acomodou-se. Em poucos minutos, todos os peregrinos o imitaram, porque estava na hora de partir. As despedidas na plataforma eram tão breves quanto as saudações, quase em silêncio. À zero hora de 1° de novembro, o trem apitou. Um último passageiro ainda se despedia rapidamente de algumas pessoas e depois correu para o trem, já em movimento. Entrou no mesmo vagão em que Ciríaco estava, e um peregrino o saudou:

– Salve, Mestre Yokaanam.

Ciríaco sentiu-se bem, ao saber que o mestre ia viajar ali, perto dele. Acomodou-se melhor no banco e logo dormiu, ninado pelo balanço do trem. Esqueceu-se até de pensar onde estaria a moça que vira momentos atrás, antes de embarcar.

A peregrinação-êxodo durou tantos dias, que Ciríaco já nem se lembra. Naquela época ele não passava de um neófito e tinha também um nome profano: Celso Batista. Mas lembra-se que quando os peregrinos, ao fim da grande viagem, avistaram o monte sagrado, caiu um temporal forte, e assim mesmo todos começaram a trabalhar. Armaram 76 barracas de lona, uma delas o templo. Eram poucos os abrigos para tanta gente, por isso nos primeiros dias os homens ficaram de um lado, as mulheres de outro.

Na manhã seguinte, de muito sol, a organização em que a Cidade Eclética vive hoje já começava a funcionar. Os irmãos passaram a cuidar, cada um, de seu setor. Uns foram procurar barro para a olaria, outros foram cuidar da terra para as plantações, este tratava das roupas, aquele da alimentação. Ciríaco foi trabalhar na marcenaria. Noêmia, na cozinha geral, onde todos comem, porque ninguém lá cozinha em casa.

Em poucos dias, algumas construções de pau a pique estavam de pé, as paredes de bambu trançado e barro, os telhados de sapé. Hoje eles tem 46 casas de alvenaria, dez estabelecimentos para o comércio exterior (com os vizinhos da Cidade Eclética), um templo, uma granja, cinco transmissores de rádio, a fazenda, a marcenaria, carpintaria, olaria, oficina de ferreiro, posto de gasolina, hospital, dois colégios, farmácia, cooperativa e vários outros órgãos funcionais. E agora são 1.110 habitantes: 528 crianças (300 delas órfãs recolhidas pela cidade), 267 homens e 315 mulheres. Nestes dez anos, muita gente não aguentou, foi embora. A família de Ciríaco ficou. A de Noêmia também.

Os homens do mundo pecador muito estranham que o povo da Cidade Eclética se dedique tanto a orar e pensar em sua salvação espiritual. Dizem mesmo que, se eles se dedicassem mais às coisas materiais, já seriam a muito um núcleo autossuficiente em tudo. Mas os espiritualistas ecléticos não pensam assim: eles têm a grave missão de esclarecer a humanidade sobre os perigos que corre.

O mestre já previu, faz muitos anos, que até 1978 mais ou menos vai aproximar-se da Terra um planeta estranho, que ele chamou de Bohan. Esse planeta já entrou na órbita do sol. Muito depois do venerando mestre, com quatro ou cinco anos de atraso, os cientistas o descobriram e deram-lhe o nome de CTA-102. Segundo Yokaanam, Bohan, ou CTA-102, vai chegar muito perto da Terra e levará dois terços das almas da humanidade. Só se salvarão os homens de boa vontade, os puros de espírito.

Um só templo para todas as religiões

E todos na cidade são assim: oram pela humanidade, fazem caridade, adotam crianças, curam enfermos que os médicos profanos não conseguem curar, vendem remédios e gêneros alimentícios mais barato. Por isso, o hospital, a farmácia, a cooperativa, o bar, ficam do lado de fora da cerca que isola a Cidade da Fraternidade Universal do resto do mundo. São órgãos que fazem parte de seu "departamento de comércio exterior". O povo das cidades e sítios vizinhos fazem fila para serem atendidos nesses estabelecimentos, um dos meios idealizados por Yokaanam e seus assessores para conseguir fundos para ir transformando a Cidade Eclética em um regime comunitário-cristão cada vez mais perfeito.

A vocação de Ciríaco

Não foi fácil para Ciríaco aproximar-se da irmã Noêmia. Além da timidez de quase adolescente – tinha 20 anos quando chegou à terra sagrada – precisava enfrentar as novas normas morais, bem diferentes das do mundo profano. Pior ainda, era comum ver Noêmia trocar olhares furtivos com irmão Jeremias, quando se encontravam em algum lugar, mesmo fora do horário de namoro.

Um dia, depois de tanto insistir, Ciríaco sentiu que ela já o percebia. E deixou-se levar pelo sonho, feliz. Na cozinha geral, buscava seus olhos escuros, que ela baixava logo. Mas havia sempre uma sombra: irmão Jeremias. Estariam pensando, os dois, em namoro? O acaso favoreceu, depois de meses e meses de incertezas.

Fazia três anos que todos tinham vindo para aquele mundo de paz, trabalho, amor e caridade. Ciríaco não era mais um neófito. Queria seguir Mestre Yokaanam e já tinha passado por vários estágios: era quase um iniciado. Tudo o que se precisa para continuar seguindo esta vocação é sentir vontade. E Ciríaco tem muita.

Assim que terminou o primeiro estágio como neófito, de seis meses, pediu para fazer o estágio seguinte. Levou uma vida moral e espiritual perfeita, terminou o segundo de mais seis meses, e sentiu que já podia ser um adepto. Pediu por escrito ao venerando mestre e passou a ser um neófito-obreiro-interno, durante um ano, antes de ganhar a condição de adepto mesmo. Nesse ano, só tinha de trabalhar e produzir em seu setor, sem muitas obrigações espirituais. Passados os doze meses, pediu para entrar na EPAN – Escola Preparatória de Adeptos Noviços. O curso aí dura quatro meses, mas Ciríaco fez os exames com apenas dois meses de estudo e pode vestir, orgulhoso, o balandrau, uma batina branca que se usa nos trabalhos. Só então era considerado adepto. Para solicitar a iniciação, é preciso sentir muito desejo espiritual e ter certeza do que quer. Este desejo e esta certeza Ciríaco sentiu quando começou a perceber que gostava de irmã Noêmia.

Era nos dias de trabalho espiritual, ocasião em que vê muitos estranhos – geralmente turistas de passagem por Brasília, que se hospedam no hotel, do lado de fora da Cidade Eclética. Como em qualquer dia normal – e tal e qual todos os irmãos ecléticos – Ciríaco levantou-se às seis e meia. A cozinha geral já servia o café. Cada família tinha mandado um de seus membros ao prédio da alimentação, com um bule de café e pão (sem manteiga, que é difícil). Noêmia, com os cabelos longos sobre os ombros, vinha saindo com sua carga quando Ciríaco apareceu, de repente. Ele chegou a pensar em saudá-la: "Salve irmã", mas tudo foi muito rápido. Noêmia estacou para não esbarrar nele e um pouco de café escapou do bule, manchando-lhe a roupa. Ela deu um gritinho de susto e mal pode murmurar:

– Desculpe irmão.

Ciríaco, cheio de ternura, mas tímido e sem jeito, tentou consertar:

– Não foi nada, irmã Noêmia. Pena que acabei de retirar a roupa, limpinha, da lavanderia geral.

Arrependeu-se imediatamente da frase boba, mas não pode continuar falando. Noêmia já se afastava, tímida e sem jeito como ele. Estava, porém criada alguma ligação entre os dois. Voltaram a falar-se várias vezes, nos horários próprios, e Ciríaco logo soube, para muito alívio seu, que Jeremias tinha acabado de abandonar a cidade, por causa de um drama de consciência: conversando com um estranho que viera visitar a terra sagrada, contara-lhe mais do que o permitido sobre assuntos esotéricos, que devem ser mantidos em segredo pelos moradores da Cidade da Fraternidade Universal. Como já não vinha se adaptando às rígidas leis da cidade, Jeremias resolvera voltar para o mundo profano.

Foi o começo da época mais feliz na vida de Ciríaco. Candidatou-se à mão de irmã Noêmia e ela concordou. Imediatamente, pediu e recebeu autorização por escrito do mestre, para namorá-la. Passava os dias trabalhando, estudando ou orando, e pensando nela, sonhando com as horas agradáveis do namoro.

O expediente sempre começou as oito horas. Ele ia para o seu setor, como todos os outros: irmão Arnóbio, o médico, receitando ou operando no hospital; irmão Áquila, o homem da imprensa, andando atrás do mestre, para receber serviços que surgem; irmão Ciro, mulato barbudo que usa chapéu igual ao quepe do Exército, recepcionado os visitantes e vendendo gasolina no Posto da Luz; na carpintaria, na oficina mecânica, nos geradores, nas construções, em todo lugar já há trabalho as oito da manhã, a Cidade Eclética não para de crescer.

Ao meio dia, quando o sino tocava anunciando o almoço, Ciríaco podia ver Noêmia na fila, marmita na mão, esperando a vez de receber a comida. As duas voltava ao trabalho e, as cinco, afinal, estava livre. Ia para casa, tomava banho, jantava e ia encontrar-se com Noêmia, na praça bem iluminada onde existe um monumento à Mãe Preta Universal, ou na casa dos pais dela, à vista dos irmãos – pois em outros locais e de maneira diferente não pode. Namoro é só para conhecer. Os jovens não podem ficar de mãos dadas, muito menos beijar-se.

Isso foi há sete anos. Ciríaco namorou Noêmia menos de um ano e uniu-se a ela. Foi à cidade do mundo profano e oficializou a cerimônia perante o juiz de Paz. Mas o casamento que os moradores da Cidade Eclética consideram de verdade é feito lá mesmo, na lei deles.

Tudo se paga com trabalho

A Fraternidade não vende lotes e nem cobra aluguel. Moral lá é praticamente de graça, assim como comer, vestir, estudar e divertir-se. Assim, quando Ciríaco casou, bastou pedir uma casa e os móveis e prontamente os recebeu. Tudo é pago com trabalho que cada um oferece à Fraternidade. Lá dentro não existe dinheiro, a não se o obtido no comércio com o exterior, mais a renda angariada no quadro social (pessoal do Rio ou Brasília que contribui mensalmente) e os proventos de aposentados e reformados que vieram morar na cidade. Os auxílios oficiais são poucos, mas em 1966 conseguiram uma verba federal de 20 milhões.

A receita assim obtida mal dá para cobrir os gastos. A despesa mensal com a cidade chega aos sete milhões de cruzeiros: um milhão e meio com as escolas, o hospital e remédios; alimentação, mais dois milhões; combustíveis, a rádio que possuem, e energia, três milhões e pouco.

Fora roupas e assistência para as crianças órfãs.

Seu patrimônio, além das terras, é de três caminhões, uma perua rural, as 46 construções (uma média de 100 metros quadrados cada uma), o material de ensino dos dois colégios, o aparelhamento do hospital, o do templo, da granja e da casa de rádio. Em seus dez anos de existência, a fraternidade comprou pouca coisa.

Misticismo e mistério a cada passo

Os irmãos não falam muito sobre suas atividades. Ciríaco, quando um estranho lhe pergunta coisas, desculpa-se:

– Nós temos de ter muito cuidado com o que falamos. Vivemos em um regime socialista-cristão, sabe? E por causa disso vem muita polícia aqui. Já teve até um, fingindo de doente, internado no hospital, para investigar. Nós sabíamos mas deixamos o homem aí, até ele enjoar. Nosso socialismo é o mesmo que se pregava no começo do cristianismo. Só queremos servir a Deus e viver em fraternidade. E o soldado da Polícia Militar que serve de subdelegado da cidade, aí do lado de fora, nunca tem trabalho com a nossa gente.

Se o estranho insiste em querer atravessar a cerca para ver a cidade de perto, Ciríaco sorri:

– O irmão pode e não pode passar. Mas é melhor eu contar o que está para lá. Fica mais fácil. Não há nada de especial. Aquela casinha redonda, coberta de zinco, é a casa de radio.

Nos aparelhos de radioamador trabalham Mestre Yokaanam e o irmão Áquila, chefe do Departamento de Imprensa. Os dois prédios grandes são os ginásios.

– Por que o dois ginásios, se a cidade é tão pequena?

Ciríaco acende um cigarro paciente (eles podem fumar e beber, desde que não seja em excesso):

– Irmão, são 528 crianças. A maioria, órfãos que os governos nos enviam para cuidar. E todos recebem instrução, os órfãos e os nossos filhos (eu tenho três já). Até o ano passado só tínhamos grupo escolar. O ginásio começou este ano. As casas ao lado dos colégios são as residências dos irmãos. À esquerda da casa de rádio estão a casa de luz e força, oficinas e residência das irmãs que ainda são solteiras. À direita, os almoxarifados e a cozinha geral.

O estranho nota que existe, ainda, uma barraca muito velha, do lado de lá da cerca.

– É a casa do nosso venerando mestre – explica Ciríaco. Ele ainda não quis uma casa de tijolos.

E, na verdade, as preocupações do mestre Yokaanam são mais altas. Ele quer tornar a Cidade Eclética autossuficiente em pouco tempo. Por enquanto é difícil, a produção é pequena. Para o comércio externo, plantam bananas e fabricam sapatos e roupas. Depois vem o feijão, hortaliças e algumas frutas. O gado é pouco, a carne é racionada: a cozinha geral fornece uma comida simples, quase só de vegetais. O leite vai para a creche e os adultos tomam leite em pó. Com mais frequência comem carne de frango, pois a granja é mais rica que o setor pecuário.

Nosso mestre tem um plano diretor tão bem organizado como o de Brasília, prevendo soluções para todos os problemas que forem sendo criados, com o aumento da população. O projeto foi elaborado pelos próprios irmãos iniciados, entendidos em urbanismo.

A principal obra do plano é a catedral eclética, um templo para todas as religiões, que será construído na praça espaçosa onde já existe um marco, inaugurado por Yokaanam. Em volta da praça serão construídas até as menos divulgadas e de poucos seguidores. A praça da catedral eclética será atravessada por duas grandes avenidas. Em uma delas, que ficará dentro da cidade, estarão as casas comerciais e restaurantes para atender o público que comparece aos trabalhos espirituais. Cruzando com esta futura avenida, já existe a Avenida São João, onde estão hoje a cooperativa, a farmácia e o hotel, fora do cercado que rodeia a cidade.

Ciríaco cumprimenta com respeito outro irmão eclético que passa e explica por que as obras andam devagar.

– Tudo o que construímos agora já está dentro do planejamento, mas faltam recursos, sabe? Acredito que seremos cinco mil habitantes dentro de cinco anos. Precisamos correr para abrigar em ordem tanta gente.

Irmão Ciríaco está contente: por inspiração espiritual, seu desejo de seguir os caminhos do mestre cresceu. Ele comunicou a Yokaanam e seu pedido foi aprovado. Agora está estudando ciências herméticas. O estranho quer saber detalhes, Ciríaco desculpa-se mais uma vez:

– Ah, são ciências herméticas, irmão. Se eu pudesse contar, não seriam herméticas. Só os iniciados podem conhecer, estudando nos colégios, que são o nosso poder legislativo. Cada colégio estuda os problemas da comunidade, sempre presidido por um mentor, que deve ser do colégio de pelo menos um grau acima. No colégio de quinto grau, o presidente tem outro nome: hierofante. Nosso hierofante agora é o irmão Eutíchio, que pertence ao colégio de sexto grau. Acima dele, só o Supremo Poder Legislativo, nosso venerando mestre.

Em cima do portão que dá entrada à cidade, o estranho vê uma placa: "É proibida a entrada de mulheres com trajes pagãos, vestidas de homem ou de colo nu". Ciríaco acende outro cigarro, mas está tranquilo e mostra que pode continuar falando do que não for proibido.

– A ordem de promoções nos colégios vem do Supremo Poder Espiritual, que se comunica com a Terra através do mestre. Faz pouco tempo que veio a ordem para eu subir para o segundo grau.

O estranho olha de novo para dentro da cidade, além da cerca, e parece meio confuso. Irmão Ciríaco adivinha suas dúvidas:

– Não precisamos de ordens do Poder Espiritual para construir nossas casas e administrar a cidade. Para isso temos o Poder Executivo, meio complicado para o entendimento dos forasteiros. Subordinado ao Sacro Colégio (o conjunto dos seis colégios) vem primeiro o Departamento de Controle do Pessoal, com doze divisões, a prefeitura social, a assistência social, instrução, saúde, divertimentos, estradas, imprensa, disciplina, rádio, força e luz, água e esgotos e o Departamento de Arquiteto:

– Departamento de Arquiteto?

Ele está acostumado com o espanto dos outros:

– É o que cuida de suprir nossas necessidades. Por exemplo, se vai faltar arroz, o irmão arquiteto manda comprar fora. Se minha calça está estragada, peço a ele uma autorização para tirar outra na Costuraria ou no Almoxarifado.

Os irmãos estão salvos

São seis e meia da tarde. Na praça principal da Cidade da Fraternidade Universal, já iluminada, os primeiros namorados chegam para seus encontros de tímido amor. Irmãos protestantes, crentes, católicos, batistas, reúnem-se nas ruas para ir ao cinema, ver uma velha reprise. Em seu gabinete, cercado de peças e miniaturas de avião – um passatempo antigo – Mestre Yokaanam[9] estuda os planos para explorar uma estação de rádio, já autorizada, e prepara um comunicado ao povo, recém-recebido do Poder Espiritual.

Por trás de Ciríaco uma mulher se aproxima, contra a luz esmaecida do Sol. Tem os cabelos longos e os olhos escuros e profundos. Ciríaco vira-se, toma sua mão e a apresenta ao estranho:

– Irmã Noêmia, minha mulher.

O estranho cumprimenta, ela curva levemente a cabeça. Depois, ambos – marido e mulher – despedem-se e afastam-se.

O jornal *O Nosso*, órgão oficial da Fraternidade vai publicar no outro dia uma extensa reportagem com o título: "Contatos com os discos voadores", contando as criticas de um habitante extraterreno à conduta moral da humanidade, e

9 Mestre Yokaanam desencarnou em 21 de abril de 1985.

confirmando a aproximação do sol negro, o estranho planeta Bohan, CTA-102 para os cientistas, daqui a dez anos. Irmão Ciríaco e irmã Noêmia estarão tranquilos. Um terço, apenas, da humanidade se salvará – os homens de boa vontade, os puros de espírito. E eles sabem que a Cidade da Fraternidade Universal[10] está dentro daquela terça parte.

Figura 13: Entrada da Cidade da Fraternidade Universal. Foto de Jorge Batsuen. *Realidade*, n. 13, abril de 1967

Figura 14: Mestre Yokaanam. Foto de Jorge Batsuen. *Realidade*, n. 13, abril de 1967.

10 No quinto volume desta obra temos um capítulo sobre a Fraternidade Eclética Universal.

Figura 15: Mestre Yokaanam em sua barraca. Foto de Jorge Batsuen. *Realidade*, n. 13, abril de 1967.

Figura 16: Membros da Fraternidade Eclética Universal no templo. Foto de Jorge Batsuen. *Realidade*, n. 13, abril de 1967.

Figura 17: Hotel da Cidade da Fraternidade Universal. Foto de Jorge Batsuen. *Realidade*, n. 13, abril de 1967

Figura 18: Cooperativa da Cidade da Fraternidade Universal. Foto de Jorge Batsuen. *Realidade*, n. 13, abril de 1967

Figura 19: Placa na entrada da Cidade da Fraternidade Universal. Foto de Jorge Batsuen. *Realidade*, n. 13, abril de 1967

BAIXOU O SANTO!

Texto de Marcos de Castro

Realidade, n. 31, outubro de 1968

Quando santo baixa, em um terreiro, centenas de pessoas entram em transe. É uma sessão de Umbanda, hoje religião oficial de milhões de brasileiros negros e brancos, de todas as classes. Para a maioria, porém, continua sendo um mistério.

Em nome de Tupã iniciamos os nossos trabalhos do nosso terreiro

Ave Maria de Gounod toca baixinho, lá no fundo, mas, como o silêncio é total, a música chega claramente aos quatro cantos do terreiro. Cabeça baixa, quatrocentas e tantas pessoas se concentram. São médiuns. Pouco depois, eles entoam as primeiras curimbas, cânticos com que iniciam e terminam as cerimônias. Em alguns minutos estarão recebendo os espíritos de Caboclos, antepassados indígenas que baixam nos médiuns. Então, diante deles, passarão centenas de pessoas que desejam receber passes, um tipo de tratamento espiritual. Assim, em um dos maiores terreiros do Rio de Janeiro e do País, começa uma sessão de Umbanda – a religião do Brasil, segundo seus praticantes.

Hoje é sexta feira e, como as quartas, a sessão é de caridade; os interessados procuram o terreiro em busca de um benefício qualquer, através de passes dados pelos médiuns. As segundas feiras são dedicadas apenas aos médiuns, que passam a sessão desenvolvendo suas qualidades. Nas quintas, os pedidos são para os doentes internados em hospitais. O terceiro domingo de cada mês é o dia da gira, ou sessão de descarga, só para iniciados: o médium trabalha o mês inteiro e fica "sujo", de tanto absorver os problemas dos outros. Na sessão de descarga ele se limpa e está pronto para recomeçar. Mas, em um terreiro, os dias mais movimentados são mesmo as quartas e sextas.

As pessoas entram e tomam benção de Seu Benjamim, ainda na porta. Depois do terceiro sinal sonoro, a sessão vai começar. Um homem, também médium, que fica atrás de uma mesa, sobre alto estrado, de frente para todos, eleva a voz:

– Prezados amigos, estamos reunidos mais uma vez e vamos iniciar a nossa sessão dentro da maior boa vontade, pedindo por nós e pelos nossos, na prática do bem e da caridade, que esse é sempre o nosso objetivo, seguindo o exemplo do mestre altíssimo.

E, compungido, acompanhado em coro:

– Que assim seja.

A invocação é geral:

– Sob a graça de Tupã, pedimos que as irradiações do sol de Oxalá pairem sobre os nossos guias, a fim de abençoar o nosso trabalho. Que a mãe Oxum combata o véu dos maus instintos. Que Iemanjá lave as impurezas dos corações. Que Xangô, do alto de sua pedreira, lance seu raio iluminado. Que Ogum, com sua gloriosa espada; Oxóssi, das profundezas das matas; e Iofá nos abençoem.

Terminam as invocações, vêm as saudações:

– Salve o Rei da Umbanda, Arcanjo Miguel. Salve os arcanjos Gabriel e Rafael. Salve os morubixabas do nosso Primado. Em nome de Tupã iniciamos os nossos trabalhos do nosso terreiro.

Pedem, agora, proteção para cada um em particular, com vários saravás saúdam diferentes entidades, e iniciam o cântico de abertura. No fim, novos saravás. Depois, todos os que estão de pé se ajoelham, menos os médiuns de terreiro, que ficam de pé, e os médiuns de banco, que ficam sentados: hierarquicamente, estão uma escala abaixo no terreiro e recebem os descarrego dos que ficam em pé.

Em um terreiro de Umbanda, a maior autoridade é o Morubixaba, comandante-chefe. Depois dele, pela ordem, vem: o subcomandante de terreiro, chamado Abaré-Guaçu; o chefe de terreiro, Abaré; o subchefe, Abaré-Mirim; o terreiro, Boja-Guaçu; o banco, Bojá e o iniciando, Bojá-Mirim.

Como em todo terreiro, os médiuns mulheres e homens ocupam alas diferentes, elas à direita e eles à esquerda. Dona Maria, uma senhora gorda que parece profundamente tocada pelo espírito do Caboclo que recebe, é mulher de Seu João, banco que do outro lado desempenha com discrição, mas muito compenetrado, o seu papel. Não se trata de caso de exceção. Há outros casais funcionando naquela mesma noite na sessão de passes – e a Umbanda até se orgulha de ser como grande família. Na verdade, meia hora ante do inicio da sessão na Tenda Mirim, que fica na estação de São Francisco Xavier, no Rio, grupinhos às dezenas conversam com um jeito todo familiar, desde o terreno de estacionamento de automóveis, na entrada (onde, entre outros carros, há um Jaguar), até o alto da escada larga, de uns vinte degraus, que dá acesso ao edifício do terreiro. Dos que vão chegando, mais de quinhentos, inclusive Seu João e Dona Maria, já tomaram a benção do Comandante-Chefe do Terreiro, o Morubixaba, Seu Benjamim, Presidente da Tenda Mirim, Primaz de Umbanda. E a benção de Umbanda é um pouquinho trabalhosa: depois do beijo na mão, da benção normal, aquele que está sendo abençoado ainda deve encostar a testa nas costas dos dedos do que abençoa, à altura da junção com a mão.

Uma olhada pela assistência, sentada nos fundos do salão, mostra que a maioria é gente de classe média, embora a tenda tenha fama de ser muito frequentada pelo pessoal do Morro da Mangueira, que é perto, e o próprio presidente o confirma. Seu Benjamim diz que entre os médiuns, todos vestidos de branco, iguais, é a mesma coisa.

A maioria também é de classe média. E garante que há até um padre ali no meio:

– A Igreja comete a estupidez de não deixá-lo desenvolver suas qualidades de médium, e assim o obriga a uma vida dupla, um pouco na sua paróquia, um pouco aqui na tenda. Nós aqui, recebemos todo mundo de boa vontade, de qualquer religião. O que importa é que o umbandista deve sempre caminhar no sentido do bem. Aqui só não recebemos quem não tem moral ou não pretende seguir no caminho da bondade.

Além do padre, conta o comandante-chefe que há vários generais, coronéis, advogados, altos funcionários, políticos e gente da sociedade. E aponta um homem corpulento, na primeira fila, desenvolvendo suas qualidades de médium principiante, com passes sobre a cabeça de um rapazinho, quase um menino:

– Aquele lá é um policial da famosa Invernada de Olaria. É possível que ele fosse um policial atrabiliário e bruto. Nós não perguntamos pelo passado de ninguém. Mas temos certeza de que, desde que chegou aqui, é incapaz de bater em um preso no seu distrito ou de cometer qualquer tipo de arbitrariedade.

Chega o Caboclo Mirim

A esta altura, muitos já começaram a ficar atuados: respiram fundo e muito alto, dão gritos, batem o dedo indicador no polegar. Seu Benjamim recebe o espírito do Caboclo Mirim, que morreu, ou melhor, desencarnou há mais de 1.700 anos. Acende um charuto e, de costas para os médiuns, de frente para imagem de Jesus (Oxalá), passa a mão sobre a testa e a cabeça e ajoelha-se. Em voz alta invoca o Pai Supremo Oxalá.

Todos se levantam e acendem charutos, os barulhinhos de dedos aumentam, os médiuns trocam saudações. Um grupo estende-se no chão, é saudado por outro. As mulheres, algumas muito mocinhas, também acendem charutos. Os Pretos Velhos baixaram nelas. Agora, todos se saúdam.

Benjamim grita:

– Okê, Oxóssi!

Hoje, porque estamos em outubro, é Oxóssi. Em novembro será Iofá. Em dezembro, Iemanjá. Nas sessões de janeiro, outra vez Oxóssi, que será homenageado também em março. Em fevereiro e abril e Ogum. Iofá em maio; Xangô em junho; Iemanjá em julho e agosto. Em setembro, novamente Xangô. A Tenda Mirim dedica um mês a cada divindade.

Saravá, Caboclo Mirim!

A mocinha que comanda seis mulheres que cantam ao fundo também grita:

– Okê, Caboclo!

Ela e todos começam a cantar. As atuações chegam ao auge. Há muitos erros, pessoas se desequilibram nas pernas, ficam rodando, tontas, tremendo.

No final, a mocinha grita: Saravá, Oxóssi; e depois Seu Benjamim: – Okê, Oxóssi!

Todos se erguem; muitos estavam prostrados. Entra, então, o público para receber os passes ao som de mais um cântico em louvor de Oxóssi. Nos passes recomeçam as batidas dos dedos, o indicador estalando no polegar, repetidamente, sobre a cabeça de cada homem ou mulher que recebe o tratamento. Passam velhos, moços bem e mal vestidos, trabalhadores, gente de gravata, algumas mulheres elegantes. Alguns recebem os passes depressa e depressa saem pelo fundo do templo, homens por um lado, mulheres pelo outro. As filas são imensas, vai um com cada médium receber os passes. Todos, ao sair, fazem uma saudação final a Oxalá, que consiste em baixar a cabeça, juntar as mãos no peito e depois abri-las para Oxalá, levantando a cabeça. Mas alguns, principalmente os mais jovens, fazem também o mesmo em nome do Pai da Igreja Católica.

Os cânticos não param nunca. Pessoas, após os passes, ficam atuadas como verdadeiros médiuns. Na realidade, para os umbandistas, todo mundo é médium, dependendo de desenvolver ou não suas qualidades. O chefe Benjamim fica orientando a saída, no fundo do terreiro. Ele dirige tudo e exige horário rígido nas sessões de sua tenda (as de caridade começam sempre às 20h30min e terminam às 22h00min).

– O pessoal que vem aqui trabalha e não pode ficar até altas horas.

Entre o público que sai está um italianinho, filho do dono de uma respeitável cadeia de distribuição de jornais em bancas do Rio. Há muitos descendentes de europeus, e mais brancos do que pretos. A parte dos passes durou mais ou menos meia hora ou quarenta minutos. Agora, param os cânticos também. Mas irrompe uma barulheira infernal: é a parte do descarrego; após receberem a carga dos que foram tomar passes, os médiuns do terreiro estão descarregando, todos em conjunto. Alguns berros são profundos lamentos e lancinantes. Uma senhora começou a berrar acima de todos os berros.

– Eu sou um cientista. Vocês são analfabetos. Querem ensinar um cientista? Cambada de analfabetos! Analfabetos, analfabetos, analfabetos!

Os berros são nervosos e terminam em crise de choro convulso.

Ao fim de tudo, os médiuns de terreiro vão descarregar em cima dos médiuns de banco, que depois descarregam sozinhos. As expressões faciais são incríveis, uns riem muito, de olhos fechados. Há uma esfregação de mãos por todo o corpo, sobretudo na cabeça. Depois vêm as contorções e os berros finais, e iniciam-se os cânticos. A sessão está terminando, os cânticos duram uns dez minutos. Todos os médiuns vão voltando então às posições iniciais. Benjamim faz avisos rápidos. A mocinha recomeça as saudações:

– Saravá, Caboclo Mirim!

– Saravá, Morubixaba!

E com sua boa voz entoa o cântico final:

– Seu Mirim vai embora...

Com ela cantam mais quatro outras moças, todas bonitas e mantem o cântico durante quase todo o tempo que durou a sessão. A mocinha das saudações, que puxa tudo, no final recebe a benção do Caboclo Mirim, Seu Benjamim.

A Ave Maria de Gounod, lá no fundo, está no fim. Atrás da mesa, sobre alto estrado, o médium que iniciou a sessão faz invocações a Tupã, Oxalá, Oxum, Iemanjá, Xangô, Ogum, Oxóssi e Iofá, agora em termo de agradecimento, não mais de suplica.

A salvação de Dona Maria

É o fim da sessão. Enquanto se cantam as últimas curimbas, Dona Maria olha a imagem de Jesus, que para ela é Pai Oxalá e relembra sua trajetória no rumo da Umbanda. Nunca foi o que se pudesse chamar mesmo de uma católica cem por cento, mas era de formação católica, como quase todo o brasileiro. Por cultivar mais a religiosidade do que propriamente a religião. Dona Maria guardara do catolicismo apenas alguns aspectos exteriores, desenvolvendo tudo o que pudesse evoluir em um sentido supersticioso.

Mas Dona Maria sempre ocultou a tendência para superstições e coisas semelhantes. Professora primária, morando em um bairro da Zona Sul (Laranjeiras), de certo tipo de classe média em que alguns ainda pretendem conservar uns restos de aristocracia, ela sabia das restrições feitas a essas inclinações, no meio em que convivia. Restrições que Dona Maria hoje chama de preconceitos dos metidos e figurões.

Tudo começou com uma doença. Cinco anos atrás, depois que teve a primeira filha, e única. Dona Maria começou a "ter ataque". E passou a preocupar seriamente o marido, pois algumas vezes chegou a cair na rua. Seu João, contador e funcionário federal, não tinha mais sossego na repartição, depois que foi chamado duas ou três vezes para socorrer a mulher. Uma ocasião foi encontra-la já no pronto socorro.

Desde então, Dona Maria começou uma "via sacra" através dos melhores neurologistas do Rio. E conta que sentiu desespero quando, em consulta com um grande especialista, ouviu, ao apresentar-lhe seus eletroencefalogramas:

– A senhora não tem nada. Pode jogar os eletros no lixo.

Dona Maria já perdia as esperanças quando uma amiga recomendou um terreiro de Umbanda. Jamais havia pensado naquilo. Depois do primeiro ataque, meditou com mais calma, considerou sua vida no período da doença, já há um ano e tanto: fora, em vão, aos melhores médicos. Não restava nada a fazer. Por que então não ir a um terreiro? Seu João, de formação católica um pouco mais firme, hesitou um pouco, no início. Mas estava tão cansado que também não resistiu muito. Dona Maria insistiu: ia fazer apenas uma experiência, a amiga era tão boa, não havia nada a perder. Já com as primeiras sessões ela começou a melhorar. Pouco mais tarde ficou totalmente boa e assim está até agora – assegura. Seu João, um ano depois de acompanhante desinteressado da mulher ao terreiro, com o qual nem simpatizava a princípio, passou a pensar seriamente. Hoje, embora ainda esteja um grau abaixo de Dona Maria na hierarquia da tenda, é dos mais ativos e dos que falam da comunidade com mais entusiasmo.

O Dr. Henrique Landi é engenheiro responsável por parte de um setor, situado no subúrbio carioca, de um dos mais importantes grupos industriais do País. À noite, sai para outro ponto do subúrbio do Rio – o Encantado – e lá se transforma no Pai Joaquim, entidade sob cuja influência é quase venerado pelos frequentadores do centro Espírita Fraternidade e Luz, organização que funciona há dezoito anos, sempre sob a inspiração do Caboclo das Sete Encruzilhadas, padroeiro local.

Pai Joaquim é o mais procurado

O terreiro do Dr. Henrique é pequenino, muito diferente da imensidão da Tenda Mirim. Cabem no máximo cem pessoas na assistência, se tanto. Mas dificilmente todos os lugares ficam ocupados, porque as sessões são muito demoradas e os grupos se revezam: enquanto os primeiros a receber passes já estão saindo, há sempre mais gente chegando para recebê-los. O método aqui é o das fichas, ao contrário da Tenda Mirim, onde milhares de pessoas fazem filas diante dos quatrocentos e tantos médiuns e são atendidas sem muita conversa. No terreiro de Pai Joaquim há apenas seis ou sete médiuns, entre homens e mulheres, e quando eles recebem seus Caboclos, depois das invocações de abertura da sessão, e transformam-se no pai fulano ou mãe sicrana, as pessoas que estão à espera escolhem a quem desejam se dirigir e recebem fichas numeradas para serem chamadas depois, pela ordem, assim:

– Pai Benedito, quatro, pode entrar. Mãe Francisca, cinco...

Pai Joaquim é sempre o mais procurado. Há noites em que todos os outros médiuns já saíram do transe e ele ainda está em consulta, agachadinho na sua banqueta, cachimbinho fumegando e produzindo saliva em apreciável volume para a pequena escarradeira de areia, que faz parte obrigatória dos apetrechos de cada médium. E agachado fica ainda por muito tempo, atendendo a mais quatro, cinco ou seis pessoas.

No terreiro de Pai Joaquim, a consulta que antecede os passes é parecida com uma confissão dos católicos. Trata-se de uma conversa em que o fiel explica seus problemas e o médium lhe dá conselhos. Muito diferente de uma tenda grande, onde não se dá conversa a ninguém. Mas a segunda parte é semelhante, na grande ou na pequena tenda: o médium, em um movimento igual ao que fazem os apostadores de corridas, ao torcer pelos cavalos, batendo fortemente o dedo indicador sobre o médio e o polegar, executa passes sobre a cabeça e depois sobre as costas da pessoa. Esta, muitas vezes, acaba por entrar em transe como o médium, recebendo fortes descargas.

A Confederação Nacional Espírita Umbandista e dos Cultos Afro-Brasileiros, de que o Dr. Henrique Landi faz parte, é dirigida pelo General Mauro Rego Monteiro Porto, reformado.

É possível que o Dr. Henrique Landi exagere um pouco quando diz que a Umbanda é que tem impedido a dominação do Brasil pelo comunismo. Mas é verdade que ela já tem tirado gente dos quadros do Partido Comunista. Pelo menos um.

Do partido aos terreiros

A Procuradoria Judicial do Departamento Nacional de Portos e Vias Navegáveis fica em uma sala clara, ampla, atapetada e com ar acondicionado, em um velho prédio baixo da Praça Mauá, no cais do Rio. Em uma mesa perto da janela, de persianas baixadas pela manhã clara de sol, o Dr. Ismar Alves Rodrigues, de óculos, ar de professor universitário por trás de uma grande simplicidade, dá seu parecer em um processo. De repente, levanta a cabeça, procura alguém em outra mesa:

– Ó Purificação, você que também recebe o Caboclo Ogum Rompe Mato...

Purificação é comandante da Marinha que, bacharel em Direito, acabou procurador do Departamento Nacional de Portos depois da reforma. Todos os procuradores naquela ala são umbandistas. Chegaram à Umbanda por vias diferentes, mas o caminho mais longo foi o de Ismar. Gaúcho de Alegrete, apesar do pai agnóstico, Ismar recebeu uma formação católica, por causa do resto da família. Confessa que desde pequeno tinha algumas visões esquisitas. Mas nunca se impressionou muito com isso. Ao contrário, foi crescendo e se afastando até da religiosidade da família. Com pouco mais de vinte anos, Ismar – que hoje está com 47 anos – era um jovem advogado, marxista, militante no foro do Rio de Janeiro e no Partido Comunista. Sua fé, a essa altura, era o materialismo dialético, ao qual ele se dedicava a ponto de conseguir uma posição de destaque no Partido Comunista Brasileiro, inclusive junto à cúpula dirigente. José Maria Crispim, o dirigente operário paulista que ficou famoso depois de um debate no rádio com certo Padre Sabóia, de prestígio em São Paulo, era um dos seus maiores amigos.

A mudança em sua vida começou exatamente em um dia em que, passando férias no Rio Grande do Sul, lia *Os fundamentos do materialismo dialético*, de Leôncio Basbaum. No meio da leitura, até então tranquila, Ismar sentiu uns fluidos estranhos. Baixou o livro e viu, clara, nítida diante de si, a figura de um homem cuja fisionomia não lhe era totalmente estranha. A visão estava a dois ou três metros de distância de Ismar e não disse uma palavra. Correu a perguntar ao seu padrinho, que conhecia todas as figuras da cidade, desde as mais antigas, quem era aquele tipo que vira e agora lhe descrevia.

– Por que você não perguntou a ele? – Disse o padrinho.

No dia seguinte, Ismar foi ao cemitério, visitar o túmulo do pai. Na saída, sobre outro túmulo, viu o retrato da pessoa que lhe tinha aparecido na visão da véspera. Aproximou-se e leu o nome: Aquiles Tadeu.

Ismar começou a ficar impressionado. Primeiro, admitiu o fenômeno espírita. Depois, passou a ler Allan Kardec. Esteve nas chamadas sessões de mesa – as sessões do Espiritismo Kardecista ortodoxo, diferentes das de Umbanda, que são as sessões de terreiro.

Quando foi para um terreiro, Ismar achou que todas as coisas estranhas que se passavam com ele iam acabar. Veria que "tudo era bobagem". Julgava, naquele tempo, que ao "cair no pior", o Espiritismo Umbandista, perderia suas fracas convicções. Procurou, então, a Cabana Espírita Caboclo Estrela Branca, do pai de santo Alair Murga, em Madureira. Na primeira noite, ele pretendia ver tudo de longe. Porém, ao ouvir cantarem o ponto que evocava Ogum Rompe Mato, Ismar tonteou. O guia do terreiro percebeu e levou-lhe a roupa branca dos iniciados, que Ismar vestiu absolutamente lúcido, mas com o fenômeno ainda mexer-lhe com as mãos e todo o corpo.

Daí em diante Ogum Rompe Mato, que na quimbanda – linha da magia negra voltada para o mal – é um demônio, na Umbanda – linha do bem – passou a parecer sempre a Ismar sob a forma de Abraão Lincoln. O que para Ismar não é nada estranhável, uma vez que o ex-presidente dos Estados Unidos era lenhador, e tinha portanto ligação estreita com uma divindade provinda do mato.

Sob o aspecto filosófico e sob o aspecto político, à medida que ia aos pouco admitindo esses fenômenos, Ismar já não via muitas condições de continuar comunista. Acusado por vários companheiros de estar sofrendo um apodrecimento espiritual, brigou e terminou expulso do partido. Já se passaram dezoito anos e Ismar nunca se afastou da Cabana. Hoje, muito feliz, tem uma filha que vai fazer cinco anos, e a mulher que conheceu em um terreiro, no momento em que ela desmaiou sob a influência da Cabocla Jurema. Ela estava com quinze anos. Cinco anos depois, há onze anos, se casaram.

Um frei que compreende

Frei Boaventura Kloppenburg, franciscano de Petrópolis e peito conciliar reconhecido como dos mais atuantes no Vaticano II, conhece muito os mais diversos tipos de terreiros do Brasil. Frequenta-os exaustivamente e estuda-os há mais de quinze anos. Em abril deste ano, ele divulgou um trabalho chamado *Uma breve introdução à Umbanda no Brasil.* Diz, ali, que mais ou menos desde 1940 existe um processo de coordenação, organização e união de vários movimentos populares de origem predominantemente africana. Sob o nome de Umbanda, se reuniriam a macumba do Rio de Janeiro, o batuque do Rio Grande do Sul, o Candomblé da Bahia, o Xangô de Pernambuco, o Catimbó do Nordeste, o Nagô do Maranhão, a Pajelança da região amazônica. E admite:

– Vale a pena acentuar que o movimento está penetrando cada vez mais nas populações de origem europeia. Pode-se dizer, hoje, que a maioria das pessoas que frequentam os centros, do mesmo modo que uma boa parte daqueles que dirigem as cerimônias, são brancos; inclusive brancos de classes sociais mais privilegiadas.

Em outro artigo recente, *Ensaio de uma nova posição pastoral perante a Umbanda*, Frei Boaventura mostra que tudo isso parece o resultado de uma violenta insatisfação com as formas religiosas oficiais rígidas, excessivamente controladas, complexas e intelectuais. Ele acha que essas características fechadas impedem a manifestação espontânea de um espírito religioso popular.

– Nem o Catolicismo oficial de Roma, nem o Protestantismo puro dos reformistas e nem o Espiritismo ortodoxo de Allan Kardec parecem permitir suficiente margem para as necessidades religiosas de nosso povo. Umbanda dá a impressão de ser um protesto popular contra todas as formas religiosas importadas e insuficientemente adaptadas.

Com uma visão sacerdotal renovada do problema, Frei Boaventura lançou as bases de uma nova posição pastoral diante da Umbanda. Até hoje, não deu muito resultado o esforço de inúmeros missionários "para penetrar a alma das religiões tão penosamente evangelizadas com sacrifícios e orações". Para ele, foi a ausência de certas normas missionarias. Normas que ele, agora, estabelece e acredita que poderiam ser aplicadas em relação à Umbanda, e se resumem em: valorizar positivamente os ritos, usos e costumes da religião umbandista no Brasil; descobrir com alegria e respeito "a palavra de Deus" também nas culturas africanas, buscando aí, a preparação do homem negro para o Evangelho do Verbo Encarnado; respeitar, fomentar, elevar e consumar em Cristo tudo o que na Umbanda descobrimos de bom, verdadeiro, belo, justo, santo e amável; e dar ao negro um rito litúrgico próprio, tal como exige a sua natureza, sendo este o ponto principal para um trabalho de evangelização do negro.

Domínios da Umbanda

Desde 1964, depois do esforço da Confederação Nacional Espírita Umbandista e dos Cultos Afro-Brasileiros, o IBGE passou a registrar em seu anuário estatístico a Umbanda, oficialmente como religião. No anuário de 1968, que traz as estimativas referentes a 1965, constavam como umbandistas, no Brasil, 105.850 pessoas, quase 70% das quais na cidade e no Estado do Rio de Janeiro. Isso não quer dizer grande coisa, uma vez que ainda há, em muitos umbandistas, acentuada tendência de declararam-se católico. Inquérito realizado há dez anos pelo IPEME (Instituto de Pesquisas e Estudos de Mercado), nas favelas da cidade do Rio, dava 83,5% dos adultos como católicos. Desses, entretanto, mais de 20% não esconderam que frequentavam práticas de macumba. Segundo os umbandistas mais otimistas, o Brasil talvez tenha, hoje, perto de quatro ou cinco milhões de praticantes.

Em matéria de terreiros, as estatísticas são precárias. Não

há números oficiais. Há levantamentos feitos pelas próprias entidades umbandistas, em condições que não podem ser consideradas as melhores. No Rio, por exemplo, incluindo as cidades limítrofes (o chamado Grande Rio), os números ficam quase todos entre 25 e 30 mil, falando-se apenas em terreiros juridicamente legalizados. Muitos terreiros conseguem registrar-se como associações beneficentes para obter as verbas da Assembleia Legislativa. E obtêm. Na verdade, muitas delas, como a Tenda Mirim, possuem departamentos de assistência social, razoavelmente montados, com serviço médico, dentário e outros, prestados gratuitamente. O terreiro Caminheiros da Verdade, no Engenho de Dentro, mantém até hospital.

Depois da Guanabara, é o Rio Grande do Sul que tem o maior número de terreiros, e parece ser o Estado onde a Umbanda mais se desenvolve, no momento. Lá existem 13.500 terreiros registrados. São Paulo vem em seguida, com 12.500 a 13.000 também registrados, dos quais cerca de mil só na Baixada Santista. Na cidade de São Paulo os números são contraditórios, embora a maioria calcule em torno de cinco mil terreiros ou pouco mais.

Os cariocas elegem pelo menos um deputado estadual através da Umbanda: Attila Nunes, que na última eleição teve 7.370 votos e garante que não gastou de seu bolso senão 64 cruzeiros novos. Attila Nunes afirma que não precisa fazer propaganda para se eleger, porque tem amigos certos na Umbanda. Começou na política em 1960 e teve logo nove mil votos para constituinte do Estado da Guanabara, batendo no seu partido, então o PSP, até nomes mais populares.

Muitos outros, descobrindo através dele que a Umbanda era um ótimo terreno para conseguir votos, foram explorá-lo. A votação de Attila Nunes caiu um pouco, quatro anos depois, embora ele mantivesse permanentemente dois programas semanais pelo rádio, em emissoras diferentes, um deles de quatro horas. Atila Nunes foi o iniciador – ousado, como ele mesmo diz – da divulgação da Umbanda através do rádio, e conta que, vinte anos atrás, quando disse a palavra macumba em um dos primeiros programas, foi um corre-corre. Hoje a Umbanda não espanta, mas a grande maioria dos umbandistas continua fugindo do termo macumba, embora se trate de palavra tipicamente umbandista que designa um instrumento musical do culto, cujo sentido evoluiu para chegar a designar hoje, popularmente os cultos afro-brasileiros de modo geral.

Além disso, os umbandistas dispõem hoje de bem montada editora. A Eco, no Rio, com edições sistemáticas apenas das obras de Umbanda, magia e congêneres, é a única do Brasil que vende atualmente cerca de 25 mil livros por mês, somando-se todas as obras editadas. Há títulos que batem verdadeiros recordes brasileiros como, por exemplo, o *600 pontos riscados e cantados na Umbanda*, que tira uma edição atrás da outra e até hoje já vendeu 80 mil exemplares. A editora tem quatro anos, começou em uma salinha e já está com um conjunto bem montado em bom edifício. Ernesto Emanuele Mandarino, o dono, criou no ano passado o Círculo de Escritores e Jornalistas de Umbanda do Brasil, do qual é presidente, além de ser influente sócio proprietário da União Espiritista de Umbanda do Brasil, sociedade por títulos patrimoniais. Depois do Rio e Estado do Rio, que a editora engloba nas estatísticas, os Estados onde vende mais livros são, na ordem, São Paulo, Rio Grande do Sul, Minas, Pernambuco, Goiás e Bahia, que é, juntamente com o Rio, o maior centro de cultos afro-brasileiros do País.

Do ritual umbandista, o culto de Iemanjá, no último dia do ano, entrou no calendário oficial da Secretaria de Turismo, no Rio. Isso, segundo os umbandistas, é uma das provas de força do culto. Para outros, não passa de uma curiosidade folclórica para turistas.

A Umbanda, no entanto, é realmente forte. Não para de crescer. Dia a dia aumenta o número de seus adeptos. Os católicos já não a hostilizam, sua importância é reconhecida, quase todos a respeitam, ela não é mais uma religião clandestina. Todas as noites, depois que uma campainha toca pela terceira vez e a Ave Maia de Gounod começa a ser suavemente percebida, milhares de pessoas se concentram em tendas e terreiros espalhados por todo o País. Compenetradas ouvem:

– Prezados amigos, estamos reunidos mais uma vez e vamos iniciar a nossa sessão dentro da maior boa vontade, pedindo por nós e pelos nossos, na prática do bem e da caridade, que esse é sempre o nosso objetivo, segundo o exemplo do mestre altíssimo.

E compenetradas respondem:

– Que assim seja.

Figura 20: Médiuns da Tenda Mirim. Foto de Nélson di Rago. *Realidade*, n. 31, outubro de 1968.

Figura 21: Médium diante de oferenda para Exu. Foto de Nélson di Rago. *Realidade*, n. 31, outubro de 1968.

Figura 22: Médium incorporado acendendo uma vela. Foto de Nélson di Rago. *Realidade*, n. 31, outubro de 1968.

E A UMBANDA CONTINUA CRESCENDO

Realidade, n. 50, maio de 1970

A religião católica, ao mesmo tempo em que renuncia ao paternalismo – "ser cristão é participar", diz um cartaz espalhado em todo o nordeste, mostrando um homem arregaçando as mangas da camisa – enfrenta os problemas de uma fase de transição e uma grande falta de sacerdotes. Perde, de um lado, o toque místico tão a gosto do homem simples do norte e, de outro, pela ausência de padres, rareia o seu contato com a população. Desaparece a figura do vigário agregado ao seu rebanho em todas as condições – "quando a seca é braba, só ficam aqui o jegue e o sacerdote", diz um ditado antigo – ao mesmo tempo em que, por circunstâncias várias, a Igreja não afinou ainda completamente o seu novo diálogo com os fiéis.

Criou-se um vazio religioso que vem sendo ocupado, em posições parecidas, pelo protestantismo e pela Umbanda. O pastor protestante não tem refinamentos culturais, é homem do próprio meio, em contato direto e pessoal com seus irmãos. Qualquer sala serve para o culto, os deveres para com Deus são bem mais fáceis de cumprir.

Sociólogos observam que as seitas que mais crescem – Testemunhas de Jeová, Assembleia de Deus – casam bem com o espírito resignado e fatalista do nordestino. Alguns até enxergam o radicalismo de missionários do sul dos Estados Unidos na orientação geral de pregação protestante. Estatísticas apontam que as várias seitas protestantes têm crescido à proporção de 30 por cento ao ano.

A outra religião que aumenta sensivelmente é a Umbanda. De origem sulista, mais simples e mais aceita socialmente do que as religiões de fundo exclusivamente africano, a Umbanda vem aproveitando, de um lado, o vazio criado pela carência de padres e, de outro, as raízes africanas da população. No Recife, desbancou definitivamente o Xangô (versão pernambucana do Candomblé): para 4.000 tendas de Umbanda em funcionamento, há apenas dez terreiros de Xangô.

Na Paraíba, especialmente em João Pessoa, o desenvolvimento da Umbanda chegou ao ponto de uma festa – oito de dezembro, Iemanjá – se hoje a maior da cidade. Nesse dia, dezenas de milhares de irmãos, vestidos de branco, iniciam a procissão de glória na casa do governador do Estado – o "irmão libertador" João Agripino – e vão levar suas oferendas à Rainha do Mar, na praia.

Até Juazeiro do Norte – a cidade santuário de Padre Cícero – já tem suas tendas de Umbanda.

HONROSA COTA DE SACRIFÍCIO

Zair Cansado

Tribuna da Imprensa, n. 6273, 7 de dezembro de 1970

> A madeira estragada não pode ser esculpida; uma parede de lama não pode ser embranquecida.
>
> Confúcio.

A correspondência precisa ser posta novamente em dia. Não em dia certo, como costuma fazer o nosso vizinho aqui da esquerda (e quem bom vizinho!) Sebastião Nery, baiano que não nega fogo, uma espécie de pó de mico no caminho de muita gente. Mas, sempre que é possível. Hoje, vamos iniciar registrando a missiva que nos foi enviada por Dona Lilia Ribeiro, dirigente da Tenda de Umbanda Luz, Esperança e Fraternidade, sediada na Rua Mariz e Barros. E diga-se: que bela, que expressiva denominação tem esta casa de caridade! Sua carta, até certo ponto, nos colheu de surpresa, pois até então não tínhamos tido necessidade de tomar conhecimento do assunto relatado na carta de Dona Lilian, porque o nosso tempo se destina de fato à tarefa mais útil do que esta de demandas como muitos preferem.

Há até os que utilizam horários alugados em estações de rádio a bom preço, para achincalhes ao próximo, xingamentos incessantes, tudo, pasmem, rotulados de pregação evangélica. O gesto desta confreira, porém, revelando acima de tudo honestidade, nos sensibiliza. Eis a carta:

> Prezado irmão!
>
> A publicação do segundo número de determinada revista umbandista, surpreendeu-me desagrada-

> velmente com o título dado ao comentário que fiz sobre a entrevista de sua autoria com Chico Xavier, publicada no Jornal de Letras, e que me pareceu excelente. O reparo feito à sua expressão "não confundir com a Umbanda", em nada corresponde ao título infeliz, totalmente desprovido de relação com o texto. A meu ver, cabe-nos o direito de trocar ideias e mesmo discordar de nossos colegas, dentro, porém, dos limites da educação e do respeito. Peço-lhe, portanto, desculpas por essa falta de ética que foi atribuída indevidamente, e sobre a qual estou me dirigindo à direção da revista, a fim de que não se repita essa distorção de conceitos. Aproveito o ensejo para convidá-lo a visitar a TULEF ou nos dar o prazer de sua presença na sessão comemorativa da data de Araribóia, que a nossa casa promove a 22 de novembro.

Para os que não sabem, vou explicar do que se trata. Dona Lilia, que faz parte do corpo de redação da tal revista dirigida por um cidadão[11] que acaba de receber como verdadeira prenda sua eleição a deputado, dizendo-se "representante dos espíritas" (quando na verdade a doutrina não oficializou qualquer candidato), fez uma nota comentando nosso trabalho no Jornal de Letras de agosto último sobre Chico Xavier e que esgotou a edição do jornal. Discordou, como é de seu direito, de uma expressão nossa em que pretendíamos apenas explicar aos leigos que Umbanda e Espiritismo são duas coisas, embora realizando, paralelamente, tarefas de amor ao próximo, e que as obras de Kardec dizem respeito à codificação da Doutrina Espírita. O que qualquer primário no assunto não ignora. Aí, evidentemente, entre o leigo referido acima e o primário, há também razoável distância. E o que fez, então, algum pérfido com a nota da nossa confreira? Alterou-lhe maldosamente o título para um em que procurava o amesquinhamento, esquecendo-se de que a empáfia nem sempre é o orgulho malsão ou vice-versa. E ter orgulho de estar integrado em uma doutrina elevada, codificada, sem equívocos, jamais nos diminuirá.

A isso não se pode chamar de empáfia, e sim de lucidez e

11 Átila Nunes Filho.

convicção. Nossa consciência em nada nos acusa, porque há muito tempo já nos tínhamos lembrado de bradar pela imprensa contra as ridicularizações referentes à Umbanda e, mais recentemente, ao próprio Espiritismo, que são feitas sob certa impunidade, violando o artigo 153 da Constituição Federal, nas audições do Senhor Chacrinha Barbosa, o catedrático do subdesenvolvimento nacional e em outros programas de TV. Da mesma forma, com total independência e isenção de animo, podemos escrever e falar acerca das confusões doutrinárias que campeiam por aí. O que, certamente, tem sido o motivo da irritação dos que trocam o Reino de Deus e sua Justiça pela mosca azul da política, até transformando silenciosos templos de meditação e caridade espiritual em comitês de turbulência. O que os postulados básicos do Espiritismo condenam.

Por que o diretor da tal revista não se lembra de pedir a um dos seus colaboradores, que é irmão de um assessor (e talvez até mentor) do Senhor Chacrinha, para interferir decisivamente, a fim de que cessem os abusos contra a Umbanda e o Espiritismo naquele deplorável picadeiro da TV Globo? Muito antes do glorificado José Fernandes, já tínhamos nos lembrado de protestar contra isso. A diferença é que os veículos de que ele dispõe tem maior amplitude. Mas não estamos à cata de glorificação, é bom que se diga. Vale mesmo lembrar o que o respeitável líder umbandista General Mauro Porto escreveu há dias, quando recomendou prudência na questão política, diferenciando-se, portanto de outros declarados cabos eleitorais religiosos:

O importante é reconhecer que um homem pode nascer, viver e morrer dentro da Umbanda, sem nunca conseguir mais do que aparentar ser umbandista. Na verdade, ele tinha a Umbanda para uso externo, não a tinha dentro de si, ele viveu da Umbanda, mas nunca deixou que a Umbanda vivesse dentro do seu coração. De outro lado, homens há que, trazendo a Umbanda em seu sangue, em pouco tempo revelam a sua destinação, entrando para o rol dos verdadeiros trabalhadores em nossa seara.

Pedimos ao General permissão para adaptarmos essa extraordinária imagem ao Espiritismo. Lá, como cá, sabotadores há!

Rejeitar noventa e nove verdades a aceitar uma mentira, já proclamava Allan Kardec, cujas revelações são insuperáveis, bastando que se proclame, também, que ele nos trouxe a doutrina do Consolador prometido pelo Cristo. Certas retumbâncias político-religiosas não nos passam na garganta. São fenômenos assentados em bases muito frágeis, instáveis. Principalmente se esses afoitos "candidatos dos espíritas" (não é o caso do discreto e humilde médico Telêmaco Maia), não sabem nem como responder a uma pergunta como "o que é Deus". Estando realmente integrados na Doutrina Espírita, podem responder sem pestanejar que "é a inteligência suprema, causa primária de todas as coisas".

O Espiritismo, e Dona Lilia Ribeiro sabe disso, tem sido erroneamente designado aí pelas cercanias por certos neologismos. Quando o vocábulo Espiritismo é o bastante, já designa o verdadeiro, uma obra séria, integral. Perdem-se, portanto, no vazio as denominações de "Kardecismo", "Espiritismo de mesa" etc. Ou é Espiritismo ou não é! E se é, tem que estar sob a orientação da codificação de Kardec, dos ensinamentos evangélicos e das obras subsidiárias. É uma doutrina que não se abala nem se esvazia, a não ser daqueles que o General Mauro Porto lembra em sua magistral definição. É o permanente orientador das massas sequiosas de conhecimentos, da razão do ser, da existência e da dor.

Já é hora de se passar a tratar esta doutrina filosófica, científica e religiosa, devidamente. Se querem ser espíritas, façamo-lo na rota certa, orientados por Kardec, André Luiz, Emmanuel, Bezerra de Menezes, Francisco de Paula, Deolindo Amorim, Eliseu Rigonatti, Edgard Armond, Martins Peralva e tantos outros. Respeitável o princípio de que cada um vive no seu grau de evolução. Mas a confusão, e, sobretudo a consciente e premeditada, não se pode admitir. Se estivermos errados assim pensando, receberemos da Justiça Divina a punição. Mas, se pensando assim estamos errados, então Leopoldo Machado, Guilhon Ribeiro, Figner e tantos outros que defendiam – honrando Jesus principalmente – a pureza do Espiritismo, estavam também errados.

Era o que faltava... Teríamos prazer em ver as fileiras espíritas engrossadas por muitos que ainda estão absorvidos por tarefas menos edificantes, demandas inócuas, de terra a terra, ilusões de redenção material. Mas precisam evoluir, pois o codificador Kardec afirmava que "o Espiritismo não é uma concepção pessoal, nem o resultado de um sistema pré-concebido, e sim, o resultado de milhares de observações feitas sobre todos os pontos do globo e que convergiram para um centro que os coligiu e coordenou".

Há dias, o nosso estimado Hercílio Maes ainda nos dizia, em carta mandada de Curitiba:

> Nossos irmãos mistificadores representam a cota de sacrifício dos verdadeiros arautos do Senhor, tal o quadro negro, sem realce e ação proveitosa pessoal, mas é a base onde o giz escreve as coisas mais lindas ou indesejáveis. A censura não nos piora, e o elogio não nos melhora, e o mais certo é prosseguir na busca incessante de melhor envergadura espiritual.

Mas, para um arremate maior, há outro testemunho idôneo. Eis a carta que acaba de chegar às nossas mãos:

> Rio, 10 de novembro de 1970.
> Meu caro Zair Cansado. Li com toda atenção o seu bem elaborado artigo na *Tribuna da Imprensa* de seis do corrente. Muito me alegrou pelos conceitos por você emitidos, nos quais demonstra a sua sensatez e o seu conhecimento na causa que abraçamos, o Espiritismo. Alias, não precisa ser bom psicólogo para que, lendo ou conversando com você, se verifique logo tratar-se de um digno confrade que honra a sábia doutrina no seu tríplice aspecto: ciência, filosofia e religião. Os assuntos por você abordados no artigo "Politiquice, Arigó e advertências", a nosso ver estão magistralmente explicadas, em uma demonstração de que todos os que se dizem espíritas, deverão sempre moldar os seus conceitos nessa delicada linguagem que, nem de leve, pode melindrar aos seus opositores. Continue, meu caro Zair, porque é desses espíritas, como você, que a nossa sábia doutrina precisa, e não de literaturas baratas que podem iludir apenas aqueles que não tem substância da verdadeira doutrina

do ínclito mestre Allan Kardec.
Fraternalmente.
Aurino Barbosa Souto, presidente da Liga Espírita do Estado da Guanabara.

Precisarei perguntar mais alguma coisa?

ÁTILA BRIGA EM DEFESA DA MACUMBA

Tribuna da Imprensa, n. 6332, 18 de fevereiro de 1971

O deputado Átila Nunes filho solicitará ao Serviço de Censura e Diversões Públicas a interdição do show de Carlos Machado na Boate Macumba, situada na Barra da Tijuca pelo achincalho e desrespeito à religião de Umbanda, pois tal show constitui-se em uma violenta agressão aos princípios espiritualistas umbandistas.

O parlamentar justificou seu protesto pelo fato de que no referido show o Sr. Carlos Machado apresenta uma garota vestida em trajes característicos do culto encenando uma das divindades umbandistas – Iemanjá. Em determinado momento a tal moça realiza número de strip-tease, tirando peças de roupas, uma a uma, até ficar inteiramente nua.

Revolta

Afirma mais o deputado Átila Nunes, que o show de Carlos Machado revolta não apenas aos adeptos da Umbanda, mas também a qualquer brasileiro que acredita e respeita a Umbanda.

– Recorrerei à Censura baseado no artigo 208 do Código Penal que prevê a punição a quem escarnecer publicamente de crença religiosa. Não descansarei – finalizou enquanto o show não sofrer a censura em nome da fé religiosa e da dignidade humana.

ÁTILA QUER VER OS CULTOS RELIGIOSOS RESPEITADOS NA TV

Tribuna da Imprensa, n. 6495, 5 de setembro de 1971

No entendimento do deputado Átila Nunes Filho (MDB),

representante da Umbanda na Assembleia Legislativa, as direções das emissoras de televisão esqueceram-se de um importante item ao firmarem um protocolo proibindo a apresentação de pessoas doentes, exploração da crendice e tratamento sensacionalista de temas científicos no vídeo, "pois só isso não adianta, enquanto permitirem que cultos religiosos, umbandistas, católicos, evangélicos, israelitas sejam achincalhados em programas cômicos".

Salientando que as zombarias vão continuar nos programas de televisão, o parlamentar explicou que "isso as direções de televisões não assinaram; para fazer um programa cômico eles procuram atingir o culto religioso, vestem os atores com roupas de padres e de sacerdotes umbandistas".

A seguir, o Sr. Átila Nunes Filho passou a ler a nota oficial da Confederação Nacional Espírita Umbandista e dos Cultos Afro-Brasileiros sobre a recente apresentação do terreiro de "Seu Sete" na televisão e quanto às recentes declarações da Igreja.

Diz a nota em certo trecho que "sempre temos, tivemos e teremos aquele respeito que nos merecem todas as formulas religiosas das mais diversas, e que possam utilizar de maneira sadia o rádio e a televisão para a propaganda e o conhecimento do culto professado. Somos, porém, contrários às apresentações ritualísticas e incorporações mediúnicas (ante câmeras), que julgamos impróprias e desnecessárias".

– Estamos de acordo com muitas coisas declaradas pelo eminente e ilustre prelado, ainda sob a revolta dos espetáculos das televisões que abalaram opiniões pelo pouco ou pelo nenhum cuidado com que são apresentados, sem uma consciente e antecipada apreciação, sem verificar se essa apresentação fere frontalmente a própria fórmula religiosa, se há permissão para trazê-la em público, ao vivo. Coisas que mais de uma vez condenamos em missivas e solicitações dirigidas às direções das televisões.

O documento está assinado pelo General Mauro Porto e pelos senhores Henrique Landi Jr., Manoel Aranha e Leopoldo Masson.

A PERSONALIDADE DO ORIXÁ E O HOMOSSEXUALISMO

Wladimir Cardoso de Freitas

Gazeta de Umbanda, fevereiro de 1973

É assunto indiscutível o fato de que o Orixá, quando se encarna,[12] dá a seu cavalo exatamente as suas características e a sua personalidade própria. Daí surge um grande número de problemas pessoais que, às vezes, afligem os interessados e criam uma séria de lendas.

O assunto é, aliás, bem elucidado pelo sociólogo Roger Bastide, que escreve – Isso nos conduz à questão da homossexualidade da qual tanto se falou a propósito dos Candomblés da Bahia. Digo da Bahia, porque parece que no Recife a homossexualidade não teve tanta importância no gênero de vida dos pais de terreiro. Uma etnógrafa norte americana, Dra. Landes, surpreendida com o grande número de mães de santo existentes em São Salvador concluiu pela existência de um antigo matriarcado crioulo; a homossexualidade dos pais seria, em sua opinião, mais do que uma manifestação desse matriarcado, um meio para o número irregular, em poder sacerdotal, à mão.

A autoridade dos antigos babalaôs ocupava na África o cume hierárquico sacerdotal, tendo desaparecido aqui, o homem só teve um caminho para conquistar uma dignidade que lhe tinha sido tirada pela mulher – tornar-se mulher, por sua vez.

Arthur Ramos não teve dificuldade em demolir essa construção puramente hipotética, o que talvez tenha tido sua origem no *bordache*[13] dos índios da América do Norte. Talvez seja preciso procurar a origem da homossexualidade de certos negros (aliás, não a considere mais desenvolvida entre eles do que entre os brancos) em uma dupla herança, à da escravatura, que, sob a influência dos padres, separava na senzala, durante a noite, as mulheres dos homens, e a importância dos muçulmanos na Bahia, porque estes, sim, dão mais importância ao amor entre os homens do que acontece com os

12 Incorpora.

13 Homem que adota o vestido e os papéis sociais tradicionalmente atribuídos às mulheres.

africanos. Mas pense também que o fato de orixás femininos ao encarnarem em homens com sua coqueteria,[14] seus gestos dengosos, sua languidez terna, pode ajudar a desenvolver e cultivar o lado feminino de certos indivíduos.

Já dissemos que o babalaô descobre o nome do deus ao qual pertence o iniciado, é possível que sua escolha seja guiada mais ou menos inconscientemente pelo caráter do individuo que se lhe apresenta, e que atribua assim um orixá feminino a uma pessoa que já seja um tanto afeminado. Contudo, essa conveniência entre o temperamento e a divindade leva a fortificar as tendências nativas e a encorajar a homossexualidade.

A explicação não satisfaz. Sabe-se, por exemplo, que muitos chefes de terreiro, na Bahia, são *agburin*. Mas isso não constitui regra geral. Aqui no Rio e no Estado do Rio são raros os chefes de terreiro homossexuais. Chegamos agora ao caso dos filhos de Yansã. Alguns homossexuais pretendem justificar suas anomalias fisiológicas dizendo que são filhos de Yansã ou de Oxum ou de Yemanjá etc. Acreditamos que isso seja uma desculpa esfarrapada e uma ofensa ao orixá. Conhecemos chefes de terreiro que também são filhos de Yansã e, entretanto, são homens de pleno significado da palavra.

Levar as mazelas à conta da personalidade do orixá parece-nos um abuso. Se tal coisa fosse admitível, uma senhora filha de Xangô haveria de seduzir as demais mulheres do terreiro.

Orixás femininos se manifestam em homens. Orixás masculinos se manifestam em mulheres. Mas a matéria do homem continua a ser masculina e a mulher feminina.

ENTRE O CÉU E A TERRA

Nívio Ramos Sales

Tribuna da Imprensa, n. 9197, 25 de outubro de 1979

É muito comum os indivíduos irem a terreiros de Umbanda ou Candomblé, tanto para consultar os "Santos" como os "Pais de Santo", e ouvir deles a seguinte frase: "Você está com uma *quizila* de Santo". Muitos perguntam o que vem a ser aquilo; outros simplesmente querem saber o que fazer

14 Faceirice.

para acabar com a tal *quizila*. Daí a grande maioria dos adeptos de Umbanda, principalmente, não ter uma noção exata do que seja uma *quizila*.

A *quizila* tanto pode ser de ordem material como espiritual; tanto pode ser psicológico como social. Para os entendidos na Umbanda e Candomblé significa tudo aquilo que é contra a nossa natureza ou repugna ao nosso Anjo de Guarda. Em termos sociais é também a doença alérgica.

Todos nós temos as nossas alergias que tanto pode ser o alimento, determinadas flores, perfume ou muitas vezes pessoais. Assim como há o "amor a primeira vista", há também a repugnância ou o "ódio a primeira vista".

Para Manoel Querino, *quizila* "é a antipatia supersticiosa que os africanos nutrem por certos alimentos e determinadas ações". Afirmam também que varia de pessoa para pessoa conforme o seu Anjo de Guarda. A palavra *quizila* é denominação dada pelo banto e *ehô* é usada pelos Nagô. Estando em ambos os casos sempre ligada à prevenção, repugnância, ideia fixa ou manias.

João S. C. Varella diz:

> Existem *quizilas* de filhas e filhos de santo. Como exemplo de *quizila* de Orixá temos o feijão branco referentemente a Xangô. A lenda conta que o deus do trovão estava preparando uma panelada de feijão branco quando os inimigos pilharam-no pelas costas; do mesmo modo é *quizila* desse santo o Egun posto que o Orixá, quando faltam seis meses para qualquer de seus filhos morrer, se afasta.

Olga Cacciatore diz, no seu Dicionário de Cultos Afro-Brasileiros que *quizila* é "repugnância pessoal a comer, beber ou fazer determinadas coisas. Proibição ritual determinada pelo Orixá, no seu culto, impondo interdições, temporárias ou definitivas, a seus filhos. É também dito *quizila*".

Uma das principais *quizilas* de Orixá é aquela que diz respeito ao casamento. Isto significa que entre os filhos do mesmo Orixá não pode haver casamento. Daí quando isso acontece, surgem as desavenças, as rápidas separações e os casamentos infelizes. O motivo geralmente invocado é que não pode haver casamento entre irmãos. Exemplo: Um filho de Oxum não deve casar com uma filha de Oxum. Acontecendo, algo de anormal tende a surgir como o homossexualismo, a impotência sexual, a frigidez entre outras anomalias. Por isso é sempre importante para os adeptos e afins, do Candomblé, antes de se casarem procurar os seus pais de santo a fim de saber qual é o Orixá de sua esposa ou esposo futuro.

Assim como é proibido, em termos sociais, o filho casar com a mãe; o pai casar com a filha; o irmão com a irmã e vice-versa; também assim se reflete no plano mítico das divindades. Havendo, portanto, uma série de regras ou tabus a seguir para a felicidade dos homens, sendo a principal a troca do Orixá de cabeça do casal que pretende se unir pelo casamento.

Mais uma vez surge a necessidade de harmonizar o homem com o social e a sua natureza.

O "BOOM" DO UMBANDOMBLÉ & CIA. CUIDADO!

Ricardo Kotscho

Jornal da República, n. 78, 26 de novembro de 1979

É difícil encontrar um lugar para estacionar na Alves Guimarães, uma rua sem saída no bairro de Pinheiros, entre o Hospital das Clínicas e a Igreja do Calvário. Dos carros saem casais elegantes e pelas calçadas chegam pessoas humildes, algumas carregando crianças no colo. São oito horas da noite de uma quarta feira e daqui a pouco vai começar mais uma cerimônia de batismo na Tenda de São Benedito, bem no fundo do vale formado pela rua.

Em seu elegante escritório de presidente da União de Tendas Espíritas de Umbanda e Candomblé do Estado de São Paulo, ali ao lado do templo, *papai* Jamil (Jamil Rachid, 46 anos, filho de libaneses, ex-industrial, construtor de imóveis, proprietário do jornal *Aruanda*) conta entusiasmado a grande novidade: dia 29, quinta feira, estreia na TV Gazeta o programa *Mensageiros de Aruanda*, que ele apesentará semanalmente, atendendo a uma sugestão do secretário da Comunicação, Blota Júnior, "para levar a Umbanda a todos os lares".

Figura 23: Pai Jamil Rachid e seus médiuns em oração durante abertura de gira de Umbanda. Foto de João Bittar. *Jornal da República*, n. 78, 26 de novembro de 1979.

O primeiro programa umbandista da nossa televisão entra no ar ao mesmo tempo em que são apresentadas duas novelas – *O Profeta* (TV Tupi) e *O Todo Poderoso* (TV Bandeirantes) – também inspirados em forças do além. Programas de televisão, jornais e revistas especializadas multiplicando-se nas bancas constituem apenas os sintomas mais visíveis do que já se convencionou chamar de o *boom da Umbanda*, incluindo dentro dessa definição genérica os demais cultos afro-brasileiros e espíritas, cada vez mais sincretizados em algo como um umbandomblé-católico-espírita.

Cada uma das mais de trinta federações do gênero existentes em São Paulo recebe diariamente, em média, quinze pedidos de inscrição de novos terreiros. No último levantamento feito pelo Superior Órgão de Umbanda do Estado de São Paulo, havia 36.700 terreiros registrados e esse número certamente dobrará se aí forem incluídos os não filiados. Segundo o Conselho Nacional Deliberativo da Umbanda, haveria hoje no país mais de 300 mil terreiros, com 30 milhões de seguidores. Pode haver aí algum exagero. De qualquer forma, há indícios que demonstram a explosão destes cultos nos últimos anos: a prefeitura da Praia Grande, no litoral sul de São Paulo, prepara-se para receber 1,2 milhão de umbandistas que são esperados para a festa de Iemanjá no próximo dia 9. Que outra festa religiosa é capaz de reunir em um só lugar e no mesmo dia tantos adeptos? Ainda seria correto dizer-se que o Brasil é um país com 94% de católicos, como se ensina na escola, o maior país católico do mundo?

1968: o arbítrio e as mudanças na Igreja. O caminho fica livre

"É duro reconhecer isso, mas o catolicismo já não é a religião da maioria do nosso povo. Nós católicos não devemos ter a preocupação de ser massa, embora nos preocupemos com a massa, mas de ser fermento, e o fermento é sempre minoritário", diz o padre Mauro Batista, 45 anos, professor de Problemas Fisiológicos e Teológicos do Homem Contemporâneo, vice-diretor comunitário da PUC, com a autoridade de quem foi indicado pela própria Cúria para falar sobre o assunto.

Ignorados, simplesmente, ou ostensivamente condenados pela Igreja Católica até a Conferência de Medelín, em 1968, em que os bispos, ao adotarem um novo posicionamento ao lado das camadas mais pobres do povo, resolveram também dedicar maior atenção às suas manifestações religiosas, é exatamente a partir desta época que se registra no Brasil um violento crescimento de terreiros, tendas e centros espíritas. O Estado deixa não só de perseguir os adeptos destes cultos (Euclydes Barbosa, o legendário Jaú, decano dos umbandistas de São Paulo, antes disso foi preso mais de dez vezes), como facilita a proliferação dos pais de santo e seus filhos.

Para abrir um terreiro ou mesmo lançar uma nova religião, basta registrar os estatutos em qualquer cartório de títulos e documentos. Simultaneamente, como já havia acontecido com o samba e a maconha, a Umbanda deixa de ser coisa de marginais: desce os morros e sai dos mocós para ganhar os bairros elegantes e a adesão não só de levas da classe média, ávida por novas emoções, mas também de figuras notáveis do nosso mundo cultural, político e econômico.

Modismos à parte, esse *boom*, como os demais do Brasil dos anos 1970, não se deu por acaso. Ao mesmo tempo em que a Igreja Católica fazia sua opção pelos pobres, em 1968, o Brasil entrava nas trevas do arbítrio, com a falência de suas instituições e o fechamento de todos os canais de participação popular. Esse espaço vazio seria gradativamente ocupado pela Igreja, com sua presença nas lutas sociais e na defesa dos direitos humanos, seu abandono do fatalismo do "Deus quis assim" e sua defesa, não só da salvação do indivíduo, mas do bem esta do coletivo. E foi por aí, à medida que se agravavam as tensões entre o Estado e a Igreja tradicional, que entraram as religiões mágicas dos aflitos de todas as classes sociais, prometendo uma solução aqui e agora para os males da alma, do corpo e do bolso.

O terreno era fértil. Enquanto a Igreja se desfazia do seu manto místico e o INPS se mostrava incapaz de atender aos doentes do milagre econômico, o umbandomblé e similares ofereciam uma esperança para os desesperados. Acrescente-se a isso as cores, os cheiros dos defumadores, a luz das velas votivas, o som dos atabaques, a coreografia das mães e pais de santo, a cerveja e a cachaça correndo de mão em mão. Mesmo que o empresário não consiga a cura da sua úlcera, nem a mocinha seu namorado de volta, nem o operário o emprego, nem o bancário a fidelidade da sua mulher, que é bonito é. "O povo ainda é muito místico, não consegue mentalizar um pensamento, uma prece, sem condicioná-lo a uma representação", afirma Lilian Ribeiro, secretária do Conselho Nacional Deliberativo da Umbanda. "As flores significam beleza, uma homenagem. A bebida, principalmente a cerveja, atua pela vibração que se forma com a espuma ao se abrir a garrafa".

Das catacumbas à glória foi tudo muito rápido, não mais que cinco anos. Em 1968, Pai Jaú ainda tinha que promover clandestinamente suas festas de Iemanjá, escondido na Praia das Vacas, junto à Ponte Pênsil, sempre deixando alguém de campana para avisar quando a polícia chegasse. Em 1973, carros já desfilavam em São Paulo ostentando nos vidros um dacalque da Federação de Umbanda da Grande São Paulo, com o desenho de um preto velho e a inscrição: "Sou sim. E daí?". Ser Umbandista não era mais proibido; ao contrário era *in*. É verdade que nesse meio tempo assumiu a presidência do Superior Órgão de Umbanda do Estado de São Paulo o general Nélson Braga Moreira.

"Com suas estrelas, o general impôs respeito e ninguém

mais se meteu a besta com os umbandistas", afirma o advogado Jairo Camargo Dias, assessor jurídico da entidade. E pensar que em 1930, quando levou ao ar o primeiro programa de Umbanda (ou macumba, como se dizia no Rio) no rádio, o compositor J. B. de Carvalho, o "Capitão das Matas", autor de *Cadê Viramundo*, *Botaram Feitiço*, *Moça Bonita*, foi obrigado a dispensar os atabaques para não chamar a atenção da polícia (mais tarde, ele se tornaria amigo de Getúlio Vargas, que, discretamente, não dispensava de vez em quando um batuquezinho do babalaô João Batista).

Agora está cheio de políticos aí dizendo que são umbandistas

Mesmo no tempo em que era perseguida pela polícia, a Umbanda nunca foi desprezada pelos políticos. Depois de enfileirar um sem número de pais da pátria, José Gabriel da Rocha Mina, o veterano umbandista Juquita, 72 anos, garante: "Olha, desse pessoal todo, o único que nunca andou em Umbanda foi o general Ernesto Geisel. Mas quando os umbandistas eram perseguidos ninguém vinha nos defender. Agora, está cheio de políticos aí dizendo que são umbandistas...".

Entre os umbandistas novos mais notórios está o vice-governador paulista José Maria Marin. Preocupado com a invasão dos seus currais eleitorais de Santo Amaro nas últimas eleições parlamentares, Marin foi buscar a ajuda de *papai* Jamil. Dias depois, conta-se na Tenda de São Benedito, não só os redutos de Marin ficaram livres de candidatos concorrentes, como ele foi convidado por Maluf para ser eu candidato a vice na convenção da Arena.

A dupla Marin-Maluf, como se sabe, ganhou a convenção. E, diz um fiel assessor de Jamil, para a vitória não teria sido desprezível o papel de certos trabalhinhos ali realizados. Vitórias eleitorais que pareciam impossíveis, bons negócios, promoções no emprego, cura de doenças, paz conjugal: com esse cardápio, sempre acompanhado de uma festa, o Umbandomblé & Cia passou a representar um apelo irresistível para desesperados, ambiciosos, curtidores, ou simples curiosos já cansados dos sermões do padre. Mas, se os cultos afro-brasileiros se livraram nessa década da perseguição policial (em 1976 o governo da Bahia suspendeu a obrigatoriedade de registro policial para o funcionamento dos terreiros de Candomblé), outra ameaça mais grave se coloca agora, provocada exatamente por seu fantástico crescimento: a deslavada comercialização, que envolve federações, terreiros e casa de artigos de Umbanda, explorando a ignorância, a ingenuidade e as superstições populares.

Se a adesão de camadas mais privilegiadas da sociedade conferiu um *status* à Umbanda, de outro lado tirou-lhe a pureza – e as grandes vítimas, como sempre, são os que se encontram no lado oposto da pirâmide, sacrificando as necessidades básicas da família para pagarem as consultas, os trabalhos e os despachos. Contando com um fantástico esquema de proteção, formou-se uma verdadeira rede de indústria e comércio do Umbandomblé & Cia. E este complexo já levou centenas, talvez milhares de pessoas à ruína, à loucura – ou, mesmo, à morte. É assim: o doente vai a um terreiro, paga a consulta e recebe uma lista de produtos que deve comprar em tal casa de Umbanda para fazer o trabalho que o vai livrar dos seus males. Os terreiros recebem das casas de Umbanda uma comissão, que varia entre 10% e 30% sobre o valor das listas, e, além disso, pagam às federações taxas em torno de 500 cruzeiros mensais, recebendo em troca diplomas carteirinhas e assistência jurídica. O preço dos trabalhos varia de acordo com o freguês e, se este se sentir logrado, recebe a ameaça: "Se me denunciar à polícia, irei fazer uma macumba que vai lhe arrasar a vida". Quem é que se arrisca?

"Para extorquir grandes somas de dinheiro dos doentes, mais de 90% dos terreiros passaram a explorar a macumba, usando a chantagem emocional: tem trabalho feito e se o trabalho não for desfeito vai morrer logo... Custa tanto..." A denuncia é do jornalista Moacyr Jorge, que desde 1958 vem se dedicando ao assunto. O medo do sobrenatural, para os mais humildes, e o medo de um escândalo, para os colunáveis, são os principais aliados dos donos de terreiros que fizeram do Umbandomblé um negócio lucrativo. Sabe-se, por exemplo, que recentemente vários colunáveis da fechadíssima Hípica

Paulista foram lesados por um pai de santo, mas quem é que se arrisca a por a boca no mundo?

Esses subterrâneos das religiões mágicas só vêm à tona nos casos extremos, como ocorreu na tragédia de Cantagalo, em que uma criança de dois anos foi sacrificada e seu sangue bebido em caneca. Assim mesmo, a repercussão que o caso teve deveu-se muito mais ao linchamento dos responsáveis e à destruição da fazenda onde ocorreu o crime do que ao fato em si. Quantas outras tragédias como essa não ocorrem por esse país afora? Quantas pequenas tragédias familiares não são provocadas por mães e pais de santo que inventam a existência de amantes para mulheres ou maridos desesperados? Apesar de todo o interesse demonstrado nos últimos anos por cientistas sociais antropólogos e psicólogos no estudo do fenômeno, o manto de proteção que o acoberta geralmente só é rompido ciclicamente por pequenas notas nas colunas policiais.

"Por que se avolumam nos processos de desquites de pessoas de maior poder aquisitivo os saquinhos de trabalhos, em geral contendo pós ou então papéis com desenhos característicos?", pergunta Yvonne Maggie Alves Velho, autora do *best seller* "Orixás, um estudo de ritual e conflito".

Sem bíblia, mandamentos ou dogmas, a Umbanda tem apenas três normas, estabelecidas pelo médium Zélio de Moraes, oficialmente apontado como o fundador do culto ao nele incorporar o Caboclo das Sete Encruzilhadas, a 16 de novembro de 1908, em Niterói:

1) Caridade, sem cobrança de dinheiro e sem qualquer recompensa material aos médiuns;

2) Cânticos e preces, sem tambores;

3) Desobsessões (afastamento de espíritos maus) para curar os doentes com falsa loucura.

Poucos meses antes de sua morte, em 1975, Zélio de Moraes concedeu uma entrevista gravada em que afirmava: "Essa Umbanda que existe por aí não tem nada a ver com a minha". Na verdade, não existe uma única Umbanda, mas várias – e, talvez, resida aí muito do seu encanto, cada um fazendo sua própria religião. A vereadora Bambina Bucci, segunda maior votação para a Câmara Municipal do Rio de Janeiro, 66 mil votos proporcionados por umbandistas, explica: "A Umbanda não é mais uma religião moralista ou opressora. Os santos conversam com os adeptos, há um relacionamento bilateral. Não há intermediários entre o pedido e a entidade. Este é o segredo da grande força religiosa da Umbanda".

Depois do estouro da boiada, agora precisa organizar

Filha de cultos africanos, especialmente o Candomblé, do Catolicismo e do Espiritismo, a Umbanda é, depois dos cultos indígenas, a primeira religião autenticamente brasileira. E, com todas as suas magias e encantamentos, safadezas e improvisações ao gosto do freguês, a Umbanda parte agora para a conquista do mercado internacional. A exportação da Umbanda começou em 1972, quando Jamil Rachid foi ao Uruguai ajudar Constantino Gaiol a fundar a Organizacion Umbandista del Uruguay, a quem até hoje presta assistência. Depois, foi a vez da Argentina (com dois centros, um deles em plena Avenida Rivadavia) e do Canadá.

Nem os Estados Unidos escaparam da invasão: entre uma lavanderia e uma loja de ferramentas no bairro de Queens, em Nova York, todas as segundas feiras o Templo de Ogum Beira Mar, chefiado por Josué dos Santos, um sergipano de 55 anos, promove seus trabalhos de Umbanda ritualista de salão (sem instrumentos de percussão, para não dar muita bandeira). Lá como cá, tem de tudo; brasileiros bem sucedidos nos negócios em Nova York a porto-riquenhos e cubanos. E agora? "Depois do estouro da boiada", diz o velho Jaú, o pai de todos, "agora precisa organizar".

HÁ UMA BRIGA E ROMPE-SE O MANTO DO SIGILO

Jornal da República, n. 78, 26 de novembro de 1979

A história começa em fins de 1977, quando Eduardo Caribé de Oliveira veio de Salvador para São Paulo com a guia de trânsito número 1326, fornecida pela Divisão de Sindicâncias Religiosas da Federação de Umbanda e Candomblé da Bahia. A sindicância fora provocada por denúncias recebidas pelo Supremo Conselho Eclético Sacerdotal Afro-Brasileiro, segundo as quais a União de Tendas de Umbanda e Candomblé de São Paulo, presidida por Jamil Rachid, estaria envolvida em corrupção de terreiros, inversão dos atos litúrgicos, imoralidades, extorsão, fornecimento de credenciais ilícitas, safismo religioso, danos morais, roubos, charlatanismo e uso indevido e não autorizado de nomes de sacerdotes da seita residentes na Bahia – entre os quais o pai de Caribé, Antonio Caribé de Oliveira, falecido há mais de 15 anos e que nunca entendeu de Candomblé e Umbanda, segundo observação do filho.

Sempre acompanhado de testemunhas, Caribé começou a investigar as denúncias, muitas delas publicadas no jornal *Notícias Populares* pelo repórter Moacyr Jorge, responsável pela coluna diária Centros Espíritas e Tendas de Umbanda. Entre outras, haviam sido denunciadas as tendas Pai João Batista de Andrade, no Parque São Paulo, por profanação de cemitérios, e Luz de Aruanda e Mamãe Sereia, por utilizar, em seus rituais, ossos humanos e pedir coisas absurdas para os trabalhos, como fotos de mulheres nuas, pneus etc., além de cobrar altas somas por consultas e trabalhos.

Jamil Rachid, de seu lado, não ficou passivo diante da ofensiva do adversário. No dia 20 de maio último, Jamil, por intermédio do presidente do Superior Órgão de Umbanda do Estado de São Paulo, Jairo Camargo Dias, resolveu processar Eduardo Caribé de Oliveira e Moacyr Jorge por injúria, calúnia e difamação. A denúncia, na verdade, foi rejeitada pelo juiz e o caso está atualmente no Tribunal de Alçada Criminal. Mas a disputa Moacyr-Caribé *versus* Jamil-Jairo não se limita à Justiça – e, através dela, é possível se ter um vislumbre, pela primeira vez, do submundo das religiões mágicas.

Depois de receber uma intimação para comparecer ao 4° Distrito Policial, Caribé disse ter sido sequestrado no dia 26 de maio deste ano, pelos policiais Erasmo Ferreira de Andrade, Nélson Macedo e Francisco Barton, acompanhados de outras pessoas aliciadas pelo advogado Jair Camargo Dias. No 4° Distrito, denuncia Caribé, ele ficou quatro dias preso ilegalmente, tendo o advogado Dias e o delegado João Carlos Delayer o obrigado a assinar um documento com acusações a Moacyr Jorge. Em representação feita à OAB, Caribé denunciou ainda o advogado e os policiais pelo roubo de uma máquina de escrever, uma máquina fotográfica, dois relógios e documentos contendo denúncias contra Jamil Rachid, que se encontravam em sua casa.

Jamil e o advogado Jairo Dias atribuem as denúncias ao fato de terem negado emprego a Moacyr Jorge no jornal *Aruanda* e a interesses financeiros de outras federações, a quem Caribé e o jornalista estariam servindo. "Tenho 28 anos de trabalho em jornal e até hoje não tenho casa própria", rebate o repórter Moacyr Jorge.

Moacyr e Caribé: acusação

Desde 1958, quando começou a escrever sobre Umbanda, Candomblé e Espiritismo no *Diário da Noite*, Moacyr Jorge já sofreu 19 processos. "O objetivo principal de quem abre um terreiro hoje em dia é explorar a credulidade pública", diz ele. "Mas é muito duro arrumar testemunhas para fazer as denúncias. A maioria tem medo. Conheço um ex-piloto da VASP que procurou um terreiro, gastou mais de 100 mil cruzeiros e ficou totalmente perturbado mentalmente, perdeu tudo e hoje é vendedor de bilhetes de loteria". O repórter recebe, em média, 100 cartas por dia de todo o Brasil, a maioria com denúncias contras terreiros desonestos.

Foi depois de ler uma revista portuguesa sobre estudos psiquiátricos na antessala do consultório de um dentista em Belo Horizonte, que Moacyr Jorge passou a se interessar por assuntos espíritas. Sua mesa de trabalho na redação de *Notícias Populares* mais parece um consultório médico e sentimental, tal o número de pessoas que diariamente o procuram para pedir ajuda. Ele ouve suas histórias, algumas são publicadas na sua reportagem e os necessitados, geralmente pessoas muito humildes, são encaminhadas para terreiros honestos. O que é um terreiro honesto? "É aquele que não cobra nada e não manda fazer despachos em encruzilhadas, nem dá listas de produtos que devem ser comprados para trabalhos", resume Moacyr.

Moacyr Jorge virou um cruzado em favor do purismo e da honestidade na Umbanda. Enquanto escreve, fumando um cigarro atrás do outro, o jornalista mostra seu inconformismo com o que aconteceu com a Umbanda nos últimos anos: "Existem verdadeiros doentes mentais com terreiros abertos. Um advogado de Santa Bárbara do Oeste procurou um terreiro e a mãe de santo disse que o filho não era dele. Chegando em casa, começou a maltratar a esposa, a ameaça-la de morte e culminou pedindo desquite. E isso é frequente.

Para ele, tornou-se impossível hoje em dia moralizar os terreiros de Umbanda. Quando um terreiro é denunciado e expulso de uma determinada federação, simplesmente se vai registrar em outra. A inscrição custa entre 1.500 e 3.000 cruzeiros, a mensalidade está em torno de 500 cruzeiros. Assim, quanto mais terreiros filiados têm, mais lucrativa é a federação. Além disso, as federações dão legalidade à atividades de cartomantes, quiromantes e videntes, fornecendo-lhes registros e diplomas de chefes de terreiro. Com isso, amparados pelo artigo 153 da Constituição que garante a liberdade de credo, os charlatões podem agir à vontade. Moacyr Jorge dá um exemplo: a Federação Umbandista do Estado de São Paulo, com sede na Vila Prudente, é dirigida por um ex-garçom de Campinas, preso em 1958, que se apresenta nos terreiros dizendo-se general. Esse falso general, Alfredo Costa Moura, segundo acusações do chefe do terreiro, Joel Pereira, faz extorsões nos terreiros quando recebe denúncias. Se o terreiro recebeu, digamos 50 mil cruzeiros para fazer um trabalho, ele quer a metade.

A última extorsão praticada contra terreiros foi a venda de títulos para uso de uma cachoeira que Moura tem no seu sítio em Peruíbe. Os terreiros mais modestos eram obrigados a comprar o título pagando 50 cruzeiros por mês durante 60 meses. Em todas as festas que organiza – Iemanjá, Cosme e Damião, Oxóssi – cada terreiro tem que entrar com dinheiro, sempre sob coação e ameaças. O "general" chegou mesmo a cobrar uma taxa para que os terreiros pudessem ir a Santos, com "livre trânsito" pela Via Anchieta. As mensalidades dos terreiros eram cobradas com notas promissórias. Sempre tirando mais dinheiro dos terreiros, provocou a exploração da cobrança de consultas e de listas de despachos.

"Todo homossexual baiano que não arruma emprego em São Paulo abre um terreiro de Candomblé", desabafa Moacyr Jorge. Chamado de "patrulheiro da Umbanda, depois de lutar anos sozinho, Moacyr Jorge conta agora com a ajuda de Caribé de Oliveira, que veio da Bahia "para limpar a Umbanda e o Candomblé de toda essa sujeira em que foi metida".

Sempre procurando documentos em sua maleta para comprovar o que diz, Caribé qualifica Jamil Rachid como o "papa da umbandalheira". Mostra um documento e diz: "É sabido que um menino foi morto em um terreiro de Umbandomblé, quando um pretenso Edu Gato mordeu a carótida da criança de quatro anos, sugando-lhe o sangue pela veia aorta". Onde está a Umbanda? Pergunta ele e responde: "Não é nos terreiros-mansões, com seu luxo, mistificação e pouca vergonha, mas nas tendas humildes, de chão de terra batida, sem enfeites, sem cachaça, sem cobrança de consultas, sem mistificação".

Figura 24: Caribé. *Jornal da República*, n. 78, 26 de novembro de 1979.

Figura 25: Moacyr Jorge. *Jornal da República*, n. 78, 26 de novembro de 1979.

Jamil e Dr. Jairo: defesa

Em frente a um altar dominado pela imagem do Cristo com os braços abertos como o do Corcovado, depois de ler algumas orações, Jamil pede que todos fiquem em pé: "Vamos dar aquela vibração mental". E faz um sinal para que todos cantem junto:

João, João, João que batizou Jesus
João, João, batiza esses filhos em nome de Deus
São João batizou Cristo
Cristo batizou João
Os dois foram batizados
Lá no Rio Jordão

Quem o vê aqui, passando com gestos beatos, uma fita cor de rosa, óleo bento e sal na cabeça das três crianças que está batizando, não pode imaginar que sobre Jamil Rachid, o grão-senhor da Umbanda em São Paulo, presidente da União de Tendas de Umbanda e Candomblé de São Paulo, pesem tão graves acusações como as feitas pelo jornalista Moacyr Jorge e pelo umbandista baiano Eduardo Caribé de Oliveira.

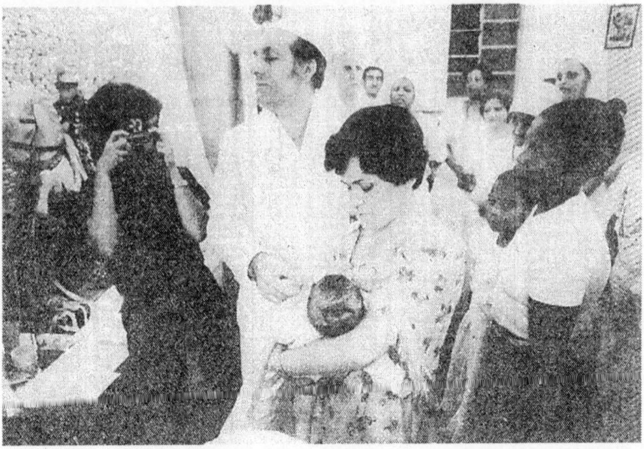

Figura 26: Pai Jamil Rachid oficiando batismo de crianças. Foto de João Bittar. *Jornal da República*, n. 78, 26 de novembro de 1979.

Filho de árabes ortodoxos, aos treze anos Jamil tinha "uma dor de cabeça de estourar e a mania de sumir de casa de vez em quando". E em 1946, sem saber como, foi parar em

Patos de Minas. "Os médicos não tinham aparelhagem para diagnosticar a minha doença e eu fui ao terreiro do pai Jaú. Minha dor de cabeça passou e então eu fiz minha iniciação, lá no terreiro de São Jerônimo. Sou filho do Jaú". Com 17 anos, na Tenda São Benedito, que hoje é sua, Jamil já estava curando os outros – e quase foi posto para fora de casa, porque os pais não aceitavam sua conversão ao Umbandismo. Sua carreira foi rápida. Em 1967, já chamado "o rei da Umbanda", ele assumia a presidência da União de Tendas de Umbanda e Candomblé de São Paulo com cargo vitalício.

Depois de pregar uma "renovação na codificação da União", Jamil Rachid foi o primeiro a lançar no Brasil os rituais de casamentos, batizados e funerais dentro da Umbanda. Isso assustou todo o Brasil, relembrou ele, recentemente em uma tarde de sexta feira, na Praia Grande, onde foi organizar as festas de Iemanjá deste ano. Muito agitado, Rachid anda de um lado para outro e conta sua história em capítulos, sempre elogiando muito o deputado federal Samir Achoa, o primeiro a lutar ao lado dos umbandistas, desde 1958.

Não é a toa, a propósito, que o deputado, sem ser uma figura propriamente carismática, foi o mais votado em São Paulo nas últimas eleições com mais de 400 mil votos. Em véspera de eleição, os caboclos sempre costumam baixar nos terreiros recomendando que se vote em Achoa. Em troca, Achoa costuma atender aos casos que Jamil lhe encaminha.

Sobre as acusações que lhe são feitas por Moacyr Jorge, Jamil prefere falar em seu escritório, acompanhado do advogado Jairo Camargo Dias, 58 anos, funcionário aposentado do INPS, que foi estudar Direito aos 41 anos em Itu e se formou graças a ajuda dos orixás: "Eu ia para a faculdade sem querer e nas provas respondia por intuição". Dias só se deixa fotografar de perfil e de um lado só: "Eu tenho um contrato com o Telly Savallas,[15] e se sai meu rosto inteiro tenho que pagar 1.200 dólares de multa..." Cabeça raspada, de fato ele se parece com o ator que faz o Kojac. "Eu sou metade Kojac e metade Manoel da Nóbrega, você não acha"? O advogado diz que está

15 Ator careca norte-americano que protagonizou o detetive Kojac em uma série televisiva muita famosa. Não temos como avaliar se o advogado estava falando sério ou brincando sobre o fato.

há pouco tempo na Umbanda. "Eu sempre fui do Candomblé, mas sou também da Maçonaria, professor de sincretismo religioso e membro da Sociedade Teosófica".

Figura 27: Dr. Jairo, o advogado do "rei da Umbanda". *Jornal da República*, n. 78, 26 de novembro de 1979.

Enquanto Dias fala, Jamil lê o seu jornal, como se não fosse com ele. Mas presta muita atenção. Dias afirma que foi ele quem aconselhou Jamil a processar Moacyr Jorge e Eduardo Caribé de Oliveira: "O Jamil é bom demais, é isso que você está vendo aí, pensa que a maldade não existe nas pessoas. O Caribé é a eminência parda do Moacyr Jorge. Homem de pouca cultura, não é ilustre. Saiu da Bahia e veio se aventurar em São Paulo dentro da religião. É um preposto do Moacyr Jorge com a finalidade precípua de atacar as tendas filiadas à União. E o Jamil é muito desprendido, não se importava". A versão que dá às denúncias feitas pelo jornalista é essa: "O Moacyr frequentava nosso terreiro, era amigo do Jamil. Mas ele pediu um salário muito alto para ser redator-chefe do jornal *Aruanda*, e nós tínhamos aqui o professor Norival Nogueira, que fazia o trabalho de graça. Daí começou a campanha insidiosa, infamante".

Mudando de assunto, ele explica porque a Umbanda cresceu tanto nos últimos tempos: "A expansão veio depois da Revolução de 1964, porque os líderes do movimento eram umbandistas". Quais? Dias prefere recuar e não cita nome. Antes, na Praia Grande, Jamil havia oferecido outras razões para o sucesso recente da Umbanda: "A Umbanda não tem ladrão, não tem comunista, dentro dela não existem maus elementos em geral. Os guias são os primeiros a fiscalizar".

SEXO E CHARLATANISMO NOS TERREIROS

Ricardo Kotscho

Jornal da República, n. 79, 27 de novembro de 1979

Promotor acusa pai de santo por estelionato

O que acontece dentro de um terreiro deve ser sempre mantido em segredo, diz uma lei não escrita da Umbanda, sob pena de a ira dos orixás abater-se sobre o indiscreto. Isso garante a impunidade dos chefes de terreiro desonestos. Raros são os casos de abusos que chegam ao conhecimento da polícia e mais raros ainda os que, uma vez comprovados, são punidos pela Justiça. Uma dessas raridades é o caso de João Aguado Mançanera, responsável pelo Centro Horto dos Orixás, em Americanópolis, um bairro da capital paulista. Nove de suas vítimas levaram suas denúncias até o fim e, em outubro do ano passado, Mançanera e sua companheira Adélia Silva Helfe, que o ajudava nos trabalhos, foram pronunciados pelo promotor público João Baptista Marques da Silva Filho.

Amarração sexual? Venha com um vestido decotado e depois...

A peça de acusação do promotor dá uma ideia do que se passava no Centro Horto dos Orixás. É dela o seguinte trecho: Sua fórmula de trabalho era variada. Assim, depois de marcar consultas para o atendimento de Maria Regina Pereira Aguado, que viria, em pouco tempo, a se casar com um seu sobrinho, o indiciado, a título de fazer um trabalho de desencantamento porque estava com amarração sexual, determinou que ela viesse ao centro com um vestido decotado, não devendo dizer a ninguém sobe aquela sessão, que se constituiria em um trabalho especial (...). E, caso não o fizesse, a sua vida seria um inferno. Acreditando nas possibilidades espirituais do indiciado, Maria Regina ali compareceu em abril (...). Isolada, sem ninguém que pudesse presenciar tal trabalho o indiciado levou-a a um lugar ermo onde, colocando as mãos em seu decote, tirou seus seios para fora, segurando-os. Ato continuo, com os dedos procurou sua vagina. Considerando que aquilo desbancava para a sem-vergonhice, Maia Regina dali se retirou, chegando a contar ao noivo o ocorrido.

A exploração sexual era a principal característica do Centro Horto dos Orixás. Mais ou menos o mesmo que com Maria Regina ocorreu também com Tânia Lopes Carneiro, que procurou o terreiro porque havia rompido o namoro. Ela pagou 1.600 cruzeiros por duas "deitadas" – a receita mais habitual de Mançanera. Tânia foi levada pelo pai de santo para o motel Sulciman, em Diadema, onde foi obrigada a manter relações sexuais com ele para que surtisse efeito o trabalho de desencantamento. Arlene Del Bosque Guimarães, por sua vez, pagou 8.000 cruzeiros por um benzimento encantado, sob pena de perder todos os seus bens, bem como se companheiro. E foram também problemas conjugais que levaram Maria Helena Soares Aguado a procurar o pai de santo Mançanera, que lhe cobrou 1.000 cruzeiros por três sessões de benzimento e aplicou-lhe a receita habitual: manter com ele relações sexuais durante os trabalhos. Outras cinco vítimas pagaram quantias entre 1.000 e 20.000 cruzeiros a João Aguado Mançanera – que acabou denunciado pelo promotor João Baptista Marques da Silva Filho.

Mas a mistura entre Umbanda e sexo não é uma exclusividade de Mançanera. Em seu terreiro de Osasco, o médium Pedro Furlan recebe diariamente dezenas de denúncias de casos semelhantes. Marta Rocha (Rua Igaratá, 97, Jardim Santa Helena, Itaquaquecetuba) conta que foi violentada pelo pai de santo Fausto Gomes da Silva, quando tinha 17 anos e estava limpando o terreiro. "Eu era muito inocente e ele se aproveitou, dizendo que estava incorporado. Me agarrou na marra e o resto o senhor imagina. Fiquei rasgada e fui para casa com medo, tirei os trapos do corpo correndo para minha mãe não ver. Só quando fiz 20 anos contei tudo para ela, mas até hoje sofro com isso".

Levou o filho doente ao terreiro. Disseram que não era dele: desquite

Há casos de consequências mais graves para as clientes – mulheres que acusam problemas mentais, casais que acabam se separando. Depois de trabalhar algum tempo como filho de santo na Tenda de Umbanda Pai João da Caridade, filiada à União de Tendas de Umbanda do Estado de São Paulo, Henriqueta Mantovani Garcia resolveu levar também sua filha Dirce Batista, então com 19 anos. O pai de santo Pedro Paulo Sakatruska, casado, quatro filhos, logo passou a fazer propostas a Dirce, prometendo deixar a família e viver com ela. Sakatruska chegou a fazer ameaças de morte a Dirce. Resultado: a vida de Dirce tornou-se um inferno – e, depois de alguns meses, a moça ficou mentalmente perturbada.

Enfim, Lucia Helena Machado Marques Araújo, de Santa Bárbara do Oeste, e seu marido, o advogado Hamilton Marques de Araújo, acabaram se separando depois de seu contato com um terreiro de Umbanda. Ambos foram procurar um terreiro quando nasceu seu filho Luciano, há dois anos: as coisas iam mal em casa e o menino vivia doente. "Tudo continuou piorando cada vez mais e meu marido foi a diversos centros" conta Lucia Helena. "Os espíritos disseram para ele que o nenê não era filho dele. Meu marido foi ficando contra mim, começou a beber, a andar com mulheres e a chegar de madrugada". E o casal se separou.

Só variam os dramas e os preços

O roteiro do desespero é sempre o mesmo: as pessoas procuram médicos, soluções convencionais. Quando não encontram respostas para seus problemas, nem esperanças de solução, recebem conselho de um amigo ou parente para procurar um terreiro, onde certo pai de santo resolve tudo. "Só mesmo uma benzedeira para dar jeito nesse menino!, quem ainda não ouviu esta frase? Dizia-se que só pessoas menos instruídas recorriam a esses expedientes e se tornavam presas fáceis de charlatães, mas hoje isso não é verdade: o mundo dos aflitos já não é separado por classes. Só variam os problemas e os preços.

Teresa Francisca da Silva e o marido venderam o pouco que tinham no interior da Bahia e vieram tentar a sorte em São Paulo. Depois de alguns anos, sem dar motivo, o marido a abandonou com sete filhos pequenos. Ingênua e supersticiosa,

Teresa atribuiu seu drama ao sobrenatural e resolveu procurar um centro espírita. No caminho encontrou um menino que distribuía folhetos de certa dona Fátima, que se dizia "espírita vidente". Depois de ouvir a sua história, dona Fátima disse que iria fazer um trabalho para o marido voltar, mas que isso custaria 1.310 cruzeiros. Teresa vendeu seu fogão, juntou o dinheiro que tinha e continua morando sozinha com os sete filhos, na Rua 5, n. 34, casa 2, em Camargo Novo, São Miguel Paulista.

Nervosismo, problemas conjugais? É Pombagira. A cura sai por Cr$ 6.500

Dores de cabeça, nervosismo, problemas conjugais e divergências com familiares levaram Magali de Oliveira Simões a procurar um terreiro em Alumínio no interior de São Paulo. Foi-lhe dito que ela estava sofrendo perseguição de uma pomba-gira e que deveria comprar uma lista de materiais, avaliada em 3.500 cruzeiros para fazer despacho em uma encruzilhada. Além disso, deveria pagar 3000 cruzeiros pelo trabalho do chefe do terreiro. Antes, porém, foi queimada pelo guia chefe com pólvora e a ponta de um charuto aceso, provocando-lhe queimaduras nas mãos e nos seios.

"Cansado de viver rastejando aos pés dos pais de santo e chefes de terreiro, eu que era uma pessoa normal e fui fazer a caridade, encontrei a morte física, sou um morto-vivo, um débil mental. Como vou viver assim?" A pergunta e o desabafo são de José Ribeiro, morador no Ipiranga, que foi procurar terreiros depois de correr por vários consultórios médicos, sem conseguir uma explicação para a sua repentina perda de peso de 75 para 49 quilos, sentindo um peso nas costas, forte dor de cabeça, deixando-o sexualmente impotente. Ribeiro procurou terreiros no Rio, Belo Horizonte, Curitiba, Campinas, foi à Federação Espírita, procurou o Centro de Pesquisas Espirituais, tomou banho de tudo quanto é erva, fez uma infinidade de trabalhos e continua na mesma. Seu drama começou depois de ter brigado com uma mãe de santo do Candomblé: "Senti uma violenta fisgada na cabeça, cai no chão, fiquei roxo e nunca mais voltei ao normal".

Waldeck Félix de Oliveira mora em Santo Amaro e foi

procurar a casa espírita de certa dona Vera, na Estrada de Parelheiros, no Parque Planalto. O motivo que levou Waldeck a procurar o terreiro foi o mesmo de tantos outros maridos aflito: a mulher vivia sempre brigando com ele, sempre doente. Dizendo que havia um trabalho feito para separar o casal, dona Vera pediu 3.600 cruzeiros para resolver o problema. Como não pode pagar tudo de uma vez, Waldeck deu 600 cruzeiros de entrada e prometeu pagar o resto "de pouco por mês". Mas a mãe de santo pediu então que ele lhe desse uma radio vitrola e pagasse as prestações na loja. "Eu, que já estou arruinado na vida, tirei o pão da boca dos meus filhos para dar a ela os 600 cruzeiros e ainda quer que eu pague o resto todo de uma só vez?"

Cansado de ser explorado por Alfredo Costa Moura, presidente da Federação de Umbanda do Estado de São Paulo, Joel José Pereira, 29 anos, conta que seu terreiro era obrigado a pagar 1.200 cruzeiros por ano a entidade, além de contribuir para as festas que todos eram obrigados a frequentar e a comprar títulos de uma cachoeira de sua propriedade, que eram vendidos a 15.000 mil cruzeiros. Se alguém se atrasasse no pagamento das mensalidades ou das cotas, denuncia Pereira, Costa Moura, um ex-garçom que se apresentava como general, ameaçava mandar certo delegado de polícia para fazer a cobrança.

Figura 28: Pai de Santo charlatão. Desenho de Jayme Leão. *Jornal da República*, n. 79, 27 de novembro de 1979.

Proprietária da Tenda de Umbanda Caboclo Gentileiro e Pena Verde, em Itaim Paulista, São Paulo, Rosalina dos Santos afirma que pagou 1.200 cruzeiros pelo diploma de filiação ao Superior Órgão de Umbanda do Estado de São Pulo, além de mais 900 cruzeiros em parcelas para o registro dos estatutos.

Venda de orações, Cruz de Caravaca: Chega de ser iludida e tapeada

"E agora estão obrigando os chefes de terreiro a se unirem a uma nova modalidade de tapeação, à qual deram o pomposo nome de Associação Beneficente dos Umbandistas do Brasil. Se quero ir ao médico, tenho que desembolsar, sem ter, o dinheiro para pagar os remédios e consultas. Se preciso de um advogado, idem. E, no dia em que me filiei, tudo isso era gratuito. Só até aquele dia. Depois, o caso foi outro: venda de orações, Cruz de Caravaca etc. Chega de ser iludida e tapeada".

Juvenil Pinheiro dos Santos foi procurar um terreiro para levar sua irmã que sofria de uma doença não identificada e encontrou a Tenda de Umbanda São Benedito, em Pinheiros. Disseram-lhe que o caso de sua irmã era de mediunidade e que precisava fazer o santo. As obrigações iniciais ficariam em 50.000 cruzeiros e a raspagem em mais 5.000 cruzeiros. "Não só perdi tudo quanto dei, como também fiquei sem minha irmã, que dias depois de ter feito o santo faleceu, vítima de uma pneumonia, em consequência dos banhos ministrados de madrugada, em que ela tinha que ficar totalmente despida".

Stela do Carmo Pinto, 28 anos, tecelã, procurou o pai de santo Wagner na Rua Dom Villares, 1033, casa 2, na Vila Moraes, a quem pagou em várias parcelas mais de 4.000 cruzeiros em jogos de búzios e trabalhos nas encruzilhadas. Ao se recusar a arrumar homens na rua e a levar o dinheiro para Wagner, esse a ameaçou dizendo que iria fazer um trabalho para mata-la. Ficou sabendo que Wagner explorava mulheres casadas, provocando desarmonia entre os casais e até separações, e resolveu procurar outro terreiro na Água Funda, próximo ao Simba Safari. Lá lhe pediram 2.000 cruzeiros para a deitada. Stella procurou terreiros por sofrer de crises nervosas e chegou a tentar o suicídio. Foi internada seis vezes em hospitais psiquiátricos.

UM TERREIRO COM ORGIAS E CACHAÇA

Ricardo Kotscho

Jornal da República, n. 80, 28 de novembro de 1979

Era uma festa: mulheres dançavam nuas com os rostos cobertos por máscaras carnavalescas; garrafas de vinho, cerveja e pinga corriam de mão em mão. E, na vitrola ligada no último volume, cantavam Roberto Carlos, Waldick Soriano, Martinho da Vila e outros astros da música sacra do Umbandomblé. Sangravam-se animais, que eram doados aos Exus e jogados pela vizinhança. Quando a madrugada chegava, quem quisesse esticar poderia ir ao motel de uma das frequentadoras, em Itapecerica da Serra.

Figura 29: Cena bizarra no terreiro de macumba. Desenho de Jayme Leão. *Jornal da República*, n. 80, 28 de novembro de 1979.

Durante vários meses, os vizinhos da Tenda de Umbanda Luz de Aruanda e Mamãe Sereia, na Avenida Nossa Senhora do Sabará, próximo ao cemitério de Campo Grande, levaram suas queixas ao 43º Distrito Policial, sem êxito. E, entre esses vizinhos, que não aguentavam mais o barulho e o mau cheiro dos animais sacrificados, estava um sargento da Polícia Militar, Eduardo Cardoso.

As denúncias chegaram ao conhecimento de Eduardo Caribé de Oliveira, da Federação de Umbanda e Candomblé do Estado da Bahia, que observou os trabalhos da tenda e resolveu chamar a polícia. Em março deste ano, finalmente, a tenda foi fechada e seus proprietários – Nely Figueiredo e Jorge Augusto Figueiredo – foram abrir seu terreiro em outro lugar. Trata-se de um caso raro, isolado, em que a polícia tomou providências contra um terreiro que desvirtuara o ritual da Umbanda e fazia dele um próspero negócio.

A tenda de Nely Figueiredo funcionava nos fundos da casa número 2946. Na frente, ela possuía uma loja de artigos de Umbanda para facilitar o trabalho dos clientes. Qualquer pessoa que tivesse um problema na vida era atendida por um dos médiuns da casa, que fazia os pedidos em nome dos Exus. Havia uma lista fixa de produtos para o "trabalho completo" que poderiam ser comprados em sua loja (e para lá mesmo devolvidos após o trabalho) e outra que variava de acordo com o freguês.

A "lista de sempre", que era pedida pelos Exus, constava de duas velas de Exu, nove velas pretas, nove velas vermelhas, vinte e uma velas brancas, uma vela de São Jorge, um vidro de mel, uma pemba, cinco charutos, sete rosas, sete moedas, uma melancia, 27 folhas de mamona, um frango preto vivo, duas garrafas de pinga, duas garrafas de vinho, vinte uma coroas de cristo, um casal de bonecos, uma caixa de alfinetes, dois alguidares (tigelas de barro), um garfo de Exu, fitas pretas e vermelhas, um litro de álcool, terra de cemitério e terra de formigueiro. E, para a festa de Exu, não deveriam esquecer, pelo menos, três pratos: frango assado, uma farofa boa e três bifes crus temperados.

Mas havia também as listas "especiais", como a que foi pedida a cliente Vera Lucia Silva: uma cabeça com cabelo, um sapo, três peças de roupa, um relógio marcando meia noite, sete cruzes, uma dentadura, uma cabeça de touro com chifres e um caixão de defunto. A Neilton Silvano de Assis, por sua vez, foram pedidas, além de uma tesoura enferrujada, estrume de gado, quiabo e jiló, também sete fotos de homens e mulheres pelados. Na verdade, a exigência de pedidos absurdos para a realização de trabalhos não e uma singularidade do terreiro de Nely Figueiredo. Muitos outros terreiros de Umbanda cultivam o mesmo hábito. Singulares eram os pedidos como os de fotos de mulheres peladas – uma constante nas encomendas de Nelly – ou os de uma carne assada na panela, com molho e batatas, como o requerido a Diva Massulo. A carne assada, assim como o frango assado pedido a outros clientes, ou os bifes e a farofa, serviam para abastecer a mesa do terreiro nos dias de festa. Já as fotos de mulheres nuas eram sintomáticas de certas tendências do grupo.

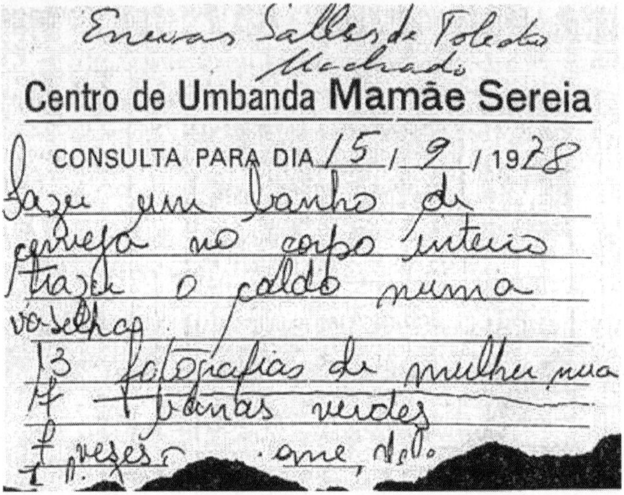

Eneas Salles de Toledo Machado

Centro de Umbanda Mamãe Sereia

CONSULTA PARA DIA 15 / 9 / 1978

Fazer um banho de cerveja no corpo inteiro

Trazer o caldo numa vasilha.

13 fotografias de mulher nua

14 bananas verdes

Figura 30: Estranha receita prescrita para uma consulente. *Jornal da República*, n. 80, 28 de novembro de 1979.

Morcegos, sapos: os pedidos dos insaciáveis Exus

Quem chegasse ao terreiro de Nely Figueiredo portando algum mal, e em busca de alguma cura, primeiro era encaminhado a um médium. Como em outros terreiros, cada médium tinha uma especialidade, dependendo do Exu que recebia. Assim, a médium Maria Augusta, por exemplo, era portadora do "Exu Solidão e Tristeza", especializado em casos de amarração, sombra e enfermidade.

Primeiro, fazia-se um diagnóstico no cliente – e ficava-se sabendo se ele estava atacado do Exu Sapo Negro ou Exu Caldeirão no Inferno ou Exu Aranhão Negro. Mas o diagnóstico não era tão simples. Além de apontar o Exu responsável pelo mal do paciente, vinha acompanhado de outras palavras incompreensíveis. Assim, por exemplo, o diagnóstico feito na cliente Diva Massulo era o de que sofria de Exu Aranhão, Sete Esporas, Sete Garras, Sete Passos, Ventania, Escorpião Negro, Tremendão. Para curar-se de seu mal, Diva recebeu uma lista de pedidos que incluía: um ninho de cipó, sete forquilhas, lençol e fronhas usados sete dias, lixo de sua casa, arco de ferro, uma aranha, uma rapadura (partir ao meio, a metade derreter na panela e a outra trazer embrulhada), carne assada na panela com molho e batatas. A seguir, alguns diagnósticos expedidos no terreiro de Nely e suas respectivas receitas:

– Geraldo L. Marinho foi diagnosticado com um caso de Exu Viado Negro, Sete Chifres, Sete Anos de Azar, Beira Caminho, Aventureiro, Separação, Estoura Tudo, Tranca Tudo, Sete Chaves, Muleta. Receita: uma melancia ou mamão maduro, um frango preto vivo, três pombas, três vinhos, um garfo de exu, areia do mar e terra de cemitério, uma muleta, um pneu, um portão, espigas de milho, um pão mofado e sete penas de urubu.

– Diagnóstico de Antonio Rodrigues: Exu Touro, Cadeado, Corrente, Tranca Tudo, Sete Nós, Sete Voltas. Receita: um pedaço de corno de boi, dois litros de leite, uma fita branca larga com o seu nome escrito sete vezes e dar sete nós, uma rapadura de leite, um queijo meia cura, um vidro de mel. Além disso, tinha problemas também com a Pombagira Andorinha que encomendou: uma champanhe gelada, um buquê de flores, um spray perfumado de homem, uma cerveja preta gelada, três maças, um maço de cigarros, gelo, música, um perfume bom, uma cueca usada, uma lata de salsicha, uma vela de sexo e cabelos de sexo.

– Diagnóstico de Maria Helena, que tinha problema com seu filho recém-nascido: Exu Jibóia, Sapo Estufado, Aleijado, Louco, Cérebro Negro, Tempestade, Leão da Mata, Onça Pintada, Mato Negro, Vira Tudo. Receita: peças de roupa do nenê, fotografias dele, algodão, um par de alianças, um casal de pombos, uma champanhe, água do mar, sete notas emprestadas, cabelo e urina do nenê, uma rosa branca e uma vermelha.

– Diagnóstico de José Gabriel Ribeiro: Exu Sete Chifres, Trouxa, Farrapo, Estouvado, Carniça, Berne, Macaco Negro, Sete Calungas, Sete Covas, Sete Cruzes, Tatu com Sangue

Suga Medo. Receita: um caixão de defunto, uma cruz preta, uma coroa roxa, um miolo, uma caixa de palitos de dente, um vidro com sua urina, sete latas enferrujadas, um bife de fígado, roupa de esposa e um par de alianças de mentira.

– Diagnóstico de Paulo Celso Rodrigues: Exu Caranguejo, Areião, Espada Negra, Miolo Preto, Cérebro Negro, Peixe Assassino. Receita: uma buzina de carro, uma tartaruga, um pé de mula de ferro, três sardinhas podres e um pato preto.

– Diagnóstico de Sônia Regina Silveira Martins: Exu Sete Cabeçadas, Enrolão, Tendão Negro, Cortina de Aço, Noite de Azar, Nojo, Enjoo, Brejo. Receita: um machado, um miolo estragado, sete rendas pretas, uma cordinha fina, uma lata de lodo, um pacote de sementes de girassol, um trilho, um fermento de pão (com seu nome dentro. Dissolver no dia e trazer) e roupa de cama.

– Dignóstico de Vilma Pina Figueiredo: Exu Sete Parafusos, Cobra Coral, Sete Roscas, Estilingão, Sombra, Asa Negra, Formigueiro, Escadão. Receita: um prato com açúcar, roupa de cama, roupa de dormir, uma cama de boneca e sete fotografias de homem.

– Diagnóstico de Marlene Tadeu: Exu Sete Garras, Porteiro do Inferno, Treme Serra, Marabô, Veludo Negro, Viúva Negra. Receita: uma calcinha, uma forca, um par de alianças, papel de serviço, um miolo, sete punhais, uma canela de viado, cinco retrós e uma cabeça de touro.

VIROU CHIC JOGAR BÚZIOS E TER PAI DE SANTO

Ricardo Kotscho

Jornal da República, n. 81, 29 de novembro de 1979

Importantes industriais, hoje em dia, não fecham negócio sem consultar sua mãe de santo. Houve o caso da mulher de um ex-governador de São Paulo que, depois de procurar especialistas nos Estados Unidos e na Suíça, curou seu câncer no útero ao se tornar uma filha de santo no Candomblé, cumprindo todo o ritual (permanecer 21 dias deitada em uma esteira e raspar a cabeça). Artistas, políticos, locomotivas colunáveis

– hoje é comum que eles estacionem discretamente seus carros em ruas de terra dos subúrbios para consultar seus orixás. O Umbandomblé de uns tempos para cá já não é marginal. É *in*. Ganhou *status*. Nos caderninhos de telefones e endereços de muita gente fina flor da nossa sociedade começaram a aparecer especialistas para cada caso: Caio (Candomblé), Sarita (leitura de mãos), Renê (pó de café), Jandira (leitura de cartas), Cleuza (despachos) etc.

Nos búzios de Pedro, os dramas e as angustias do soçaite

Mas o grande bizu[16] do momento é o Pedro dos Búzios (Pedro Luiz Gomes Garanito, 29 anos), que está com sua agenda ocupada até o fim do ano. Pai de Santo, com a cabeça feita aos 20 anos, faz oito anos que Pedro abriu sua clínica para doenças do corpo e da alma, diagnosticadas em seu jogo de 21 búzios, pequenas conchas vindas da Nigéria. Mais do que qualquer médico ou psiquiatra, Pedro sabe hoje quais os problemas que afligem nossa elite. Sua modesta casa em uma travessa da Estrada do Taboão, perto da fábrica da Ford, é procurada principalmente por mulheres que sofrem de solidão, medo de perda ou frigidez. Outras, que tem amantes, querem saber se foram descobertas pelo marido. Mas, nos últimos tempos, Pedro tem sido procurado também por pais e mães em busca de cura para seus filhos toxicômanos. O caso que mais impressionou Pedro ultimamente foi o de um grande industrial que o procurou por não saber mais o que fazer com seu filho, homossexual e viciado em tóxicos. Frequentador da alta roda do Rio e de São Paulo, o filho do industrial foi abandonado pela mulher após quatro anos de casamento. Quando isso aconteceu, tomou uma overdose de drogas e foi internado em um hospital. Não queria trabalhar, nem viajar, desinteressou-se pela vida.

Depois de seis meses de trabalhos, despachos e matanças de animais oferecidos para Exus e Pombagiras, garante Pedro, seu cliente conheceu uma moça e hoje é um próspero fazendeiro com criação de cavalos. Para isso, ele teve que fazer apenas orações nas horas certas e oferendas de comidas

16 De excelente qualidade; bom, ótimo.

para os orixás – um tratamento para o "fortalecimento do santo". Quando chega a época do Natal, seu cliente vem procurá-lo para saber o que precisa e traz brinquedos e sacolas com comida, que Pedro distribui nas redondezas. Assim, também o assistencialismo e a caridade dos chás beneficentes chegaram ao Umbandomblé.

Figura 31: Pedro dos Búzios. Foto de Cristina Villares. *Jornal da República*, n. 81, 29 de novembro de 1979.

Como qualquer especialista bem sucedido, Pedro diz que 80% dos problemas são resolvidos com seus trabalhos, que ele executa em um quartinho nos fundos da residência, "a casa de Exu". Pedro garante que já curou até impotência com um milagroso remédio que importa da África, composto de frutas, vinhos de frutas e hormônios de animais. O remédio que vem em garrafas de um litro deve ser tomado durante 21 dias, segundo Pedro, serve tanto para frigidez feminina como impotência masculina, quer dizer, é unissex. Mas nem todos podem recorrer a ele: além de muito difícil de ser encontrado no mercado, por problemas com a importação, custa 15 mil cruzeiros. O pai de santo, com rosto de menino e modos delicados, conta que o caso mais difícil que encontrou nesta área foi o de um *big boss* que surpreendeu a mulher com seu melhor amigo na cama e ficou totalmente impotente. "Hoje ele está casado com outra mulher e é muito feliz".

Nesses tempos de crise econômica tem aparecido muitos casos de industriais que encomendam trabalhos para prejudicar concorrentes ou de executivos que querem derrubar alguém mais em cima para tomar seu lugar. "Esse tipo de trabalho eu cobro caro, mas caro mesmo, para livrar meu santo. Preciso fazer muitas oferendas para meu anjo da guarda e isto custa dinheiro", explica ele etc.

As consultas simples no jogo de búzios custam 250 cruzeiros e o preço dos trabalhos varia de acordo com as posses da pessoa. Depende também do tipo de trabalho: pode ser de encruzilhada, cemitério, pé de árvore, cachoeira, estrada de ferro ou campo. A família de Pedro tem uma fábrica de cronômetros, mas ele quase não tem tempo para se dedica aos negócios. Além dos jogos e trabalhos que lhe ocupam boa parte do tempo, nos dias de preceitos ele fica junto aos que estão fazendo o santo na camarinha, o que o obriga a ficar em resguardo absoluto, sem poder ter relações sexuais, beber bebidas alcoólicas etc. Fora disso, o pai de santo diz que leva uma vida normal, vai passar fins de semana no Rio em festas e iates, convidado por seus clientes ou lê Agatha Christie e livros de psicanálise.

Há oito anos ele faz psicanálise em grupo com o Dr. Darci Moreira. "Ele não aceita nem acredita em Candomblé, diz que sou psicologicamente envolvido pela minha religião. Mas não tem problema, cada um fica na sua e tudo bem..." Dr. Moreira não soube explicar, por exemplo, um caso que Pedro lhe contou há três anos e que lhe aconteceu quando se encontrava deitado no quarto, em um sábado à tarde em Salvador. Pedro conta que bateram na porta, ele abriu e deu de cara com uma mulher negra, bonita e nua, que lhe cobrou uma promessa que não tinha pagado. A mulher xingou, riu, disse que iria bagunçar sua vida se não cumprisse a promessa em uma semana e desapareceu no espaço.

Ele diz que fica assustado com seus próprios poderes

Professor primário que nunca deu uma aula em sua vida, Pedro diz que às vezes fica assustado com seus próprios poderes. "Quinze dias antes da morte de meu irmão, eu previ que ele iria sofrer um acidente fatal e não deu outra". Estas histórias ele sempre conta aos que vão procura-lo, gente que, segundo o pai de santo, está desacreditada da medicina convencional e da religião católica. Entre eles, há uma famosa ginecologista, que não dispensa um jogo de búzios e um trabalho para equilibrar a sua vida.

O envolvimento de Pedro com o Candomblé, lembra ele, começou antes mesmo do seu nascimento. A mãe, diabética, não tinha dilatação e não podia fazer cesariana. Sem saber mais o que fazer, o médico chamou uma parteira negra, dona Ana, falecida há dez anos, que amarrou um cordão de palha na barriga da sua mãe e disse que até o meio dia a criança nasceria, o que de fato aconteceu. "Minha mãe ficou com muito medo, porque, em 1950, as pessoas nem falavam ainda nessas coisas..." Uma semana depois, a mãe de santo foi buscar seu cordão umbilical e lhe deu o primeiro banho, colocando na água objetos de prata e alertando: "Até os sete anos a criança vai viver bem; depois tem que levar em um centro para desenvolver".

Passou o tempo, a mãe curou a diabete e se esqueceu das recomendações de dona Ana: entre os sete e oito anos, conta Pedro, ele começou a sofrer uma espécie de ataques epiléticos, caindo e desmaiando a toda hora. Até os 12 anos, seu pai o levou a uma infinidade de especialistas, inclusive no México. Chegou há ficar três meses internado em um hospital, mas os eletroencefalogramas não acusavam epilepsia. Sem saber mais o que fazer, a mãe o levou à Federação Espírita, no viaduto Maria Paula. Lá, baixou o espírito de um médico que diagnosticou: o doente é filho de orixá e tem que "fazer a cabeça no Candomblé". Isso foi em 1963 e São Paulo tinha três ou quatro terreiros de Candomblé. Hoje, tem mais de mil, ninguém sabe ao certo quantos são.

Em seguida Pedro foi levado para Salvador onde a mãe de santo Olga de Alaketo indicou a família uma mãe de santo no Cambuci, São Paulo – dona Eurides. Quando de volta a São Paulo entrou no barracão de dona Eurides. Pedro diz que caiu duro e ficou durante sete dias recolhido com um bori (oferenda que fazem para o santo), deitado em uma esteira, todo de branco, tomando banho de abô (ervas quinadas). Pedro dos Búzios diz que ficou totalmente inconsciente, como se estivesse anestesiado, sem ouvir nem escutar e sem conseguir lembrar depois o que aconteceu naqueles dias. "Um mês depois entrei para raspar e fiquei 21 dias, o tempo virado". A mãe pequena, uma espécie de babá, é quem lhe dava banho e comida.

Dou meu nome e a data do nascimento. Ele começa a adivinhar

Ao final dos 21 dias, sua cabeça foi raspada e ele se tornou um ogan, um iniciado, filho de santo. Sete anos depois, o filho se torna pai de santo, recebe um jogo de búzios e outros apetrechos – a partir daí, segundo o ritual do Candomblé, ele teria condições de ver o passado, o presente e o futuro das pessoas.

Ouvi essa história toda e depois propus a Pedro que fizesse o jogo de búzios comigo. Ele só perguntou meu nome e quando nasci. Colocou sobre a mesa uma peneira de palha com uma toalha branca, os búzios, contas, sementes africanas e quatro olhos de boi, um copo com água, uma vela para iluminar o anjo da guarda e dois livros (*A leitura de nosso destino pelas estrelas*, de Sellen Jaer e *Orixás da Bahia*, de Elyette Guimarães de Magalhães). Disse que meu anjo da guarda era Jabamiah (Domina sobre a geração e sobre os fenômenos da natureza. Protege os que querem se regenerar. Os nascidos nesta influência se distinguem por sua sabedoria). Ajeitou seu ojá (turbante) e disse que eu tinha três santos fortes, guerreiros (Iemanjá, Xangô e Ogum), que viviam sempre em disputa. Até aí tudo bem. Mas logo comecei a ficar surpreso: o Pedro dos Búzios começou a contar toda a minha vida (doenças, morte de meu pai, amores, escolha da carreira, amigos, convivência familiar, temperamento). Não sei não, não acredito em nada disso, mas parece que ele acertou.

ORIXÁS & EXUS S.A. – VENDENDO COMO NUNCA

Ricardo Kotscho

Jornal da República, n. 82, 30 de novembro de 1979

Os terreiros começaram a ser procurados ultimamente por senhores de paletó e gravata, pastinha debaixo do braço, apresentando-se como representantes da Associação Beneficente dos Umbandistas do Brasil. Papo vai, papo vem, mostravam aos interessados um folheto: "Umbandista – tudo isso pode ser seu". Trata-se de um seguro de vida, como tantos outros que existem por aí, com direito a assistência médica, dentária, hospitalar, clínica, farmacêutica, jurídica, aposentadoria, pensão e pecúlio e uma atração extra: dá direito a utilizar o Recanto dos Orixás (propriedade exclusiva dos umbandistas, com cachoeira, mata, pedreira, campos esportivos etc.). Segundo o folheto, os benefícios são garantidos pela Companhia de Seguros Previdência do Sul e Montepío dos Ferroviários do Brasil.

Seguros, diplomas, feituras de santo, fábricas e lojas de artigos de Umbanda, carteirinhas de proteção, promessas de curas milagrosas, publicações especializadas: há hoje uma fantástica indústria montada em cima do *boom* do Umbandomblé. E a freguesia mudou. Francisco Paladino, que em sua *Casa 7 Linhas*, na Praça João Mendes, tem a venda mais de 300 marcas de defumadores, começou a notar essa mudança de 10 anos para cá. "Antes era mais fechado, mas agora as pessoas não tem vergonha de acender uma vela no meio da rua. Só que a madame que vem aqui diz que está comprando as coisas para a empregada..."

Em sua maioria, são mulheres de meia idade, que compram alguidares (travessas de barro entre 10 e 150 cruzeiros), contas de cristal ou porcelana (entre 500 e 2.000 cruzeiros), velas e, principalmente, defumadores como *Só Deus pode comigo* (Pergunta: Quem pode com nós? Resposta: Só Deus. Conclusão: Nada nos faltará), *Espiritual* (cientificamente preparado com resinas indianas, pau santo e demais componentes adequados, possui propriedades incomparáveis, trazendo sempre paz, felicidade e bem estar), *Abre caminho* (o preferido dos orixás – rejeite as imitações e falsificações) ou *Quebra inveja* (fabricado com plantas orientais especiais: evita más influências e contribui para maior tranquilidade).

Em uma tarde de segunda feira, uma senhora loira de cabelo armado, elegante vestido estampado, em torno de 40 anos, entra na *Casa 7 Linhas* e pede baixinho a uma das 15 balconistas um defumador *Pai Jacó.* A poucas quadras dali, a *Casa das Velas Velaltar Ltda.*, na Rua da Glória, domina a calçada com um grande cartaz: "Temos patuá de todos os signos, incenso, mirra, benjoim, alfazema, alecrim, defumadores, velas, imagens, sabonetes, guias". Na entrada da loja, a "oferta do mês": grandes pilhas de defumador *Chama Dinheiro*, por módicos Cr$ 81,90. O proprietário, Sr. Ivan, não está: ele passa a maior parte do tempo na fábrica de velas. Uma menina passa pela porta, puxa a mão da mãe, faz o sinal da cruz.

O comércio do Umbandomblé, antes escondido nos fundos das lojas de ervas, nos subúrbios ou na zona deteriorada do velho centro, ganhou hoje todos os bairros da cidade e anuncia-se com grandes cartazes. Nos pontos de ônibus e nas feiras, crianças distribuem folhetos como este: "Atenção – Encontra-se em Porto Feliz, recém-chegada de São Paulo, a espírita vidente do Centro Espírita Menininha do Cantuá para atender a todos que precisarem de suas ciências e de trabalhos. A espírita irmã Natália compromete-se esclarecer os fatos mais importantes da vida humana. Sois infelizes com vossa família ou no comércio? Necessitais descobrir algo que vos preocupa? Fazer voltar alguém que vos tenha separado? Tirar algum vício? Facilitar algum casamento difícil? Vives nervoso, desanimado e doente sem saber o motivo? Pois então procure hoje mesmo a espírita irmã Natália que com uma só consulta dará atenção a todos seus problemas. Atende todos os dias, inclusive domingos e feriados. Das oito as 20 horas em sua residência".

Outro folheto: "Tenda Espírita Vovó Joana e Yemanjá – Só você leitor sabe as dúvidas e o sofrimento que afligem sua vida. A Babá Célia saberá orientá-lo. Consultas com jogo de búzios. Sessões às quintas feiras, das 20 às 22 horas. Alameda os Nhambiquaras, 831, Moema. Preços: Cr$ 70,00 (meio jogo) e Cr$ 100,00 (jogo completo)". Mas a coisa cresceu tanto que agora começaram a circular também folhetos de contrainformação, como este: "Cuidado – Não seja o próximo trouxa", recomendando que não procure a Mãe Ione Marques (Rua Capital Federal, 743).

Diplomas, cartas de alforria, pós mágicos, aqui se vende de tudo

Há, enfim, os que não se contentam com o varejo e partem logo para o atacado da exploração. Recentemente, Waldemar Augusto Rodrigues, chefe do terreiro Ogum Guerreiro, recebeu uma carta da União Federativa de Umbanda de São Paulo comunicando-lhe que foi contemplado com o título de "o melhor terreiro do ano". Rodrigues estranhou porque, segundo diz, conhece muitos terreiros melhores do que o seu. Para receber seu diploma, no entanto, ele teria que se comprometer vender aos seus filhos de santo determinado número de pacotes de velas (5 mil cruzeiros por mês), sendo o lucro revertido para a citada federação, cujos diretores são representantes de uma fábrica de velas.

Bom negócio também é a venda de diplomas. No pedido de registro número 88.864 encaminhado à Federação Espírita do Brasil, José Antônio Ferreira Filho, da Tenda de Umbanda Caboclo Ventania, de Taquaritinga, escreveu: "Declaro que me março de 1972, requeri o registro (...) baseado no artigo 73 da Constituição Federal e os artigos 18 e 129 do Código Civil (...) solicito o registro do centro pagando as taxas de Cr$ 445,00". Em seus folhetos e documentos, a Federação Espírita do Brasil sempre cita a Constituição e decretos federais, com o aviso: "Ninguém pode alegar ignorância da lei". Seus registros costumam conter leis de 1973, outorgadas por Emilio G. Médici e Alfredo Buzaid.

O babalorixá José Elias Ferreira "Tambalandê", do Abassá Caboclo Serra Negra, de Palmeira dos Índios, Alagoas, que em seu cartão de visitas anuncia "desmancha-se feitiços por mais cruéis que sejam", fornece também cartas de alforria, com carimbo e tudo: "Hoje, dia 1° novembro de 1978, recebo esta carta de alforria como prova de feitoria". A filial paulista do Abassá Caboclo Serra Negra fica em Santo André, na Rua Três, 165, Vila Luzita.

A maioria dos pais e mães de santo não tem profissão definida, vive exclusivamente da exploração das religiões mágicas dos aflitos. Dão consultas com jogo de búzios (alguns chegam a cobrar 500 cruzeiros ou mais a rodada) e cobram alto por uma "feitura de santo com raspagem de cabeça na camarinha" (operação que custa entre 10 e 30 mil cruzeiros). E são esses pais e mães de santo que dão grandes lucros às casas de artigos de Umbanda. Uma técnica habitual de extorquir dinheiro é dizer que os doentes estão com macumba feita por uma mulher (ex-namorada, ex-noiva, ex-amante). Para as mulheres, dizem o contrário. E todos recebem enormes listas de produtos que devem ser adquiridos em casas de Umbanda para desfazer o chamado trabalho forte: bonecos de pano e de cera, velas de todos os tipos (inclusive com o formato do sexo masculino e feminino), marafos para Exu (uma pinga de péssima qualidade) e pós mágicos para separar casais e matar desafetos, acompanhados do respectivo caixão em miniatura.

Figura 32: Artigos exóticos vendidos em casas de artigos religiosos de Umbanda. *Jornal da República*, n. 82, 10 de dezembro de 1979.

A IGREJA E OS TERREIROS: NOVOS TEMPOS

Ricardo Kotscho

Jornal da República, n. 83, 1 de dezembro de 1979

Padre Mauro Batista, 45 anos, professor de Problemas Filosóficos e Teológicos do Homem Contemporâneo e vice-diretor comunitário da PUC de São Paulo, considerado pela Cúria um especialista em cultos afro-brasileiros e sincretismos religiosos, vive sempre muito ocupado. Mas, quando se trata de falar de Umbanda e Candomblé, encontra sempre tempo e se empolga com o assunto.

Figura 33: Padre Batista. Foto de Wagner Avancini. *Jornal da República*, n. 83, 1 de dezembro de 1979.

Ele situa a posição da Igreja Católica diante desta questão em quatro etapas. A primeira vai de 1530, com a vinda de alguns escravos, até 1950, fase em que a Igreja teve uma atitude de desconhecimento, quase desprezo – "uma visão típica do sistema, segundo a qual tudo que era relacionado ao negro tratava-se de coisa marginal, supersticiosa etc." De 1950 a 1968, padre Batista localiza uma "evidenciação desses cultos no contexto social", em que a Igreja assume uma atitude de defesa e ataque. Essa postura muda a partir da Conferência de Medelín, em 1968, na qual os católicos assumem um novo tipo de posicionamento ao lado das camadas mais humildes do povo. Ao invés de se manter na defensiva ou atacar os cultos afro-brasileiros e outros cultos não católicos, a Igreja passa a dedicar maior atenção às manifestações religiosas do povo. Agora, o estudioso de sincretismos religiosos vê surgir uma quarta etapa, que ele considera a mais correta.

Para tirar as cargas pesadas, espíritos, anjos, almas penadas

"Descobrimos que os cultores destas religiões são os marginalizados, os homens sem oportunidades, sem voz nem vez", diz padre Batista. "E passamos do interesse que tínhamos pelas religiões para o interesse pelos religiosos, o homem antropológico que mantém esses cultos". Nota-se atualmente que a Umbanda vem penetrando nas classes mais altas da sociedade, mas padre Batista considera que o fenômeno não é de hoje. "Há uma tendência de se explicar todos os fenômenos que acontecem na nossa vida a partir de causas imediatas do além, de uma instância supra terrena. Espíritos, santos, anjos, demônios, orixás, almas penadas explicando doenças causadas por forças incontroláveis e sugerindo terapias de ordem extraterrena, para tirar os encostos, as cargas pesadas..."

Padre Batista cita o físico inglês Faraday – "o que antes se pedia ao oratório, hoje se pede ao laboratório" – ao analisar a passagem da cultura agrária, em que as boas ou más colheitas eram castigos ou bênçãos do mundo do além, para a cultura industrial, e novamente um retorno às origens. "Estamos chegando a um questionamento muito sério. A sociedade global em que vivemos hoje deixa as pessoas sufocadas, com uma participação muito reduzida, em que os problemas mais íntimos não são suficientemente resolvidos".

Sem se preocupar com o fato de o catolicismo não ser mais a religião da maioria do povo brasileiro, preferindo ser fermento em vez de massa, ele diz que a Igreja hoje está se dedicando a desmistificar uma série de coisas. "A Igreja enquanto instituição também depende muito de um tipo de cultura de uma determinada época. Lutamos em favor do homem concreto, do homem pobre, alguém que não deve ser manipulado nem mesmo por forças do além. É claro que aí há um esvaziamento da mentalidade de cunho cósmico do catolicismo".

Padre Batista, no entanto, não fica apenas nas teorias. Vigário na periferia (Vila das Belezas, Estrada de Itapecerica), na pastoral popular ele procura chamar a atenção do cristão enquanto homem para a ordem existencial e a ordem social: "Há uma íntima ligação entre ambas e devemos estar atentos a isso. O social é de fato social no sentido pleno do termo, quando leva muito a sério o aspecto pessoal, existencial".

Há muito de modismo na adesão das classes mais ricas

Admitindo que "a fé pode realizar transformações físicas", ele admite que "no momento em que a dor afeta a pessoa, ela lança mão de todos os recursos", mas acha que a Igreja tem condições de enfrentar a crescente concorrência dos terreiros: "Nos momentos de desespero, a missão da

Igreja é ir cultivando no homem um sentido de responsabilidade, de dignidade humana, que lhe permita criar condições de aos poucos superar as dificuldades". Mas ele vê também na adesão das classes média e alta as religiões mágicas muito de modismo, "uma busca de emoções mais exóticas dentro dessa nossa sociedade tecnicista e economicista, que tira o saber de viver". Localiza aí um círculo vicioso da sociedade que oprime o indivíduo, obrigando-o a buscar algum tipo de esperança fora dos esquemas convencionais.

No momento em que a Igreja passou a exercer um "trabalho supletivo, em lugar das entidades que foram destruídas pelo arbítrio nos últimos anos, procurando reunir novamente um povo disperso", cada vez mais se abriu espaço para que o antropólogo Rubem Alves, pastor presbiteriano, professor da Unicamp, chama de "Chuva dos novos deuses", diz padre Batista. "Dentro de uma sociedade que é cada vez mais controladora, castradora das expressões próprias do homem, que vive no sufoco, ele busca as válvulas de escape dos novos deuses que lhe deem esperanças". É aí que proliferam os movimentos hipnóticos, cultos orientais, novas seitas, borboletas azuis etc. A ciência hoje tudo explica, mas o mistério do homem é algo que a ciência nunca vai desvendar. "É como o olho que tudo vê menos a si próprio..." "Nós já não somos o maior pais católico do mundo".

Dona Elza, tão preocupada como o INPS

"No ano que vem vocês vão ver o que é bom para a tosse", blasfema dona Elza Antônio, 43 anos, desquitada, cinco filhos, mãe de santo em um dos quinze terreiros do Jardim Santa Tereza, subúrbio do município de Embu. Como assim?, pergunto. "É que no ano que vem a inflação vai chegar a 90%. Dá mais um gole no gargalo da cerveja, que nunca falta ao lado de seu trono no roncó – um pequeno reservado de 2 x 2 metros, onde atende a clientela – e arremata: Mas pode ficar tranquilo, moço, que o presidente é filho de Xangô". Que presidente? "Ora, o João Batista, ou você não sabia que ele é filho de Xangô, gente nossa?"

Aqui neste terreiro humilde, onde desde cedo nas quartas e sextas feias formam-se filas como as do INPS, tudo é possível. Dona Elza é uma deusa de pés engruvinhados[17] em quem as pessoas acreditam cegamente. Hoje, ela já atendeu a mais de vinte pessoas e ainda não é meio dia: Maria Flor (ameaço de derrame, encaminhada a um médico, "porque tem coisa que a gente não pode resolver aqui"); Rosa, "uma moça podre de rica que veio pedir ajuda par acabar logo o inventário do pai que morreu há quatro anos"; José, um garçom que veio pedir ajuda para arrumar emprego, um caso que exige orações para Zé Pelintra, "protetor das coisas embargadas".

Quando a mãe de santo Elza veio parar nesse fim de mundo, em 1971, havia apenas cinco terreiros no bairro e as coisas eram mais tranquilas: "O pessoal hoje em dia é mais sádico, tem muita safadeza. Um dia desses tive que colocar uma mulher para fora daqui. Não é que eu não faça rolo, mas tirar marido dos outros não é coisa que me agrade. Antes, as pessoas só vinham me procurar aqui para se curar, hoje vem pedir ajuda para fazer mal aos outros".

Elza veio de Bauru, "já fui Exu danada", mas hoje tem problemas mais terrenos: o movimento no terreiro cresceu tanto que ela teve de fazer um empréstimo no Banco Nacional para aumentar as instalações. Quando está tomada, como agora, ela se refere a si mesma como "burro" ou "cavalo". Elza é uma terceira pessoa, quem fala é o santo. "As pessoas vem aqui no desespero e acham ruim quando eu digo que elas não tem macumba feita. Aí dou um banho só para limpar a mente da pessoa..." Lembra o caso de uma certa Valquíria, em que o caboclo mandou tomar chá de broto de bambu. "Era só problema psicológico. Para mim, não foi o chá que curou nada..." Outros casos ela garante que foi cura mesmo. Como o de Rosa, que fez uma operação de ovário que não cicatrizava nunca e foi curada com o sumo de couve, mel e leite. "Tevo um caso aqui em agosto que me emocionou. Adalgisa Alcântara vivia com dor de cabeça, tontura, fiz umas rezas e ela expeliu dois bichos pelas narinas. Nunca mais sentiu dores..."

Além de doenças, os casos mais frequentes que ela atende são de "demanda de terras, brigas de vizinhos, ciúmes in-

17 Enrugados.

fundados, defloramento de moças". "Tem mulher que começa a ter um caso com homem casado e depois vem aqui pedindo para que eu separe o marido da esposa", conta a mãe de santo. A maioria vem de São Paulo e tem dificuldades para achar a rua de barro, sem saída, onde dona Elza atende a clientela. "Isto é um sacerdócio", garante, entre baforadas de charuto.

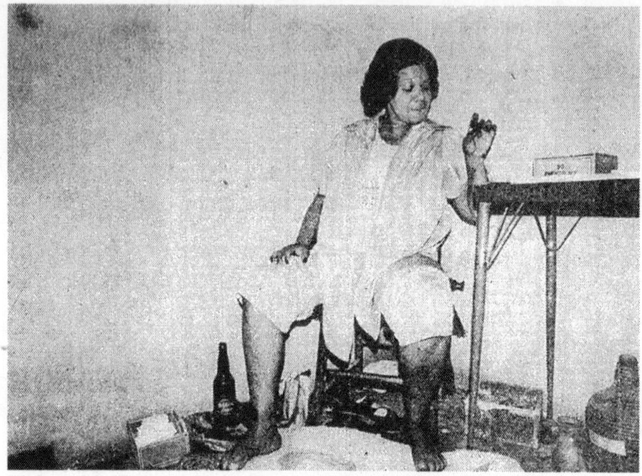

Figura 34: Elza Antonio. Foto de Wagner Avancini. *Jornal da República*, n. 83, 1 de dezembro de 1979.

Pai Jaú, preto velho, decano dos pais de santo

O rapagão de 19 anos foi comungar na Igreja de Santo Antônio, mas o padre recusou-se a lhe dar a hóstia. Alegou que ele era preto. O rapaz saiu da igreja revoltado, foi chorando até em casa. A mãe, Maria Lucinda Conceição Barbosa, parteira prática em Guarulhos, levou-o então ao centro de certa Buzi ("não era Umbanda nem Candomblé era Catimbó dentro de casa"), escondido no Alto da Lapa, onde não se fazia distinção entre brancos e negros na São Paulo de 1928. Nasce aí a lenda de Euclides Barbosa, o lendário Pai Jaú, ex-jogador de futebol, que deu o primeiro tricampeonato ao Corinthians, foi capitão da seleção brasileira durante doze anos, enfrentou a seleção argentina no peito dentro de Buenos Aires, jogando de braço quebrado, pedreiro aposentado, que completa 70 anos no próximo dia 13.

Quatro anos depois de lhe ser recusada a hóstia, Jaú já tinha um terreiro montado dentro da sua própria casa e não parou mais de fazer seus trabalhos de Umbanda, nem mesmo durante a Revolução de 1932. "A gente afastava os móveis, acendia velas, cantava, e as pessoas lá fora batiam na janela, jogavam pedras...", relembra Jaú no intervalo de uma reunião na prefeitura de Praia Grande, em que os umbandistas discutiam a organização da próxima festa de Iemanjá, dia nove.

Há duas semanas, todos os ônibus disponíveis em São Paulo estão fretados pelos umbandistas. A prefeitura de Praia Grande espera receber este ano 1,2 milhão de pessoas durante os festejos do próximo fim de semana e, para isso, prepara em conjunto com a Polícia Militar, há dois meses, um cuidadoso esquema de segurança. Os tempos estão mudados, constata Jaú. Faz menos de dez anos, ele ainda tinha que fazer festejos escondido na Praia das Vacas, perto da Ponte Pênsil, deixando sempre alguém de campana para visar quando a polícia chegasse. As coisas começaram a mudar, diz ele, no início dos anos 1970, quando seus seguidores já podiam fazer sem problemas a procissão de Iemanjá pelo Boqueirão da Praia Grande, tendo à frente o Dr. Ulysses Guimarães, que nunca dispensava um discurso nessas ocasiões.

Antes disso, Jaú foi preso mais de dez vezes. Em 1957, chegou a ser detido três vezes na mesma semana. Mas, nem ele sabe como, sempre aparecia uma autoridade para tirá-lo da cadeia. Foi assim em 1943, quando ele já estava detido no gabinete do secretário de Segurança Pública e chegou um telegrama de Getúlio Vargas mandando soltá-lo. Apesar da constante perseguição policial, sempre houve uma convivência pacífica entre Jaú e algumas figuras mais influentes da República. Jânio Quadros, por exemplo, ajudava-o a promover a festa dos Pretos Velhos e Caboclos do Brasil, no Cine Estrela, na Vila Mariana, no final dos anos 1950, quando era governador de São Paulo.

Na crise que antecedeu à sua renuncia, Jaú foi levado para Brasília pelo ministro do Trabalho de Jânio Quadros, Costa Neves, que foi presidente da Federação Espírita. "Se o Jânio tivesse me ouvido, teria completado os cinco anos de governo...", diz hoje Jaú, com ar misterioso, sem querer entrar em detalhes. "Ainda não está na hora de falar nisso... Já fiz coisas nesse mundo que você nem queira saber...

Figura 35: Pai Jaú. Foto de Wagner Avancini. *Jornal da República*, n. 83, 1 de dezembro de 1979.

A UMBANDA CRUZA FRONTEIRAS

Visão, n. 40, 3 de outubro de 1983

Enquanto enfrentam a campanha movida pelos católicos e pelas lideranças do movimento negro contra o sincretismo, os umbandistas mostram a força de expansão de seu culto, que já chega à Argentina, ao Uruguai, até a Itália. São transformações de um credo que nasceu mestiço.

Na novela das dez, Francisco Cuoco interpreta agora o papel de um homem de ambições políticas: Lucas Cantomaia, candidato a senador. Mas ele já foi o *O Astro*, na novela das oito, vivendo uma bem sucedida criação de Janete Clair. Dotado de poderes sobrenaturais ou apenas um charlatão que, corrido do país, se acaba tornando um poderoso na manipula-

Figura 36: Capa da revista *Visão*, n. 40, 3 de outubro de 1983.

ção dos bastidores políticos de uma nação de fala castelhana.

Na história de Janete, Herculano Quintanilha, o personagem central de *O Astro*, terminava vitorioso, mas era um anti-herói. Na vida real, o homem que serviu de modelo à novelista passou por outras peripécias. Era José López Rega, *El Brujo*, que foi ministro do Governo peronista e mentor da presidente Isabelita, depois da morte de Peron. Quando os militares assumiram o poder na Argentina, em 1976, *El Brujo* – o apelido devia-se a suas ligações com o ocultismo e a Umbanda – supôs que seria perseguido e desapareceu.

Janete Clair talvez preferisse uma bola de cristal para dar charme a seu Herculano Quintanilha. Provavelmente não soubesse do alcance do fenômeno umbandista entre os argentinos: quando López Rega sumiu, os militares deram batidas em todos os terreiros à procura de pistas. E tiveram muito que procurar, pois existem cerca de cinco mil centros de Umbanda no país.

Produto de exportação?

A Umbanda não está só na Argentina. Está no Uruguai, em quase três mil terreiros. E no Chile. E na Bolívia. E até nos Estados Unidos e na Itália. A União de Umbanda do Rio Grande do Sul, por exemplo, tem uma casa filiada em Roma, a quatro quarteirões do Vaticano: aberta pela italiana Luiza Calezini ao voltar a sua terra, depois de morar algum tempo com o marido em Porto Alegre, quando se iniciou na religião.

A união gaúcha, tem mais casas filiadas: quase quarenta no Uruguai e cinquenta na Argentina, segundo declarou a Lauro Dieckman, de VISÃO em Porto Alegre, o presidente da entidade, Adalberto Pernambuco.

Na verdade, a União de Umbanda do Rio Grande do Sul acaba de criar um Departamento de Relações Exteriores e de designar um diretor para encabeçá-lo – o babalorixá Ailton Albuquerque. Objetivo: formalizar um atendimento que vinha sendo feito há muito tempo a terreiros de outros países. "O que a gente faz é dar apoio, ensinar a religião, ajudar a enfrentar as autoridades", conta Albuquerque. Autoridades? Os brasileiros já estão quase esquecidos das perseguições policiais aos terreiros. Na Argentina e no Uruguai isso é comum. E a licença para o funcionamento dos centros – nem todos os rituais são permitidos – depende de eles mostrarem prova de filiação a alguma entidade oficial do culto no Brasil. Por que a Umbanda é qualificada de "religião brasileira".

Também as federações umbandistas do Rio e de São Paulo prestam atendimento a terreiros do exterior. Fiéis cariocas, paulistas e gaúchos, porém, fazem questão de afirmar: o movimento de expansão da Umbanda é espontâneo; não há trabalho de divulgação do culto por parte das entidades brasileiras, só apoio. Exportação, só de produtos – defumadores, principalmente – ainda assim pequena, pois os umbandistas argentinos e uruguaios cruzam a fronteira gaúcha para comprar *in loco*. E estes são os mais numerosos.

Expansão notável

Uma casa modestíssima, perdida em uma rua desconhecida da periferia, cômodos redistribuídos em adaptações realizadas pelos próprios fiéis. São assim, nas grandes ou pequenas cidades, os centros de Umbanda – nem sempre indicados por pequenas placas pintadas com letras trôpegas. Os terreiros grandes, bem identificados, são raros.

Segundo registra o *Anuário Estatístico* da Fundação Instituto Brasileiro de Geografia e Estatística de 1982 – o mais recente e o primeiro a incluir a categoria "espíritas umbandistas" no capítulo dos cultos religiosos do país – havia apenas 350.805 umbandistas declarados em dezembro de 1979. Contra 706.787 espíritas kardecistas e 4.854.971 praticantes de religiões evangélicas. O restante da população faria do Brasil o maior país católico do mundo.

As lideranças umbandistas garantem que a realidade brasileira é bem diferente, que o número oficial pode ser explicado por dois argumentos: as pessoas escondem sua filiação umbandista para fugir a problemas de convivência social ou no trabalho; temem a volta da repressão policial aos cultos afro-brasileiros. Dito isto, as bocas enchem-se de grandes números: esses cultos contariam em conjunto, com 30 milhões de crentes. A vereadora Bambina Bucci (PMDB), eleita com 70 mil votos de umbandistas no Rio de Janeiro, fixa em três milhões os praticantes, só no Grande Rio – onde, afirma o babalorixá Sebastião Rodrigues Alves, existem 20 mil terreiros. Tais números são aproximados disseram ao repórter Cesário Marques, de VISÃO no Rio, pois não há controle rígido de abertura e fechamento de terreiros. A Umbanda não tem um organismo centralizador.

Em São Paulo, Jamil Rachid, presidente da União de Tendas Espíritas de Umbanda e Candomblé do Estado de São Paulo e coordenador geral do Superior Órgão de Umbanda do Estado – que reúne dezoito federações – confere seus cálculos. "No Brasil existem 550 mil templos umbandistas. No Estado de São Paulo, 35 mil estavam registrados até 1980 – 20 mil a mais do que em 1970. Os frequentadores são de todas as classes sociais. Cada templo reúne, por sessão, de duzentas a trezentas pessoas, entre médiuns e assistentes". Tais números, ainda que imodestos, dão a primazia do culto a São Paulo. Com isso concorda Pai Jerônimo, presidente da Federação Umbandista do Rio de Janeiro, babalorixá que viaja duas vezes por ano ao exterior – principalmente para a Argentina e a Bélgica – realizando atendimento a terreiros e conferências. Para ele, o Estado de São Paulo tem o maior número de umbandistas do país, seguido do Rio de Janeiro e do Rio Grande do Sul. "Na Bahia, predomina o Candomblé, ele esclarece". Predomina, ainda, uma campanha em que se aliaram Igreja Católica e lideranças do movimento negro no sentido, separando-se os santos católicos do panteão dos Orixás africanos.

Mas quem quiser números exatos sobre um universo parcial do culto vai ter de esperar a publicação de *Umbanda em São Paulo: memória e atualidade*, pesquisa financiada pela Fundação Ford em que estão envolvidos os professores Maria Helena Conconi, Lísias Negrão e Liana Trindade, que dirigem o Centro de Estudos de Religião da Universidade de São Paulo. Eles levantaram os centros de Umbanda, candomblé e kardecismo registrados em cartórios paulistanos desde 1930 até 1982. A comparação é eloquente, adiantou o professor Lísias a Izilda Alves, de VISÃO em São Paulo: de 1930 a 1939, há 27 associações umbandistas e 239 espíritas; de 1940 a 1949, 44 associações umbandistas e 813 espíritas; de 1950 a 1959, 1.013 umbandistas, 874 espíritas e uma de candomblé. O crescimento, fantástico, nos anos seguintes, acompanha o declínio dos centros kardecistas: na década de 1970, havia 7.620 terreiros, 244 grupos espíritas e 859 de candomblé; de 1980 a 1982, registraram-se 1.386 tendas de Umbanda, 60 centros kardecistas e 212 de candomblé.

Aprendendo a viver

Tantos fiéis e tantos templos fazem a fortuna de quem fabrica e vende produtos necessários ao culto. Manoel Onha,[18] proprietário de um dos mais antigos comércios do gênero na capital de São Paulo, a Casa 7 Linhas, diz que há 25 anos a concorrência não era assim. "Agora, há três mil lojas especializadas em produtos de Umbanda; só em São Paulo existem umas quinhentas marcas de defumadores, 1.500 de banhos e outras tantas de perfumes e pós para defesa". Quase tudo é fabricado em indústrias de fundo de quintal, pequenas, artesanais, com o máximo de dez funcionários. "A gente tem o trabalho e eles ganham o dinheiro", comenta Pai Jerônimo referindo-se aos donos das duas mil lojas que calcula existirem no Rio. "Se acabarem com o sincretismo", lembra pensativo, "a venda de santos católicos vai cair assustadoramente".

Nem todo os que procuram os terreiros consideram-se umbandistas. Isso talvez explique a disparidade das estatís-

18 Popularmente conhecimento como Mané da Vela.

ticas. Nem todos os terreiros que se qualificam de candomblé enquadram-se entre os raros – quase todos da Bahia – de culto puramente africano. Reprimidos em sua expressão religiosa, os negros "colaram" aos seus orixás os nomes dos santos católicos cujas virtudes mais se pareciam com as de suas divindades. Portanto, diz João de Freitas, escritor carioca entre os *best sellers* da ainda restrita literatura umbandista, são 350 anos de sincretismo, de cultura religiosa com contornos próprios, o que é impossível apagar. Mais: o panteão do sincretismo enriqueceu-se com o culto dos índios (caboclos), das crianças, dos pretos velhos. São eles que baixam nos terreiros argentinos e uruguaios – inimaginável! – falando em português.

Não é a toa que as autoridades argentinas qualificam a Umbanda de religião brasileira. "Desde a década de 1920 encontramos referências à Umbanda como a legitima religião brasileira. Uma das justificativas utilizadas pelos adeptos da religião era que esta, ao contrário do candomblé, que aceitava só a influência africana, integrava a influência das três raças aqui existentes: a branca, a negra e a indígena", anota Patrícia Birman em seu recém lançado volume *O que é Umbanda*, publicado pela Editora Brasiliense. Mas o que procuram os brasileiros – e agora também os argentinos, os uruguaios, chilenos, bolivianos – nessa religião de templos modestíssimos perdidos na periferia?

"Em termos práticos, os umbandistas privilegiam os espíritos que dão consultas, isto é, que são capazes de, incorporados no médium, interagir com os participantes do terreiro, ajudando-os a resolver seus problemas", escreve Patrícia Birman. A volta às origens da palavra – *u'mana*, utilizada pelos bantos de Angola denominados quimbundos – é esclarecedora: ela quer dizer "a arte de curar e de adivinhar", informa Jamil Rachid. "Angustiado, o cidadão vai ao terreiro, dança, canta melodias bonitas e, depois volta para casa mais leve em relação a seus problemas", sintetiza João de Freitas. "A Umbanda inspira-se na caridade. As pessoas a procuram por sofrimentos de ordem moral ou material; vão buscar, na consulta às almas e às entidades, um lenitivo. Na prática dos rituais, vão reformando sua forma de ser, ganhando em humildade".

Memória e atualidade

Desde o século XVI, com a chegada dos escravos de variadas origens para o trabalho braçal em terras brasileiras, o processo de formação dos cultos afro-brasileiros passou por várias fases. À primeira fase, de diversidade ritualística, de acordo com as origens étnicas dos negros, seguiu-se a de predomínio da cultura nagô; depois, a de incorporação de cultos muçurumim e cabinda. É na fase seguinte, a quarta, que os estudiosos identificam o surgimento da macumba primitiva, os cultos afro já apresentavam influencias do catolicismo, do espiritismo kardecista e do ocultismo. A partir do final do século XIX, no Rio, várias modalidades de culto de origem africana apresentavam-se distanciadas da crença trazida pelos escravos. As macumbas – misto de fetichismo, cultos negros e crenças nativas, mescladas com feitiçarias provindas de Portugal – multiplicavam-se em "trabalhos feios" e "despachos".

Uma cena típica dessa fase – nos anos 1920 cariocas – aparece na rapsódia de *Macunaíma*, de Mário de Andrade. O pai de santo é pago pelo "trabalho", o objetivo é obter favores para si ou prejuízos para outrem. Vovó Carmem, 105 anos, formou-se no terreiro de Tia Ciata – baiana em cuja casa Sinhô compôs o samba *Pelo telefone* e de onde o samba ganhou terreno no Rio. Ela se lembra dos tempos primitivos, da repressão, e, apesar da idade, achou forças para cantarolar: Pelo telefone mandaram me avisar que o chefe da polícia mandou me prender, informando: a prisão mencionada na letra do samba de Sinhô não se refere a uma incursão policial ao terreiro de sua prima Ciata.

Pai Jaú, porém, enfrentou muitas vezes a intolerância oficial. A última vez em que foi preso, após oito horas na delegacia, foi solto por ordem de Getúlio Vargas, que mandou um telegrama ao delegado. "Era uma religião escondida: eles diziam que era vadiagem... Muitas vezes tive de fugir..." Hoje, Pai Jaú espera a homenagem de seu amigo, Nefi Tales, presidente da Assembleia Legislativa de São Paulo: vai tornar-se cidadão honorário de Guarulhos.

Enquanto isso, a Umbanda torna-se tema de teses acadêmicas e é atração de congressos de psiquiatria e, com o candomblé, passa a se considerada um caminho viável para a terapêutica psicológica. O médico Rubim de Pinho, professor da Universidade Federal da Bahia, por exemplo, sem negar nenhum ponto de sua formação, considera: "Todas as sociedades sempre tiveram seus meios para curar neuroses, independentemente dos referenciais teóricos da psicologia, da psiquiatria, da psicanálise". Ele recebe pacientes de mães de santo quando estas julgam que o caso é para a medicina. Paulo César Geraldez, vice-presidente da Associação Brasileira de Psiquiatria, no Rio de Janeiro, considera: "A psicoterapia de apoio, que não carece de base maior de filosofia, mas de bom senso, pode ser obtida em uma conversa com um amigo, com um padre ou no terreiro. Não e um mal buscar um recurso místico para melhorar o astral".

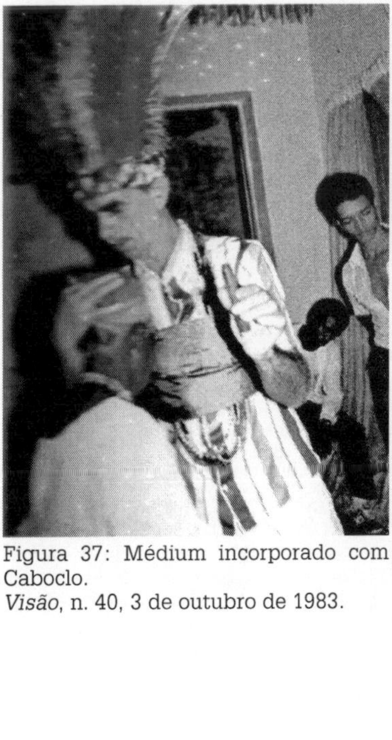

Figura 37: Médium incorporado com Caboclo.
Visão, n. 40, 3 de outubro de 1983.

Figura 38: Famosa Casa 7 Linhas em São Paulo.
Visão, n. 40, 3 de outubro de 1983.

ESCOLA DE CURIMBA FÉLIX NASCENTES PINTO

Umbanda Verdade, n. 1, maio de 1985

Figura 39: Detalhe da Curimba.
Umbanda Verdade, n. 1, maio de 1985.

Fundada em 11 de julho de 1979[19] por Nilton Fernandes, a primeira Escola de Curimba de Umbanda de todo o Brasil, completa agora seis anos de existência.

A Escola de Curimba Félix Nascentes Pinto surgiu com o desligamento de Nilton Fernandes do Primado de Umbanda, em sua Tenda de Umbanda Caboclo Humaitá. Reunindo um grupo, formou a Escola de Curimba e deu o nome de Félix Nascentes Pinto em homenagem ao fundador do Primado de Umbanda no Estado de São Paulo.

A Escola participou ativamente de todos os eventos

19 Fundada em 1975, juntamente com Denise Fernandes, instrutora de atabaque e Cleise Gongora, instrutora de Canto, foi a pioneira no ensino do toque e canto Umbandista, suas aulas eram ministradas cada domingo em um local diferente, utilizando o Primado de Umbanda e diversos Templos Umbandistas como sede para seus ensinamentos. Em 11 de julho de 1979, o Dr. Sebastião Marques Pena, juntamente com Pai Nilton Fernandes, registraram e regulamentaram a escola para que ela fosse reconhecida juridicamente, e suas aulas passaram a ser ministradas na Rua Frei Gaspar, sendo que no mesmo ano mudou para a Rua Dom Bosco, onde permaneceu por 13 anos. Pai Nilton Fernandes faleceu em 29 de outubro de 1.984, passando sua filha Denise, a ser a presidente da escola. No ano de 1992, após completar 13 anos de existência a escola foi fechada, mas, como dizia Pai Nilton, "Eu plantei a semente, que cada um regue com um pouco de água", e assim foi feito, do fechamento da Félix, surgiram outras escolas, por que a semente deve ser regada sempre. *https://filhosdocacique.wordpress.com*

realizados pela Umbanda Paulista, sendo destaque especial no Primeiro Festival de Curimbas de São Paulo, a Curimba oficial do Superior Órgão de Umbanda no Terceiro Congresso Paulista de Umbanda e sempre dirigida por Nilton Fernandes, até sua morte em outubro próximo passado.

Hoje em seu lugar, como presidente, está sua filha Deise Fernandes, que atua como instrutora da curimba desde o seu início.

Instalada a Rua Dom Bosco, 110, no bairro da Mooca, mantém cursos regulares de solistas, atabaqueiros e instrumentistas em geral. O curso, atualmente, é ministrado para 62 alunos que aprendem os segredos dos atabaques e a disciplina necessária para comandar uma curimba durante o ritual de Umbanda.

A diretoria atualmente é formada por: Deise Fernandes, presidente; Wilson e Ivone, secretários; Estela e Olga, tesoureiros; Cleise Gongora, instrutora geral; Cleusa, Élcio, Madalena e Ivone, instrutores de canto; Denise, Claudio, Conceição e José instrutores de atabaques. José é o instrutor para garotos até 15 anos.

Nas apresentações da escola os atabaqueiros são: Denise, Orlando, Dimas, Sérgio, Gilmara, Narciso, Márcio, Estela e Wilson.

Em recente reunião, a diretoria do Superior Órgão de Umbanda do Estado de São Paulo, oficializou a Escola de Curimba.

A UMBANDA GANHOU DESTAQUE ENTRE NÓS A PARTIR DE 1953

Francisco Synesio Filho

Umbanda Verdade, n. 1, maio de 1985

Não há, a nosso ver, a mínima dúvida capaz de desmentir a assertiva de que, a partir de 7 de dezembro de 1953, quando foi fundada nesta Capital a União Espiritista de Umbanda de São Paulo, obteve a nossa seita religiosa um crescimento altamente progressista em toda a região.

Figura 40: Francisco Synesio Filho.
Umbanda Verdade, n. 1, maio de 1986.

Foi assim que, procedentes da antiga Capital da República, os senhores Floriano Manoel da Fonseca, Zélio Fernandino de Moraes e Raimundo Guedes Cavalcante, respectivamente, primeiro e segundo vice-presidentes e tesoureiro da União Espiritista de Umbanda do Brasil, membros da Comissão Executiva e representantes do Dr. Jaime Stanzione Madruga, presidente desta última entidade, convocaram uma Assembleia Extraordinária da UEUB, para a solene fundação da coirmã regional.

Na oportunidade, participaram da referida Assembleia os representantes das seguintes instituições: Tenda Espírita São Jorge, Tenda Espírita Vovó Cassange, Tenda Espírita os Três Mensageiros, Tenda Espírita Pai Cacique, Tenda Espírita Tupinambá, Tenda Espírita Cáritas Beneficente, Associação Espírita Artur Mendes da Silva, Tenda Espírita Nossa Senhora Aparecida, Tenda Espírita Pai Jerônimo, Tenda da Irmandade Espiritual Cristã, Tenda Espírita Cristã de Osasco, Centro Espírita Um Só Pensamento, Tenda Espírita Jupiara, Tenda Espírita Paschoal Somma, Tenda Espírita São Jorge de Rafard, Centro Espírita Jesus, Maria e José, Tenda Espírita de Oxóssi, Tenda Espírita Justiça de Xangô, Tenda Espírita Oxalá, Tenda Espírita Humildade de São Benedito, Tenda Espírita Mãe Filisbina, Centro Espírita Caminho da Luz e Centro Espírita José Monteiro Guedes. Por outro lado, também participou da referida Assembleia o Sr. Alfredo da Costa Moura, presidente da Federação Umbandista de São Paulo, que ali foi levar o seu aplauso e a sua solidariedade à iniciativa de seus confrades.

Eleição e posse da diretoria

Após fazer minuciosa exposição aos presentes dos objetivos daquela Assembleia Extraordinária, o senhor Floriano Manoel da Fonseca, primeiro vice-presidente da União Espiritista de Umbanda do Brasil e presidente da Cabana Espiritista Nosso Senhor do Bomfim, com sede social no bairro de Engenho de Dentro (Rio de Janeiro), deu a palavra aos representantes das entidades ali presentes. Estes, de imediato, logo manifestaram o seu apoio à ideia de fundação da União Espiritista de Umbanda de São Paulo.

Finalmente, serenados os conciliábulos reinantes no entusiasmado recinto da Tenda Espírita São Jorge, ficou decidida a eleição, por aclamação, da primeira diretoria da União Espiritista de Umbanda de São Paulo, que ficou assim constituída: presidente, Dr. Luiz Carlos de Moura Accioli; secretário geral, jornalista Francisco Synesio da Silva Filho; tesoureiro, Tenente Euphrásio Firmino Pereira. Inspetores: Senhores Manoel Moreno e Antenor Cantuária. Conselho Fiscal: Senhores Geraldo Lima Guimarães, José D. da Costa e Cassetari D'Albertis. Conselho Deliberativo, também eleito por aclamação: Senhores Tenente Euphrásio Firmino Pereira, presidente; Geraldo de Lima Guimarães, vice-presidente e Dr. Luiz Carlos de Moura Accioli, secretário.

Após a posse imediata de todos os dirigentes eleitos, vários oradores congratularam-se com a diretoria da recém-fundada União Espiritista de Umbanda do Estado de São Paulo, cuja sede provisória passou a funcionar no mesmo local da sede da Tenda Espírita São Jorge, isto é, na Rua Santa Ifigênia, 176, 1° andar.

Firma-se o conceito da Umbanda entre nós

Foi aí que, força é convir, com as constantes viagens a esta Capital do então presidente da União Espiritista de Umbanda do Brasil, Dr. Jaime Stanzione Madruga, mais e mais se firmou o alto conceito da coirmã bandeirante. Convém salientar que o Dr. Jaime Madruga era eminente advogado carioca e diretor da FIBAN – Fiscalização Bancária do Banco do Brasil, jamais deixando de prestigiar e transmitir preciosas instruções aos seus inúmeros confrades da Paulicéia.

Destarte, a supracitada União Espiritista de Umbanda do Estado de São Paulo, com um número de entidades filiadas que a cada passo crescia mais, deu realmente um extraordinário impulso e real prestígio aos Centros e Terreiros de Umbanda, não só os da Capital como os do Interior, fazendo-os mais respeitados e considerados no fiel exercício de suas práticas religiosas perante o corpo social e os adeptos em geral.

Não há dúvida, portanto, que a Religião de Umbanda, fundada pelo Caboclo das Sete Encruzilhadas, através do seu respeitado "cavalo" Zélio Fernandino de Moraes, já falecido, nesta Capital pode ser dividida em dois períodos: o anterior à fundação da União Espiritista de Umbanda do Estado de São Paulo, ou seja a 7 de dezembro de 1953, e o posterior à data em tela, quando a Religião de Umbanda conseguiu firmar-se, definitivamente, como uma corrente de pensamento e ação religiosa de alta expressão e elevado conceito. Estamos convictos de que a Religião de Umbanda prosseguirá a sua invejável caminhada, a despeito dos empecilhos que os seus incontáveis inimigos procuram, diuturnamente, colocar em seu caminho para impedir a sua marcha luminosa.

Não há dúvida que outros valorosos soldados da causa umbandista, surgiram depois e se juntaram valentemente aos que se seguiram na árdua peleja em prol da causa da nem sempre justiçada religião dos Pretos Velhos e Caboclos.

Mas isso é um assunto para ser deglutido através de outras considerações em torno do assunto ora em debate.

É isso aí...

26 ANOS DA TENDA DE UMBANDA IEMANJÁ

Rafael Rodrigues

Umbanda Verdade, n. 2, junho de 1985

No último sábado do mês de maio foi realizada a festa comemorativa dos 26 anos de fundação da Tenda de Umbanda Mãe Iemanjá, com a presença de vários fundadores da Tenda e a presença de várias Mães e Pais Espirituais de vários Terreiros que vieram trazer seu abraço ao presidente da casa, o nosso Coordenador Demétrio Domingues.

Dentre as personalidades presentes destacamos Dalida Moreira, uma das mais antigas Babás de São Paulo; Antonio Moreira, presidente da Tenda de Umbanda Pai Oxalá; Eunice Fontes, Babá da Associação Paulista de Umbanda; Inésio Spadoni, Diretor Espiritual da Associação Paulista; Carmem Braz; Hilda Camacho, Irene Petine; Marlene Borges e Olidio Loyo.

As festividades tiveram início com o batismo do Chefe de Terreiro Demétrio Domingues realizado por Inésio Spadoni e cujos padrinhos foram Antonio Moreira e Dalida Moreira o jovem casal que há 35 anos levaram Demétrio Domingues para a Tenda de Umbanda Pai Oxalá.

Após o batismo foram abertos os trabalhos como de praxe da casa que estava completamente lotada tanto pelos filhos de branco como pela assistência.

Com uma gira de Caboclos e em seguida com uma gira de Pretos Velhos foram os trabalhos espirituais pela madrugada adentro, terminada a parte espiritual por volta das duas horas quando se deu o encerramento dos trabalhos espirituais e iniciou-se a festa com muitos comes e bebes e não faltando o tradicional bolo de aniversário que já fora cortado quando da presença das crianças espirituais.

Ao final da festa foram feitos vários discursos em homenagem aos 26 anos da Tenda de Umbanda Mãe Iemanjá e encerrou-se com o agradecimento de Demétrio Domingues a todos os presentes, que desde já os convidou para a festa dos 27 anos a ser realizada em maio de 1986.

SUPERIOR ÓRGÃO DE UMBANDA AGRACIA SAMIR ACHOA

Clóvis Siqueira

Umbanda Verdade, n. 2, junho de 1985

No último dia 11 de junho o Superior Órgão de Umbanda do Estado de São Paulo realizou na sede da União de Tendas de Umbanda e Candomblé do Brasil uma reunião extraordinária para homenagear com o Diploma de Honra ao Mérito ao ilustre Deputado Estadual Dr. Samir Achoa.

Este agraciamento ocorreu como o Superior Órgão de Umbanda já o faz há varias autoridades municipais e estaduais que deram sua contribuição para a causa umbandista.

Figura 41: Pai Jamil Rachid, João Batista Menezes Ladessa (Presidente do SOUESP) e Samir Achoa.
Umbanda Verdade, n. 2, junho de 1986.

Nesta festa cívica religiosa tomaram parte além do Presidente do Superior Órgão Sr. João Batista Menezes Ladessa, o Presidente da União de Tendas Jamil Rachid, várias autoridades convidadas destacando-se entre elas a figura de Luiz de Camargo Hoffman, diretor da Penitenciária do Estado de São Paulo que recebeu um mimo representada pela imagem de Ogum pela sua bravura na última rebelião da Casa de Detenção.

A reunião foi aberta solenemente com o Hino Nacional Brasileiro, seguido pelo Hino da Umbanda. A seguir a secretária geral do SOUESP, Zuleide Batista deu ciência à casa sobre a portaria que regulamenta a presente reunião. Com a palavra o Presidente do Superior Órgão que fez um breve relato do homenageado Dr. Samir Achoa.

Em seguida usou da palavra o Presidente da União, Jamil

Rachid para apresentação dos convidados presentes e relacionar os Presidentes de entidades federativas presentes a esta reunião, além de mencionar a presença de vários Chefes de Terreiros presentes.

A seguir usou da palavra o homenageado, após receber das mãos do Presidente do Superior Órgão de Umbanda do Estado de São Paulo, o seu Diploma de Honra ao Mérito Umbandista.

Dr. Samir Achoa salientou o seu trabalho dentro da nossa Umbanda e relembrou vários fatos decorridos cujas intervenções de apoio vêm dando ao Superior Órgão de Umbanda do Estado de São Paulo desde a sua fundação. Finalizando destacou seu empenho na Câmara Municipal quando o SOUESP realizou seu Primeiro Encontro de Chefes de Terreiro. No final agradeceu a homenagem e a todos os presentes.

MENSAGEM DOS UMBANDISTAS DE SÃO PAULO A S. SANTIDADE, O PAPA

Demétrio Domingues

Umbanda Verdade, n. 2, junho de 1986

O irmão Reinaldo Escobar Branco, presidente da Irmandade Espiritual, Assistencial e Federativa Cidade dos Orixás de Guarulhos, foi portador de mensagem do Superior Órgão de Umbanda do Estado de São Paulo a Sua Santidade o Papa João Paulo II. Em audiência especial, o Prefeito do Vaticano, bispo McGuire, recebeu das mãos daquele irmão o pergaminho com a seguinte mensagem: "A Sua Santidade Papa João Paulo II – Cidade do Vaticano – Santidade: A comunidade umbandista do Estado de São Paulo, Brasil, abrangendo larga faixa da população, vem à presença de Vossa Santidade hipotecar solidariedade cristã em sua jornada ecumênica de verdadeira união, na fé e no amor, plena de paz e de caridade, extensiva a todos os povos da terra. São estes os nossos votos fraternais. João Batista Menezes Ladessa, presidente do Superior Órgão de Umbanda do Estado de São Paulo".

Figura 42: A foto registra esse momento histórico e de grande significado para a nossa comunidade.
Umbanda Verdade, n. 2, junho de 1986.

AS BABÁS DE UMBANDA

Demétrio Domingues

Umbanda Verdade, n. 2, junho de 1986

Babá Nena é o nosso destaque nesta página de "Os Caciques e as Babás da Umbanda".

No Terceiro Congresso Paulista de Umbanda uma das teses aprovadas foi de que a Babá e as Mães de Santo, nomes dados aos Chefes de Terreiros de Umbanda, teriam a denominação de Mãe Espiritual e Pai Espiritual. Esta denominação serve sem dúvida alguma para dar um cunho pessoal aos Chefes de Terreiros de Umbanda.

A Babá Nena é a chefe de terreiro do Templo de Umbanda Caboclo Pena Branca que está situada no bairro dos jardins, mais precisamente no Jardim Paulista, o bairro da alta sociedade da capital de São Paulo.

A Babá Nena iniciou-se na espiritualidade aos 13 anos de idade, começou em mesa branca, poucos anos depois passou para a Umbanda e sua Mãe de Santo, já falecida, tinha seu terreiro na cidade de Sorocaba, onde Mãe Nena trabalha-

Figura 43: Babá Nena.
Umbanda Verdade, n. 2, junho de 1986.

va espiritualmente uma vez por semana. Com o passar do tempo teve permissão para abrir o seu próprio terreiro e o fez na Rua Guarará, número 90, casa 06 – Jardim Paulista.

A dedicação de Mãe Nena é algo de exemplo muito grande pois que ela acompanha o desenvolvimento de todos os seus filhos e presta a caridade a todos que batem a sua porta sem cobrar nada.

Hoje, além de comandar seu terreiro também divide seu tempo com a Associação Paulista de Umbanda onde é sua Babá.

DESAPARECE UM DOS MAIS FAMOSOS TATAS DO CANDOMBLÉ BRASILEIRO – CAIO ARANHA

Francisco Synesio Filho

Umbanda Verdade, n. 2, junho de 1986

Fez a passagem no dia 15 de fevereiro passado, o fundador do ACHÉ-ILÊ-OBÁ e I SEMINÁRIO DE CANDOMBLÉ DO BRASIL.

Constituiu verdadeiro impacto emocional o súbito desaparecimento de uma das mais destacadas figuras da seita do Candomblé brasileiro. O triste evento foi transmitido de modo surpreendente, tendo em vista que o veterano tata apresentava, na ocasião, o mais excelente aspecto de homem saudável e apto a desenvolver qualquer atividade funcional. O autor dessas linhas deve confessar que acompanhou durante largo anos, sem interrupção, a sucessão de episódios que envolveram a singular personalidade desse bom baiano de Ilhéus, que esteve radicado entre nós por espa-

Figura 44: Tata Caio. *Umbanda Verdade*, n. 2, junho de 1986.

ço de meio centenário. Após fundar a CONGREGAÇÃO ESPIRITUAL PAI JERÔNIMO, que funcionou em vários bairros da Capital, sediada paulatinamente nas ruas Frederico Alvarenga, São Lázaro e Mucuri, aí então já com o nome de ACHÉ-ILÊ-OBÁ, ele mandou construir a moderna e opulenta sede da Rua Dr. Carneiro Braga, 77 – hoje, Azzor Silva no bairro de Vila Fachini, que é um verdadeiro monumento de arte e esplendor religioso.

Certa vez, ao ser entrevistado, o Dr. Jairo Camargo Dias, relações públicas do ACHÉ e amigo do saudoso tata fez a seguinte revelação: – Caio sempre sonhou em prestar uma grande homenagem a Xangô, seu grande Orixá. Em 1974, guardando sigilo absoluto, começou a construir o gigantesco templo com recursos próprios. Em 1976, de surpresa, realizou uma cerimônia de despedida da antiga casa, na Rua Mucuri, 107, causando perplexidade aos filhos de santo que tudo ignoravam sobre a mudança, e, em 12 de fevereiro de 1977, inaugurou oficialmente a sede do ACHÉ-ILÊ-OBÁ na Rua Dr. Carneiro Braga, 77, em Vila Fachini, uma das maiores Casas de Candomblé do Brasil, provavelmente a maior e mais suntuosa instalação coberta para esse gênero de ritual afro.

F.U.G.A.B.C. NA FESTA DE OXUM EM TATUÍ

Santuário Ecológico da Serra do Mar, n. 1, agosto de 1986

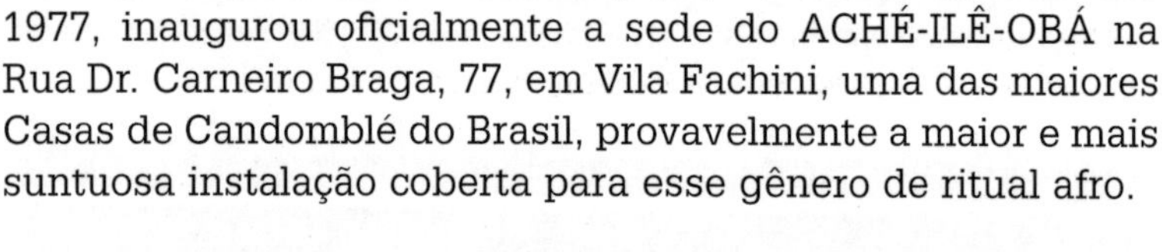

SANTUÁRIO ECOLÓGICO DA SERRA DO MAR

Circulação Interna

ÓRGÃO DE DIVULGAÇÃO DA ECOLOGIA E DO SANTUÁRIO NACIONAL DA UMBANDA

Ano I – Nº 1 Agosto de 1986

Organização pioneira na preservação e recuperação da Mata Atlântica na região do Grande "ABC"

A Federação Umbandista do Grande ABC esteve presente na festa de Oxum, no Município de Tatuí – São Paulo.

Esta tradicional festa foi incluída no calendário turístico da cidade, através da Lei Municipal 1838 de 16 de julho de 1986 e é promovida, anualmente, pelo Centro Espírita de Umbanda Luz Divina e com a participação da União Regional Umbandista da Zona Oeste da Grande São Paulo, presidida por Pedro Furlan.

No dia 16 de agosto, o professor e vice-presidente da F.U.G.A.B.C., Babalaô Diamantino Fernandes Trindade, acompanhado pela Babá Yvonne Conceição Romano e pelo Babalaô Sylvio Santiago, proferiu uma palestra no auditório do Ginásio Industrial Sales Gomes.

Nesta palestra, o professor Diamantino abordou vários assuntos dentre eles, o nascimento da Umbanda, o crescimento da Umbanda e a formação de sacerdotes.

A festa foi encerrada no dia 17 de agosto com homenagem à Mamãe Oxum.

A GUERRA DAS ENTIDADES

O Liberal (PA), n. 22221, 20 de fevereiro de 1989

Em fevereiro de 1989, o Esporte Clube Bahia conquistou a Copa União (equivalente ao Campeonato Brasileiro) ao empatar em 0 x 0 como o Internacional de Porto Alegre. Fora de campo travou-se uma verdadeira "guerra de entidades espirituais" entre os pais de santo baianos e gaúchos, como podemos ler na matéria a seguir.

Porto Alegre (AJB) – A "guerra" de entidades espirituais protetoras de Inter e Bahia, pouco antes do jogo, quando se defrontaram o pai de santo baiano Lourival de Lima dos Santos, o "Lourinho" e o gaúcho Danilo de Oxalá. Em um exaltado bate boca, o baiano assegurou que Taffarel "estava totalmente amarrado: ele não vai fazer nada em campo, vai ficar perdido".

Adepto da magia negra – Vodu – confeccionou bonecos representando os jogadores do Inter, alfinetando-os.

Lourinho ousou dizer que os pais de santo do Rio Grande do Sul "não são de nada", enfurecendo o babalorixá gaúcho. "Você não passa de um macumbeiro, usa magia negra, é uma vergonha para a religião", protestou Danilo de Oxalá, dizendo-se filho de mãe Menininha do Gantois. E advertiu que na magia negra "o feitiço pode virar contra o feiticeiro: te cuida e cuidado com a tua família".

O macumbeiro baiano retrucou que "gaúcho entende é churrasco, quem sabe de religião são baianos: vocês não estão com nada". Observou que o time do Bahia jogou de corpo fechado. "E eu também estou de corpo fechado, nada que fizerem vai me atingir". "Acrescentou ainda que os pais de santo do Sul não tem força alguma, não podem nada contra os trabalhos que eu preparei".

Mais indignado ainda, Danilo de Oxalá, que preparou um "serviço" para desmantelar quaisquer energias negativas contra o Inter, desafiou o outro a se encontrarem para uma conversa após o jogo.

Sarcástico, Lourinho convidou-o a comer um churrasco de Taffarel depois da partida.

Se Lourinho repetiu a macumba feita contra o Inter em Salvador, lá havia bonecos espetados no vestiário, velas e animais mortos – os gaúchos também se preveniram. Na noite de sexta feira centros de Umbanda promoveram uma sessão às margens do Rio Guaíba, pedindo proteção dos santos ao time. Mãe Mariazinha, famosa na cidade, também afirmava que havia feito um trabalho para fechar o corpo dos jogadores.

SÁBADO DE ALELUIA FESTEJADO NO TERREIRO DE COSME E DAMIÃO

O Liberal (PA), n. 22255, 26 de março de 1989

Batuques de atabaque, dança e muita devoção marcaram as comemorações do sábado de Aleluia em um terreiro de Umbanda dedicado a Cosme e Damião, na Travessa José Pio, entre as travessas Curuçá e 14 de Março, no bairro do Telégrafo. A cerimônia teve início por volta de oito horas, sob o comando de Mãe Justa e se estendeu por toda a tarde, não tendo uma hora exata prevista para o encerramento. Incorporada pelo Caboclo Tapindaré, Mãe Justa falou à reportagem de *o Liberal*, sobre o significado da Páscoa para os umbandistas, salientando que o ritual que foi realizado ontem é repetido todos os anos, "como sinal de respeito e devoção a Nosso Senhor Jesus Cristo".

Para o guia, a celebração representa uma forma de ensinar aos médiuns o respeito pela Semana Santa, que em sua opinião representa um sinal de Deus aos homens, para que eles se preocupem em cultivar as virtudes espirituais e possam exercer o hábito da caridade junto a seus semelhantes. Segundo o Caboclo Tapindaré, a celebração acontece sempre após o cumprimento de uma série de obrigações, que culminam na sexta feira da paixão, quando os médiuns percorrem as igrejas, penitenciando-se dos pecados que por ventura tenham cometido.

Durante o ritual de Umbanda, ao qual todos compareceram vestidos de branco, representando a purificação das almas, os umbandistas dançaram, cantaram e receberam seus guias.

Figura 45: Médiuns dançando no ritual de sábado de Aleluia no. Terreiro de Cosme e Damião (Belém – Pará). O Liberal (PA), n. 22255, 26 de março de 1989.

UMBANDA: ESCOLA DA VIDA – VOLUME I

1983

Benjamim Gonçalves Figueiredo

Umbanda é coisa séria para gente séria.

Caboclo Mirim

A escola da vida é a seriedade Imposta pelo culto, executado no Terreiro da Natureza.

Caboclo Mirim

A vida permite o direito da liberdade, mas, o culto na natureza impõe o dever da seriedade.

Caboclo Mirim

A Umbanda não trabalha com as Almas, mas, para as Almas!

Caboclo Mirim

Figura 46: Capa do primeiro volume.

O quadro específico da Lei de Umbanda, pela vida da natureza, com suas aplicações

TUPÃ – Vida Ação, pura e simples
OXALÁ – Vida reação, vida manifestada
IEMANJÁ – Continuação da vida
XANGÔ-KAÔ – Conhecimento da vida
OXÓSSI – Existência da vida
OGUM – Direção da vida
XANGÔ-AGODÔ – Condensação da vida
IOFÁ – Aplicação da vida

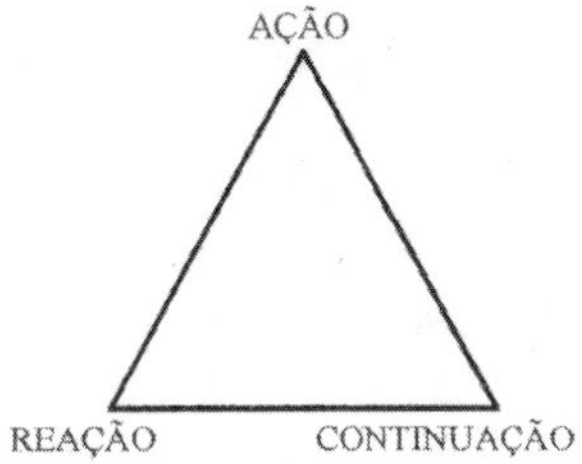

ORIGEM DA VIDA

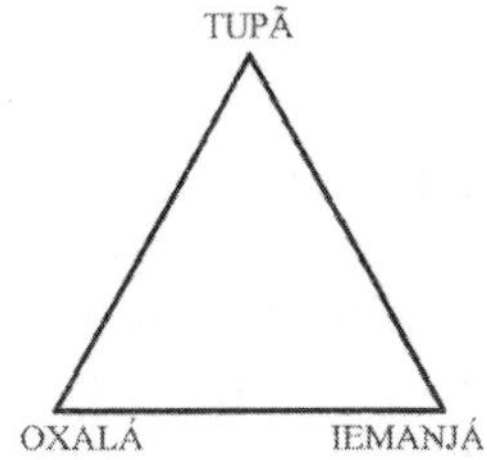

MANIFESTAÇÃO DA VIDA

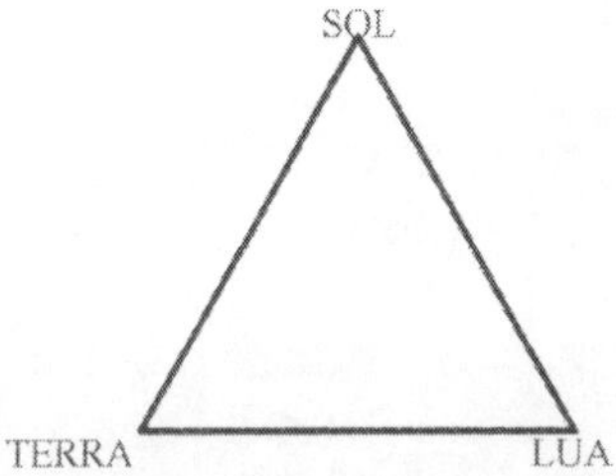

A Tenda Espírita Mirim não tem nenhuma pretensão de realizar patrimônio material, porque ela sabe, pela sua Escola, que o patrimônio material é simplesmente uma sombra refletida pelo valor espiritual de seus trabalhadores honestos, que ficará perpetuada, nas Terras da Santa Cruz.

O que a Tenda Espírita Mirim pretende e procura realizar, tanto quanto possível, é o patrimônio espiritual na vida daqueles que querem enriquecer espiritualmente.

A Tenda Espírita Mirim pratica o espiritismo, ou procura praticá-lo, fazendo-o prático e objetivo como é ensinado pela escola da vida.

Nós sabemos que a lei do Livre Arbítrio é imutável e, assim, qualquer interferência estranha no destino de cada um é sempre prejudicial ao bom equilíbrio secreto do nosso semelhante. Cada um tem que se corrigir sozinho, porque somente sozinho poderá resgatar as faltas que ficaram gravadas no seu carma.

Esta modalidade de espiritismo trazida pelo CABOCLO MIRIM, este filosofo e mestre, é sempre de aperfeiçoamento espiritual, pelo princípio da própria correção íntima, para poder dar de graça, aos pobres de espírito, aquele tesouro que armazenou na alma.

Assim, o CABOCLO MIRIM explica, pelo seu modo de

sentir a vida, que Umbanda é o conjunto de Leis que rege a vida e a harmonia do Universo.

Ele nos traz certos conhecimentos que, para nós são realmente de muita grandeza espiritual, dando ao nosso espírito o descanso que favorece a boa compreensão.

Na sua grande escola da vida, toda ela de forma muito prática, ele nos ensina como devemos tranquilizar os nossos espíritos ou Centelhas de vida, para sabermos que a vida é espírito ou centelha de vida, como ação, reação e continuação.

Nos três triângulos apresentados por ele, trazemos uma boa compreensão que satisfaz, modificando as baboseiras das dúvidas que não tem respostas.

Este é o triângulo supremo da realidade da vida.

Ação é aquela Semente-ação, pura e simples, que nós materializamos com o nome de Deus.

Este é o triângulo supremo que faz a distribuição das sementes da vida, pela sua própria reação, irradiando o seu próprio valor para a manifestação da vida se realize.

O segundo triângulo é puramente religioso.

TUPÃ é a Vida-Ação, OXALÁ é a própria reação e IEMANJÁ é a Lei da continuação da Vida, porque nada se perde, tudo se transforma na perpetuação da vida.

TUPÃ é a semente suprema e primária da vida (espírito), plantada no grande jardim do espaço. Projetando a sua ação-causa, realizou os seus efeitos na manifestação da vida, permitindo a existência de tudo, pelo conteúdo de sua irradiação.

OXALÁ é a grande árvore da vida (Espírito), na sua manifestação, produzindo os frutos necessários para que nada se perca, podendo materializar-se com as partículas microscópicas de energia, para formar, pela Lei da condensação, a própria existência da Lei de OXÓSSI.

IEMANJÁ é o Direito de permanência da vida (espírito), na sua continuação.

No primeiro triângulo, falamos em ação, reação e continuação. Sabemos que a ação é a grande semente da vida que deu causa ao florestamento que se realizou em todo o espaço. Esta palavra – Ação, nós ainda a entendemos com o nome de Deus mas, a Umbanda a entende como sendo a grandeza de uma ação simples e perfeita que não sofreu limitações de qualquer forma de interesse.

Também sabemos que qualquer ação, seja qual for, está sujeita materialmente a sua própria reação que é o resultado de sua irradiação que parte do conteúdo de seu valor. Toda esta irradiação, que parte de uma ação, sempre leva consigo as partículas de vida que faziam parte integral daquela ação e que se projetaram no espaço infinito formando com a conjugação de energia a materialização da vida manifestada.

A esta reação chamamos, na Umbanda, de OXALÁ e nunca JESUS CRISTO, porque OXALÁ é, na Umbanda, a própria manifestação da Vida, pela irradiação de TUPÃ.

Sabemos que tudo que existe tem vida, até um simples grão de areia. Portanto, TUPÃ está presente pela sua ação de vida e OXALÁ também está presente pela sua irradiação manifestando-se na materialização de tudo que existe.

Sabemos também, que de tudo que existe, nada se perde, e como tudo se transforma, nós temos IEMANJÁ o próprio sentido de continuação da vida numa explicação religiosa da Lei de Umbanda.

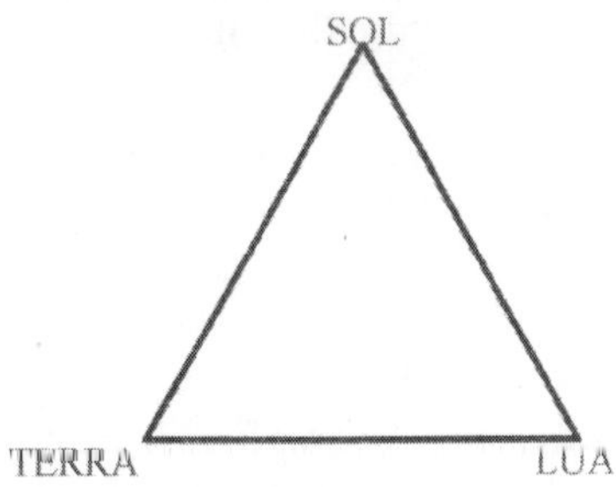

O homem, animal racional, ainda precisa saber colocar-se mentalmente em algum equilíbrio para conseguir entender de forma que possa gravar na sua alma já cansada das suas grandes desilusões da vida, para aceitar o que está certo, e não preferir, naturalmente conservar, o erro do que se dar o trabalho de tentar seu aperfeiçoamento num bom esclarecimento.

Depois de termos explicado a razão dos três triângulos fundamentais de tudo que existe, e como existe, vamos dizer como entendemos as linhas que completam as irradiações na

Lei de Umbanda, que é ensinada pelo CABOCLO MIRIM.

Vamos, agora, falar sobre OXÓSSI que é uma das sete linhas da Lei de Umbanda. A linha de OXÓSSI representa a grandiosidade da vida íntima dos vegetais.

OXÓSSI é, na Lei de Umbanda, a existência de tudo como produto de uma semente. Sabemos que não existe nada na vida que não tenha nascido como produto de uma semente. Portanto, a vibração de OXÓSSI é o próprio produto dessa semente, não só no reino vegetal, mas, também pelo sentido real da vida, nos próprios minerais e animais. Até a existência do nosso mundo que não deixou de nascer por falta de uma semente cósmica.

OXÓSSI é a vida material do próprio Universo onde materialmente tudo é energia e, espiritualmente, cada coisa que existe tem sua partícula de Centelha de Vida que nós chamamos de espírito, sem o qual nada poderia existir.

Sabemos que a vida não tem tamanho, tem somente, no seu conteúdo, valor, e é este valor que se aplica para produzir os seus efeitos de utilidade. Isto é, na Lei de OXÓSSI que a natureza traz para todos nós.

IEMANJÁ é aquela canoa que, navegando pelo grande oceano da vida, procura dar a sua mão amiga para que nada se perca, podendo tudo se transformar, prosseguindo seu caminho.

IEMANJÁ é a própria vitalidade da vida espiritual para ajudar a energia a não se perder no abandono de sua partícula de Centelha de Vida.

Por esta razão é que IEMANJÁ é, para nós, na Lei de Umbanda, a própria Lei Suprema da permanência e Continuação da realidade da vida.

Materialmente falando ou explicando o sentido de IEMANJÁ, nós já vimos, pelo terceiro triângulo que é de forma material, que o Sol representa para nós a ação de TUPÃ fornecendo energia necessária à consumação da própria materialização da Vida.

Temos o segundo ponto, a direita do Sol, a colocação da Terra que representa tudo que existe no Universo de forma material.

A vida na Terra é consequentemente, a manifestação objetiva da ação de TUPÃ.

Temos em seguida, à esquerda, a colocação da Lua que é quem faz a manutenção de tudo para sua própria transformação e continuação.

Sabemos que a vida existindo, tem por finalidade saber de sua existência pela forma do conhecimento que chamamos de XANGÔ-KAÔ.

XANGÔ-KAÔ é a possibilidade do desenvolvimento consciente, para aprimoramento do grande aperfeiçoamento, de cada centelha de vida ou espírito, nunca ir para o céu material que não existe, mas para a grandeza de cada vida espiritual que será aproveitada um dia, na formação de novos mundos, quando então, serão necessárias vidas que tenham possibilidade de boa perfeição espiritual, dando ensejo, em colaboração com eles na chegada de novas vidas para aperfeiçoamento.

E a vida que continua sabiamente.

Temos também a linha de OGUM, que é a própria direção da vida, a qual não está subordinada as nossas vontades pessoais nem aos interesses profanos da vida pessoal de uma encarnação, mas sim, aquele caminho que a nossa centelha de vida executa ao sair da fonte da vida em busca de seu aperfeiçoamento nas provas que terá que passar. A direção de OGUM é somente na aplicação a boa direção que a Centelha de vida deverá saber aplicar.

Temos em XANGÔ-AGODÔ que é a materialização feita pela forma de condensação quando as energias que por sua vez possuem partículas íntimas de Centelhas de Vida se aglomerem para formarem o todo, de tudo aquilo que existe.

A condensação de tudo que existe é uma condição determinada pela Lei de XANGÔ-AGODÔ, formando modelagem a cada coisa, para sua grande utilidade, a qual é sempre proporcional ao valor do conjunto condensado.

Temos, ainda, na Lei de Umbanda, a Linha de YOFÁ.

YOFÁ não é para nós, somente uma escravidão de ritual quando já sabemos que as Centelhas de vida não tem cor, não tem sexo. A natureza delas é, em verdade, só espírito e, após o seu desencarne o que prevalece é tonalidade da alma que é uma cópia fotostática da encarnação vivida, levando com ela o corpo mental e emocional que constituem as boas ou más impressões registradas no carma da centelha de vida.

YOFÁ é a lei da boa aplicação da vida do espírito no grande aproveitamento, cifrando-se em saber aplicar o silêncio supremo que a própria natureza da vida oferece num caminho mais curto de uma longa distância.

UMBANDA: ESCOLA DA VIDA – VOLUME II

1984

Benjamim Gonçalves Figueiredo

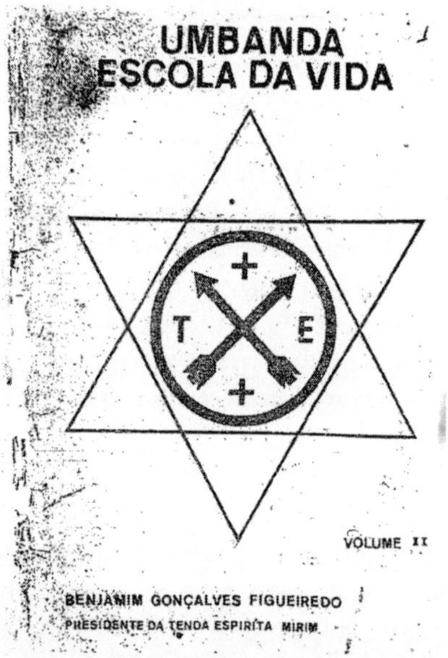

Figura 47: Capa do segundo volume.

Este livro é dedicado à memória de EUGENIA JACOB GOLÇALVES, que, vinda da França no século passado, plantou a semente que germinou e deu origem a nossa ORGANIZAÇÃO MIRIM.

Agradecimentos

Nossos agradecimentos pela imensa boa vontade demonstrada por todos, que de forma ou de outra colaboraram desinteressadamente para que este livro fosse ser impresso. QUE OXALÁ OS ABENÇOE!

Primeira parte

Temos a satisfação de apresentar à grande Família Mirim, o segundo volume da série UMBANDA – ESCOLA DA VIDA.

Trata-se de obra escrita pelo nosso venerável Comandante, senhor BENJAMIM GOLÇALVES FIGUEIREDO, sob a inspiração do nosso MESTRE MIRIM.

Como não podia deixar de ser, esta obra tem por base a Doutrina que o nosso Comandante e o Mestre Mirim plantaram nestas Terras de Santa Cruz, e ao longo destes sessenta anos, tem frutificado como boa semeadura: UMBANDA que é dentro da Filosofia do Mestre Mirim, a própria ESCOLA DA VIDA.

Esta obra completa uma lacuna muito grande na literatura umbandista, pois nos dá o esclarecimento verdadeiro daquilo que nos conhecemos como GIRA DE UMBANDA. Por intermédio deste livrinho, tomamos conhecimento da importância da GIRA em nossa vida, e aprendemos como podemos tirar benefícios materiais e espirituais, participando da GIRA pelo menos uma vez por mês, ao mesmo tempo somos advertidos do perigo que ficamos expostos ao chegar ao Terreiro após o início da GIRA, ou sair antes de terminar.

Esta obra nos traz o ensinamento precioso do nosso Mestre Mirim, e ficamos sabendo que a GIRA DE UMBANDA está associada à grande GIRA dos planetas em torno do Sol, da mesma forma que tomamos conhecimento do significado dos termos MOVIMENTO, VELOCIDADE e VIBRAÇÃO, e que esta trilogia deu origem ao Grande Triângulo da Vida, que conhecemos sob a denominação de AÇÃO, REAÇÃO e CONTINUAÇÃO, conforme aprendemos no primeiro volume da série UMBANDA - ESCOLA DA VIDA.

Os termos ORIXALÁ e ORIXÁ-ASSÚ aparecem com frequência nesta obra. Tais palavras são pouco utilizadas por nós, umbandistas. Assim, achamos por bem ouvir do nosso Comandante as explicações necessárias. Tendo ele dito que:

ORIXALÁS, em movimento da Gira significam: Movimento, Velocidade e Vibração. Por outro lado, a Gira dos ORIXALÁS é a autora da Produção, Reprodução e Continuação de todos os pequeninos fragmentos, como o princípio da Vida.

ORIXÁ-ASSÚ, é o que conhecemos como IRRADIAÇÕES DE UMBANDA, com a denominação de XANGÔ-KAÔ, XANGÔ, OXÓSSI, OGUM e YOFÁ.

De acordo com os ensinamentos do nosso Comandante, a palavra ORIXÁ, tem um significado mais amplo, visto que ORIXÁ é a essência, o perfume da Natureza, e a Vida de um ORIXÁ representam a serenidade e o sossego natural vivido entre suas Fontes Geradoras.

Na certeza que o nosso esforço será recompensado com a satisfação que a grande Família Mirim sentirá ao ler estas páginas de luminosos ensinamentos oriundos da ESCOLA MIRIM onde nosso 'vulnerável' Comandante senhor BENJAMIM FIGUEIREDO deixa antever o alto grau de espiritualidade que já alcançou, exortamos todos a ler e aprender a 'GIRAR', na vibração cósmica da nossa GIRA DE UMBANDA.

A gira

O tempo é Movimento, e a Vida é Velocidade, e o Espaço é a Vibração da Velocidade Movimentando o Tempo.

A Gira de Umbanda sempre existiu, porque ela própria sempre acompanhou a movimentação dos planetas em torno do Sol, e também esteve presente na Grande Gira que todas as Galáxias realizam para equilibrar a Fraternidade Universal.

Chamamos de Gira de Umbanda, porque para nós, Umbanda é a própria ESCOLA DA VIDA, difundindo um conjunto de leis que rege a Vida e a Harmonia do Universo. A Gira de Umbanda é para nós umbandistas, a própria proteção Suprema do Amor Inconsciente da Vida, garantindo integridade física de cada coisa, para que o amor consciente da Vida Manifestada, una todas as coisas pelo equilíbrio do Movimento.

O ato do Movimento é coisa muito séria dentro da Grande ESCOLA DA VIDA, e os umbandistas devem saber que a egrégora do Movimento é o maior dos ORIXALÁS que dominam, permitindo a Vida dos outros cinco menores, que realizam a particularidade das suas ações.

Sabemos que TUPÃ não é Movimento, porque é a própria Velocidade da Ação. Certamente que toda ação vibra com a velocidade do próprio valor, permitindo que os seus movimentos produzam energia da Vida material. O CABOCLO MIRIM ensina que é a energia que, movimentando-se pelo impulso da Velocidade da Ação de TUPÃ, se localiza no Espaço, produzindo a condensação das coisas para o reinado de XANGÔ.

Pela ESCOLA DA VIDA, estamos verificando que a compilação das coisas que se tornaram leis, dentro da magia material da Vida, resultou de uma reação toda especial, e certamente necessária, de Ação majestosa do grande ORIXALÁ dos Movimentos. Compreendemos assim, perfeitamente, que a própria existência da Vida, como reinado de OXÓSSI seja também uma consequência que foi localizada pela manifestação dos Movimentos da Gira, colocando em cada lugar um pouquinho de energia condensada. Aceitamos, então, como princípio fundamental da Escola, que o segundo triângulo usado de cabeça para baixo, seja a representação máxima do Amor Inconsciente, assistindo, na Vida Manifestada a proliferação da sua própria consciência.

Este triângulo, que é formado pelos três ORIXALÁS, é que fornece toda atividade de Vida e calor à sua própria energia, que, como sabemos, é Vida.

Torna-se bem compreensível, portanto, que a Gira destes três ORIXALÁS, que são, para os umbandistas, Movimento, Velocidade e Vibração, seja a autora da Produção, Reprodução e Continuação de todos os pequeninos fragmentos, como o princípio da Vida. Para nós, umbandistas, que vivemos a forma de seus movimentos, é esta grande Gira Universal que serve de origem no símbolo do grande triângulo dos três ORIXALÁS.

Os umbandistas ainda não estão preparados para saber o que seja Movimento, Velocidade e Vibração, porque, por falta de Escola, supõem que estas três forças sejam originárias do nosso planeta físico, o que realmente não é verdade. Pela ESCOLA DA VIDA, já temos a certeza absoluta que estes três ORIXALÁS, giram indefinidamente pelo espaço imenso, levando a materialização da Vida subjetiva. Se eles não existissem, não poderia existir a Vida nos cinco ORIXÁS-ASSÚ, que conhecemos com a denominação de XANGÔ-KAÔ, XANGÔ, OGUM, OXÓSSI e YOFÁ.

Podemos assim raciocinar, com relativa facilidade, que sendo estes cinco ORIXÁS-ASSÚ um produto da Ação dos três ORIXALÁS, em Movimento de Gira. Concordamos que eles também sigam, obrigatoriamente, a mesma forma giratória. Aceitamos e compreendemos assim, perfeitamente bem, que o Movimento e a sua Velocidade se encarregam de conduzir a Vibração, para que os três reunidos possam atender a fecundação da energia. A energia é puramente uma individualidade, porque é um assunto de ordem subjetiva, que vive dentro da personalidade das coisas, para que as coisas também aprendam a girar. Ela usa a enormidade de sua grandeza, dosando a cada coisa somente a quantidade necessária para irradiar a sua personalidade.

Esta energia é toda criada pela movimentação giratória dos três ORIXALÁS que, condensando-se vagarosamente, organizam os cinco ORIXÁS-ASSÚ. E nós sabemos pela Escola do nosso Culto que cada um destes cinco reinados tem Vida própria, e são de valores completamente diferentes para a mesma finalidade, porque todos os cinco terão de refletir a Vida objetiva dos três Planetas: Mineral, Vegetal e Animal, que por sua vez, gira no Grande Cruzeiro de OXALÁ, como Vida Manifestada.

Verificamos que o nosso próprio mundo também segue respeitosamente a orientação do ORIXALÁ do Movimento, para que a Gira Universal forneça, pela espiral convergente, a centralização da energia em grande Velocidade, para estabelecer o assentamento da direção de Ogum, que mantém a Lei da Gravidade. Estamos concluindo então, pela ESCOLA DA VIDA, pregada pelo CABOCLO MIRIM, que a própria Ação, Reação e Continuação da Vida, também se movimenta obrigatoriamente pelo mesmo princípio de Gira, para não contrariar a harmonia do sentido universal do grande ORIXALÁ do Movimento.

O CABOCLO MIRIM nos ensina que toda esta força, que existe como produto dos três grandes ORIXALÁS, é força material, puramente material da Vida, sendo, portanto, uma consequência lógica da condensação da energia, que foi reunida pela Velocidade do Movimento. Se verificarmos que tudo o que existe sofre o mesmo processo de Gira, e ela é toda feita pelo mesmo sistema – da direita para a esquerda – com certeza, não poderá ser o homem, este animal racional na faixa do amor consciente, que é interesseiro, quem poderá fazer desandar a naturalidade fraterna da Gira Universal do amor consciente.

Pela ESCOLA DA VIDA, ensinada pelo CABOCLO MIRIM, estes três ORIXALÁS, Movimento, Velocidade e Vibração são aqueles que sublimam materialmente, a própria sublimidade da Vida Espiritual.

Entendemos perfeitamente bem, que a Vida material se constitui numa grande força material e que só tem função material, mas, que poderá ser usada perfeitamente dirigida pela mente do animal racional, por ser esta, o grande mensageiro com poderes de fazer ligação entre a Vida adormecida da Natureza, e a própria natureza da Vida despertada. Existem, portanto, duas forças que se aplicam diferentemente: um material e outra espiritual, embora sejam produzidas e reproduzidas pela mesma fonte de origem.

Sem a existência dos três ORIXALÁS, Movimento, Velocidade e Vibração, com certeza absoluta, não poderia existir a Reação da vida Manifestada, que é OXALÁ, nesta grande Gira de todas as Galáxias. A própria Vida espiritual demonstra e prova que a Vida é totalmente ativa, e para que exista atividade, é preciso que o Movimento, a Velocidade e a Vibração estejam perfeitamente conjugados, em tudo e em todos, para que então cada coisa possa seguir, obedientemente, a magia da própria vida.

Até a própria Vida espiritual, que vem ao nosso conhecimento, nesta grande faixa do amor consciente, quando ultrapassarmos o limite da última página do grande livro da ESCOLA DA VIDA, e já tivermos adquirido o conhecimento de que a vida existe, e então teremos de descondensar toda a objetividade dos nossos interesses inferiores, para entrarmos novamente no pano do grande amor inconsciente, para sermos totalmente ignorantes na nossa simplicidade.

Por que existe a Vida do amor inconsciente¿ Ela existe

quando se Movimenta sem vontade própria, quando a própria Velocidade não sabe que existe, e quando a Vibração da Gira Universal estabiliza, sem o saber, a harmonia entre duas forças da Vida objetiva. O amor consciente não existe. Ele foi criado pelos animais racionais como que espantados, quando abriram os olhos do conhecimento objetivo, e perturbados pela Velocidade da Gira Universal, quiseram se resguardar instintivamente, na animalização do interesse, que nós chamamos de amor consciente.

A Escola de Umbanda não compreende que a selvageria dos propósitos criados pela mente transitória dos animais racionais, possa ter predomínio infinito no grande manancial da Vida Suprema e Sublime. Estamos bem esclarecidos, pelo CABOCLO MIRIM, que tudo na Vida se condensa e descondensa, e também que tudo se integra e desintegra. Compreendemos assim que o próprio Espírito ou Centelha de Vida, também está sujeito a perder toda aquela forma que foi criada pela mente objetiva do homem, que lhe deu modelagem das crendices religiosas, e que tem servido até certo ponto, como refreamento das paixões violentas do corpo emocional do homem. O Espírito é apenas uma Centelha de Vida que vai se condensando paulatinamente na proporção da sua atividade, dentro da grande movimentação que se opera na grandiosidade do silêncio do espaço. Quanto maior o silêncio, o menor barulho pensa que o perturba.

Os Espíritos ou Centelhas de Vida, também têm as suas fases, que são provocadas pelo grande ORIXALÁ dos Movimentos, estabelecendo as condições de utilidade quando cada uma é colocada no lugar do seu valor intrínseco. Vamos dar uma explicação material, pela qual ficará bem compreendido o sentido das nossas palavras. Temos, por exemplo, as gotas d'água, que são por si sós, puras e perfeitas. Mas, acontece que elas poderão se contaminar das sujeiras que os animais racionais, inteligentemente, projetam sobre elas suas imundícias pessoais. As gotas d'agua não perdem a origem da sua pureza, mas se turvam com a proteção maldosa do nosso amor consciente.

Os Espíritos por este motivo são classificados numa hierarquia que o CABOCLO MIRIM estruturou na sua codificação, de acordo com a sua aplicação em relação à Vida do amor Consciente. Sabemos que a vida do plano material, está subordinada às consequências do ambiente estabelecido pela soma de determinado conjunto. Este ambiente, para nós umbandistas, não é ORIXÁS, é resultado certo da grande soma de todas as parcelas que compõem o valor da nossa espiritualidade.

Deve ficar esclarecido que Espírito é uma coisa e matéria é outra completamente diferente. Por incrível que pareça, Espírito não vibra, porque ele é apenas Vida, e a Vida é a inconsciência suprema que não sabe que está girando em volta da sombra da sua própria criação. Todos sabemos perfeitamente que é a Vida quem dá Ação ao Movimento, à Velocidade e a Vibração, permitindo a Reação da Vida Manifestada, que é OXALÀ, que se movimenta pelo empurrão da Gira.

Vida, certamente é Movimento, Velocidade e Vibração, que a grande ESCOLA DA VIDA, ensinada pelo CABOCLO MIRIM, traduz na sua codificação como sendo os três grandes ORIXALÁS da vida material de todo o universo, permitindo a manifestação de OXALÁ, para depois, IEMANJÁ prossiga na Continuação da vida. A atuação dos três ORIXALÁS, porém, nada têm com a manifestação de OXALÁ, como já sabemos, É a VIDA MANIFESTADA; é, portanto, Espírito, Alma e Corpo Físico, existindo como REAÇÃO da AÇÃO da vida, que é TUPÃ.

O conjunto de tudo o que existe materialmente, é para nós umbandistas, OXALÁ. O nosso mundo tem o seu OXALÁ, e cada mundo tem o seu próprio, na direção suprema, conduzindo todo o patrimônio do ambiente na grande Gira Universal.

ORIXALÁ é o sopro que se expandiu pela magia da primeira vida manifestada. Vida Manifestada. Vida material que veio habitar o nosso espaço, iniciando a movimentação da vida ativa em um determinado planeta. Este sopro não pode existir por vontade própria; ele foi tirado pela violência dos movimentos da Grande Gira universal levando no seu ectoplasma a vitalidade da sua própria vibração, para fertilizar a proliferação da Vida manifestada em outro planeta.

Verificamos assim, que a Gira é coisa muito séria, porque sem ela a própria vida perderia o seu calor e sucumbiria pela falta de energia.

Assim, pois, fica esclarecida a razão pela qual é obrigatório uso da Gira, quando o Terreiro estiver em função de conjugação de forças que são materiais e espirituais.

Materialmente, cada elemento humano, quer seja médium de incorporação ou de irradiação tem consigo a presença de quatro irradiações materializadas, que são os corpos: físico, mental, emocional e somático. Estes quatro elementos da natureza puramente material, funcionam indispensavelmente na participação dos médiuns de incorporação ou de irradiação. Nenhum médium pode vibrar sem que esteja completo com estas quatro forças. Possivelmente uma delas varia no seu potencial, de acordo com a educação e apresentação de cada personalidade, mostrando aquilo que cada um é, pelo reflexo do valor da sua própria alma.

Sabemos agora, pela ESCOLA DA VIDA, que são estas quatro forças materiais que formam o Cruzeiro da Alma que ali reside. Este pequeno cruzeiro é todo matéria, e só tem vida material. Assim ele expande para os seus quatro orixás, as vibrações materiais, e recebe da sua Centelha de Vida o reflexo da Ação da própria vida, permitindo o nascimento de uma semente de vida que chamamos de Alma.

Sabemos também, que a Gira permite a expansão de sete forças diferentes que completam a Vida do médium durante os trabalhos de Terreiro, e para melhor esclarecimento queremos cercá-las aqui, para que, cada médium tenha conhecimento de que, durante este ato, ele está colaborando com seis partes suas para atender a uma, que é a sua Entidade.

As seis partes correspondentes ao médium são as seguintes:

– O CORPO FÍSICO, que vai se harmonizar com a natureza da vida.

– O CORPO MENTAL, que deveria se tranquilizar para conhecer a Mente Universal que é baseada na indiferença construtiva.

– O CORPO EMOCIONAL, que vai sentir a pobreza dos seus sentimentalismos.

– O CORPO SOMÁTICO, que tendo vida própria, como partícula de Vida, poderá promover a restauração física, fazendo o médium receber a sua parcela de grade energia que foi condensada, durante a Gira, por todos os médiuns que participaram.

Estes são elementos materiais e cada um deles tem grande valor no conjunto geral da sua espécie.

Cada médium tem, ainda, a presença de duas forças psíquicas que são as seguintes:

– A ALMA, que pode ou não, tomar parte direta na manifestação, mas está presente de qualquer forma, porque ela representa, a semente da vida que liga o plano físico ao plano espiritual.

Verificamos pelo exposto, que quatro forças são materiais e trabalham para os seus orixás; uma é semi-material e trabalha para o próprio plano que é a alma.

– CENTELHA DE VIDA OU ESPÍRITO, fica esperando pela oportunidade de poder se ligar com aquele Espírito diferente e amigo, para se beneficiar também.

Este problema vive em nós, vive em cada um de nós, e como podemos resolvê-los porque é assunto que escapa ao nosso conhecimento, então a própria vida ação sublime, houve por bem executar pelo processo da Gira, a harmonia de cada natureza de forças e reuni-las sem prejuízo de nenhuma. Compreendemos assim, perfeitamente bem, que quando um médium está dentro de uma Gira, ele pode verificar que naquele instante os seus quatro elementos materiais estão entregues à própria Natureza. Verificamos ainda, que a nossa alma ou semente de vida, está adormecida da sua objetividade enquanto repousa naqueles pequenos instantes ajoelhada no altar do seu pequeno cruzeiro.

Que força é esta que pode suavizar as nossas tempestades, modificar as nossas vontades presentes, e alterar os caprichos da nossa inferioridade?

Evidentemente espiritual, pois não receberíamos com a mesma facilidade a forma do nosso corretivo, porque a nossa vida, rendo uma acentuada predominância para a materialização, só pelo processo de materialização, podemos novamente espiritualizar aquilo que nunca foi material, mas que passou a ser o nosso aperfeiçoamento, Energia Condensada.

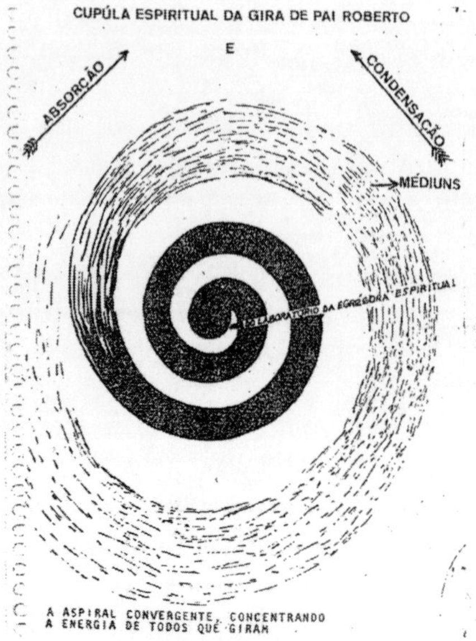

Figura 48: Aspiral convergente, concentrando a energia de todos que giram.

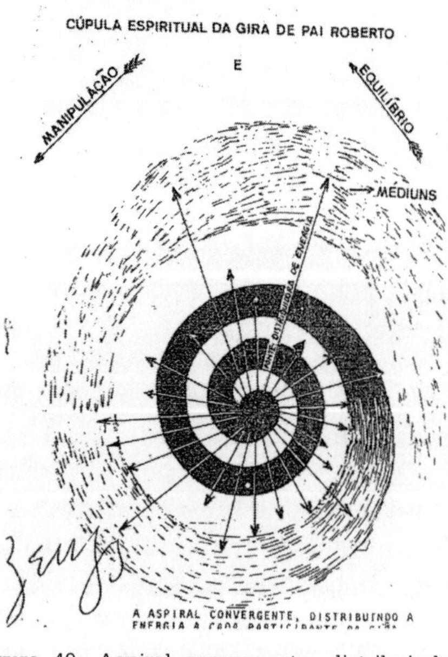

Figura 49: Aspiral convergente, distribuindo a energia a cada participante da gira.

Segunda parte

A importância da gira na vida espiritual dos médiuns da Tenda Mirim

Já sabemos perfeitamente bem que, na Lei de umbanda todos os médiuns só trabalham com a incorporação de Espíritos que, em sentidos geral, não reencarnam mais, porque estão completando a descondensação de seu corpo emocional, mas que ainda estão presos às reminiscências de passados que ainda respingam em suas almas desmaterializadas.

Deve ficar esclarecido que todo médium de incorporação deve fazer o seu trabalho de Gira pelo menos uma vez por mês, para expandir os excessos de irradiações que vão se acumulando em qualquer das suas seis forças, e que poderão se condensar facilmente pela proteção amiga que recebem de cada médium ao expandir o seu ectoplasma.

Já sabemos que pela nossa ESCOLA DA VIDA, que o ectoplasma, além de materializar Espíritos, também pode materializar formas físicas, desde que sejam autorizadas pela inferioridade. Aproveitamos a oportunidade para declarar que os médiuns de irradiação, que são aqueles que trabalham com a influência de Orixás, não poderão trabalhar dentro da gira enquanto estiverem dominados integralmente por qualquer força da Natureza. Esta qualidade mediúnica é totalmente diferente daquela que é feita pelo processo de incorporação.

O médium de irradiação de Orixá movimenta-se obedecendo à harmonia exigida pela qualidade do Orixá; mas, tão logo ele se aproxima e envolve o médium, este vai perdendo a sua direção particular de movimentação, para se integrar no potencial daquela força que não usa direção própria.

A vida de um Orixá representa a serenidade e o sossego natural vivido entre suas fontes geradoras.

Sabemos, igualmente, que os médiuns de irradiação também jogam com seis forças, que são aquelas que completam a sua vida de encarnação. Assim, pois, são eles obrigados a formas de movimento que não são de Gira, mas que facilitem pela afinidade dos contrários materiais, a aproximação daquela força que ele deseja. Por esta razão, os médiuns de irradiação não precisam nem podem usar o processo de Gira material, porque a mesma se processa na intimidade dos seis elementos internos do médium.

Certamente que, para os médiuns de irradiação, este processo é muito mais difícil e perigoso, quando está em jogo o valor intrínseco do médium no momento em que ele terá de expandir os seus valores para dar direção a uma força que é pura e adormecida, e se ele não tiver condições morais para isto, além de não ter o preparo que a exigência do culto ele poderá correr perigo de vida.

Temos conhecimento de que existe uma reação, e existe mesmo um combate sistemático, quando não é profundamente maldoso, do íntimo daqueles que deveriam, antes de combater, tomar conhecimento deste assunto que desconhecem, para evitar ficarem expostos ao ridículo, de não saberem o que seja uma Gira, que não é assunto inventado pelos umbandistas, porque é ensinado pela grande ESCOLA DA VIDA, como primeiro ano de colégio, para o aluno se preparar e saber ensinar seus filhos, na Lei.

Dizem alguns ostensivamente, e explodindo o entusiasmo violento das suas opiniões particulares, que são totalmente alheias ao assunto, que não estão de acordo com a prática das Giras. A Escola de Umbanda respeita, e não combate nenhuma opinião por mais absurda que ela seja, no entanto, está em condições de provar que a Gira é uma coisa tão séria, que foi imposta pela movimentação dos três ORIXALÁS que fecundaram a existência do nosso planeta.

Continuando a apresentação da Gira coletiva usada pelo CABOCLO MIRIM, queremos dizer que a codificação da nossa Escola de Umbanda foi baseada em sete graus de hierarquia, para estimular o interesse objetivo de cada filho material; no sentido do seu próprio aperfeiçoamento material, moral e, sobretudo espiritual, para que assim, a sua entidade, na continuação das suas visitas periódicas junto o seu 'cavalo', possa encontrá-lo sempre melhorando, dentro da disciplina material como arma de defesa do médium de Umbanda.

Após a cerimônia de incorporação do CABOCLO MIRIM, e tendo este sido atendido pelos seus cambonos, é autorizado ao senhor Mestre de Guaú que seja cantada a curimba para a cabeça dos senhores SCCTs., para que estejam presentes os Abareguassú, que, depois de incorporados serão conduzidos pelo senhor Mestre de Cerimônia para a saudação de entrega de forças ao CABOCLO MIRIM.

Após esta cerimônia é cantada, pelo senhor Mestre de Guaú, a curimba para a cabeça dos senhores CTs. Incorporados estes, deverão ser conduzidos pelo Mestre de Cerimônia, apenas os que estiverem, na Sub Chefia de comando, nas filiais, à presença dos Abareguassú para a saudação.

Muitos filhos de Terreiro não sabem até hoje, que as trocas de saudações feitas no terreiro entre as entidades, não significam cumprimentos de boas vindas ou de despedidas entre elas, pois os espíritos não vivem estas formalidades, nem precisam tampouco de estar entre nós para viverem juntos. A vida entre eles é perfeita ou pelo menos muito superior à nossa. Eles conhecem perfeitamente bem o valor de cada um deles e sabem também que estão na dependência do aperfeiçoamento do seu médium; deve ficar portanto, esclarecido desde logo, que o CABOCLO MIRIM não tem propósitos de ensinar as entidades a trabalhar, mas sim, os de educar os médiuns, disciplinando-os, a ponto de merecerem cada vez mais aproximação daquele que é o seu Chefe de Cabeça.

A hierarquia imposta pelas ordenações codificadas pelo CABOCLO MIRIM vem apenas despertar no íntimo dos bem intencionados, a oportunidade de conseguirem o aperfeiçoamento pelo seu próprio esforço. Não basta receber espíritos que se apresentam como Caboclos e Pretos Velhos, para se dizer umbandista. Isto apenas não basta; é necessário que o médium proceda corretamente na sua vida, tão corretamente que ele também possa sentir por si mesmo a própria felicidade se irradiando da sua serenidade, para manter a sua vida em equilíbrio e merecimento espiritual.

Quando um médium de Umbanda consegue despertar os seus valores de superioridade, certamente que a sua entidade vai encontrando o melhor campo de ação para melhor trabalhar. Qualquer entidade no culto de Umbanda, para trabalhar nesta Lei, deve ter certa independência de espiritualidade, e não estar mais sujeita à escravidão das reencarnações. Os seres que ainda reencarnam, certamente não são espíritos independentes, porque estão sujeitos à emotividade das suas almas; e nestas condições só podem dirigir suas vibrações na objetividade do interesse da vida pela própria vida material.

As almas ainda são sementes de vida; fora desta situação elas entram em distúrbios porque lhes faltam à forma física para o seus movimentos. Esta condição inferior do Espírito coloca-o sem poderes de ação própria, porque as atividades emotivas de sua alma o dominam completamente. As almas se constituem numa força poderosa; e para elas existe uma Lei própria, reguladora das suas necessidades. Elas vivem praticamente o domínio do amor consciente aplicado, ao passo que os Espíritos que já vivem na liberdade, estão transpondo as barreiras dos seus limites para ingressarem no plano do amor inconsciente.

Estes espíritos são os que trabalham na Umbanda, e que pelas suas condições, é necessário que seus médiuns procurem acompanhá-los, para que a Umbanda desperte da confusão estabelecida pelos interesseiros. Sabemos que existe certa dificuldade na apresentação dos Espíritos nos Terreiros. Dificuldade criada pela intolerância e rebeldia dos médiuns que não desejam se preparar, preferindo manter a insubordinação e a falta de respeito pela própria vida. Em virtude desta grande dificuldade no aproveitamento do homem como médium, a Umbanda criou a Gira, para que assim, todos movimentando no mesmo sentido Universal, esta força maior pudesse anular os prejuízos decorrentes da menor, e compensar, com isto, o enfraquecimento de qualquer elemento que esteja em perigo do Terreiro.

A Umbanda não julga, assim, não toma conhecimento da rebeldia de qualquer filho, mas estende a sua mão amiga para que o filho não caia quando escorregar. E assim, neste princípio de harmonia que todos trabalham, embalados pelo movimento que dá força à velocidade, para que o perfume da Vibração contamine todas as mentes em projeção.

Quando o senhor Mestre de Guaú termina a curimba para a cabeça dos Abarés, é ainda o CABOCLO MIRIM quem determina que se cante para a cabeça dos Abaré-Mirim, que também farão a cerimônia de entrega de seus valores aos Abarés, em graus de Subchefia de Comando. Depois é cantada outra curimba para os Bojaguassú, Boja e Bojamirim, quando então se dará o início da Gira, que é feita no sentido da direita para a esquerda.

O CABOCLO MIRIM nos explica que cada homem só tem valor no seu verdadeiro lugar, para que a sua produção seja efetivamente boa; logo, não é o lugar que engrandece o homem, mas é o homem que dá ao lugar o perfume de sua vida.

Umbanda trabalha dentro da magia e magia é o ato de impressionar alguém ou alguma coisa com a sua ação; quando a ação é boa, a magia é superior; mas quando a ação é má a magia é inferior.

Umbanda não julga porque não precisa julgar; todo e qualquer julgamento está na cabeça de cada homem, e só o homem pode julgar os seus semelhantes para verificar se os seus crimes são melhores ou piores que os dos outros. O homem julga porque precisa perdoar, e ele não pode perdoar sem antes julgar. A Umbanda não julga porque também não pode perdoar.

Toda ação produz uma relação igual e contrária; e dentro deste mecanismo o perdão é uma confissão de inferioridade. O perdão dentro da Lei da Umbanda não representa magia superior, porque é um prolongamento da reação de uma determinada ação de julgamento inferior pela vida de outro ser da natureza, que não deve ser atingida e nem molestada pelo corpo mental do umbandista.

O umbandista não julga porque sabe que tudo está certo, e a ele não compete interferir numa outra Centelha de Vida que também faz parte da Grande projeção de TUPÃ, em função da Vida manifestada que é OXALÁ. Aquele que passa pela ESCOLA DA VIDA, pregada pelo CABOCLO MIRIM, vai pouco a pouco desmaterializando as suas opiniões, por senti-las desnecessárias, e consegue afastar-se do espetáculo dos sentimentalismos que empolga e distraí os cinco sentidos, como que experimentando a resistência da individualidade, dentro das provas da personalidade.

Com certeza absoluta de que tudo está certo, porque o

que estiver errado não pode existir. A própria ação da vida não permite e nem autoriza que a sua ação seja diferente, porque terá de ser igual e contrária a si própria.

Nomenclatura do Quadro de trabalhadores da Família Mirim

1° GRAU – INICIANDO (I)

São todos os profanos que, aprovados nas experiências, vão seguir o Quadro de FILHOS ESPIRITUIAIS DE UMBANDA – Médiuns.

2° GRAU – BANCO (B)

São todos os filhos que trabalham no BANCO, fazendo o aperfeiçoamento de incorporação com as suas entidades.

3° GRAU – TERREIRO (T)

São todos os filhos que trabalham no TERREIRO, dando passes para o aperfeiçoamento de incorporação com as suas entidades.

4° GRAU – SUBCHEFE DE TERREIRO (SCT)

São todos os filhos que trabalham como SUBCHEFES DE TERREIRO; receberão a primeira consagração de Terreiro, prestarão juramento de Fidelidade e assumirão o primeiro compromisso de fé com o COMANDANTE CHEFE DE TERREIRO.

5° GRAU – CHEFE DE TERREIRO (CT)

São todos os filhos que, aprovados nos graus anteriores, demonstraram, por merecimento próprio, o direito de serem CHEFES DE TERREIRO. Receberão Consagração do Grau, prestarão juramento de Submissão e será dado a conhecimento público o nome do seu Guia.

6° GRAU – São todos os filhos que já tenham completado as Escolas nos graus por que passaram, e aprovados pelo COMANDANTE CHEFE DE TERREIRO, serão Consagrados com a Ordem de Comando. Prestarão juramento de Honra e assumirão a Chefia das Filiais pelo Engrandecimento da Umbanda.

7° GRAU – COMANDANTE CHEFE DE TERREIRO (CCT).

E sempre o COMANDANTE GERAL DA ORGANIZAÇÃO, que tem sobre os seus membros a responsabilidade de manter a disciplina e todo patrimônio material, moral e espiritual da Organização.

AS DUAS FACES DA MOEDA

Palestra proferida por W.W. da Matta e Silva em um terreiro no bairro do Brás, na cidade de São Paulo, em 1978

Não vou fazer nenhum discurso longo, que cansa a pessoa e às vezes dá até sono. Vou bater um papo aqui, uma palestrazinha sobre o que a gente pensa da Umbanda para que os que possam assimilar fiquem precavidos contra as artimanhas exteriores e para que também fiquem sabendo que existe a coisa bem certa, bem correta.

Então nós vamos começar pensando e admitindo que a Umbanda, assim como uma moeda que tem um lado da cara e o lado da coroa. O lado da cara nós diríamos ou aceitamos como sendo a Umbanda Popular, quer dizer, essa Umbanda que a massa, o povão quer, procura e pratica segundo concebe e alcança.

Esse rolo compressor que a gente vê nas praias, nos terreiros, essa gama de lendas, de mitos, de crenças, crendices e superstições, essa coisa toda que vocês devem ter a ideia. Essa nós consideramos como o lado externo, o lado da cara da moeda, é o lado da Umbanda Popular.

Nesse lado da Umbanda Popular existem também, integrando essa retaguarda, outros sub-planos, outros grupamentos, como sejam, as chamadas macumbas, que é uma parte que está lá no fim, mas que usa o nome da Umbanda e acredita nas coisas também que a Umbanda acredita, e que praticam também segundo o que eles concebem.

Então as macumbas, também são chamadas de quimbandas, baixo-astral, feitiçarias, etc. Isso existe, porque o lado negativo das coisas sempre existiu desde que o mundo é mundo. Magia negra, feitiçaria, fanatismo, ignorância, misticismo doentio, crenças, crendices, superstição, sempre existiu em todas as partes do mundo, da mesma forma, com outros nomes, mas sempre existiu.

Sendo que no Brasil esse fenômeno está muito intensificado porque nós temos mais de 150 mil unidades religiosas ditas como terreiros, temos mais de 50 federações, unidades federativas organizadas, assim dessa forma. Temos mais de 30 milhões de adeptos. Quer dizer, é um volume tremendo de uma massa de adeptos e de solicitadores que procuram os terreiros.

Mas é o povão que quer, o povão gosta, o povão procura, porque o povo sofre, é sofrido, tem problemas, tem angústias, tem conflitos, quer pedir socorro, ele quer, ele precisa, ele não pode desabafar com um bom psiquiatra, um bom psicanalista, um bom psicólogo, porque tem que pagar e é muito caro. Ele vai para o terreiro, quer falar com Preto Velho, quer falar com Caboclo, ele precisa, ele quer botar pra fora aquela coisa toda, porque ele tá querendo ser socorrido.

Agora o perigoso nisso é que a maioria procura ou só acha os maus terreiros, ou seja, os terreiros daqueles que querem praticar segundo entendem, sem terem a doutrina, o esclarecimento, o dom mediúnico verdadeiro, sem conhecer as bases de um ritual, de uma corrente, daquilo que é positivo e daquilo que é negativo. Abre, bota atabaque, bota palmas, bota imagens, faz despacho. O povo acredita e vai pra lá.

Então, dessa maneira ou dessa vivência mística do povão, dentro dela surgem também muitas coisas, exploradores, aproveitadores, comerciantes do santé, como a gente chama, que vende fetiches de toda espécie. É tanto fetiche hoje em dia nessas casas... Aqui eu não sei em São Paulo, mas no Rio, é tanto fetiche, é tanta miçanga, é tanta estátua de bicho com chifres e não sei o quê... Não é brincadeira. Banho não sei pra que, coisa não sei pra acolá, não tá brincadeira.

E esse comércio fica rico logo, enriquece logo, se fortalece entre si, e forma uma cadeia mafiosa de interesses mútuos e procura bloquear a literatura sadia. A minha literatura é bloqueada, é muito boicotada, porque não interessa a eles. Interessa a eles vender fetiches, vender pomadas, vender miçangas, vender pó, pó de amor, pó pra pegar casa, pó para casar... Pra que tudo isso, minha gente? Pó de sumiço... Mas tem mesmo!

Olha eu fico rindo, eu fiz uma palestra ontem ou anteontem e falei de coisas que parece até anedota, mas não é. Falei na última palestra sobre o caso do "Exu Sete Toco Preto".

Havia um santeiro, queria vender santos, queria enriquecer. Abriu uma casinha e aquilo logo começa a vender. Então as macumbas e os candomblés (daqui a pouco eu dou uma palavrinha sobre Candomblé), procuravam aquelas estátuas de exu, aqueles exus feios, quanto mais feios, mais enfeitados, mais eles compravam. Ele aí bolou uma estátua de exu com chifres, mas ele botou sete tocos pretos em volta com um punhalzinho espetado. Ora, aquilo era forte... Sete tocos pretos com um punhalzinho espetado... Era bater e valer! Dentro de quase um mês depois começaram então a comprar as estátuas. E no *metiê* comercial dele, ele foi bater em um desses terreiros que ele trocava receita, essas coisas, e lá ele viu vários médiuns, baixando, recebendo o Exu Sete Toco Preto. Ele levou um impacto... em dois ou três meses ele acabou vendendo... Isso foi na Penha. Ele sentiu um impacto, ele viu aquilo, ele sentiu um baque de remorso... Depois ele foi me procurar com um desabafo de consciência, para um equilíbrio psicológico porque aquilo foi muito chocante para ele.

Olha estou falando só da parte da cara, depois tem a parte da coroa que é a nossa. Então existem essas coisas todas.

As Pombagiras minha gente nos terreiros, tá uma parada. Vai num terreiro aí, e vêm aqueles animismos, aquele frenesi, aquelas criaturas recebendo as Pombagiras daquela forma... Aquilo não é a Pombagira verdadeira. Depois que eu comentei na parte da mediunidade e do animismo, eu procuro externar o meu pensamento sobre isso.

Mas o povo sabe que existe a força, que existe o socorro, que existe a ajuda, que existe o Caboclo, o Preto Velho de verdade, o povo sabe e ele procura por isso. Ele procura, procura, procura desesperadamente porque sabe que existe, mas não está fácil, o material não está fácil assim de encontrar.

Ainda dentro dessa retaguarda pra confundir mais aqueles que não leem um pouquinho, aqueles que não procuram se orientar com os mais experientes, os que tem mais cultura, conhecimento, existem os Candomblés brasileiros, que é um desastre o que se processa por ali, aqueles rituais, aquelas matanças, aquelas oferendas de bichos de pelo e de pena para os Orixás, aquelas feituras de cabeça, caríssimas, aquelas vestimentas...

Porque o Candomblé, o culto afro puro e verdadeiro é bonito, é decente. Eles sabiam conceituar as coisas, mas não existe mais, acabou. Nem na África existem mais as coisas feitas de forma correta como eram, dentro do primitivo conhecimento. Eles conheciam a verdade, eles não matavam bichos para Oxalá, para uma Divindade.

Então uma pessoa que raciocina um pouco, veja, no Candomblé matam bichos para os Orixás e o que são os Orixás? Orixás, dentro da nossa Umbanda Esotérica, (que eu vou falar daqui a pouco, que é a parte da coroa) são Potências Espirituais Cósmicas, quer dizer, espíritos altamente situados e credenciados do Astral para comandar a engrenagem cósmica, as forças da Natureza. Altamente situados, nunca vieram à Terra. Eles têm seus prepostos, seus mensageiros.

Então como é que pode uma Divindade desse calibre, hierarquia de Xangô, Ogum, Oxóssi, Yemanjá, Preto Velho, dar cobertura espiritual, mediúnica, ou material, ou emocional, ou passional, a uma pessoa só porque mataram uma cabra branca para ele, ou em intenção dele? Botaram sangue na cabeça? É possível? Alguém pode aceitar semelhante ideia?

Pode aceitar que um espírito de um grau inferior, que goste do sacrifício, do sangue, venha se aliar ou se vincular a esse tipo de sacrifício, mas uma Divindade, um Orixá? Mas lá fazem isso... Matam bicho pra Xangô, pra Ogum, pra Oxóssi, etc. E bota na cabeça do suplicante e bota ele na camarinha, diz que ele tá preparado com um Orixá na cabeça e não está nada, coisa nenhuma, aí ele se sugestiona com aquilo, aí ele cai naquele estado de fanatismo, de animismo, que eu vou falar daqui a pouco, e é essa coisa toda que há por aí.

Tenho que falar as coisas certinhas, trazer o entendimento entre nós. Nós estamos aqui todos como irmãos por igual. Agora por lá é Yansã de Balé. Mas porque é Yansã de Balé? Ah! Porque ela tem um pé de samba bom, ela dança bem. Mas que Yansã dança bem? É a Santa que dança, ou é aquela pessoa? Yansã de Cabaré? Tem também. Tem até os gays de Yansã.

Vamos entender uma coisa aqui entre nós, com bastante clareza, para ficar prevenido, que essa coisa toda que tem por aí não é a Umbanda de Caboclo, não é Umbanda do verdadeiro Preto Velho, não é.

Lá eles não estão. Lá está quiumba, baixo astral, marginais do astral, influenciando aquela gente toda e dando trabalho para Caboclo e Preto velho de verdade, combater e frenar. Para os Exus Guardiões verdadeiros que não são e nem podem ser essas coisas, esses bagaços que tem por aí como Exu, chamando nomes, cuspindo, bebendo cachaças com os olhos arregalados. Não é o Exu Guardião, não são estes que sabemos que existem, e que são os frenadores, os controladores, a polícia de choque do astral.

Mas naturalmente que esse outro conhecimento que eu vou abordar agora, ligeiramente, lógico, não vou abordar com muita profundidade, que é a parte da coroa da moeda, não é fácil, não é para todo mundo.

Alan Kardec falou há cem anos, escreveu uma coisa que logo embaixo ele endireita, no *Livro dos Médiuns*: todo aquele que num grau qualquer receber a influência dos espíritos pode ser por esse motivo considerado médium, todavia como médium positivo mesmo só se considera os que realmente manifestam, quer dizer, positivo mesmo é uma coisa e os outros... Está lá no *Livro dos Médiuns*, não lembro bem de todas as palavras, mas pode procurar que está lá. E desse negócio então, fizeram um *cavalo de batalha*. A pessoa às vezes tem um sistema nervoso abalado, mas isso não é parte mediúnica.

Eu quero transmitir meu pensamento, conscientizar de que o povão tem direito de praticar tudo o que ele quiser. É povão, ele quer. Mas porque ele quer praticar segundo o que ele concebe e alcança e essa massa cresceu demais, foi interpenetrada por exploradores e tudo isso, passadores do conto do Orixá, não é que seja Umbanda de verdade, não é que seja de Caboclo, Preto Velho de fato que está ali por dentro. É um justo direito dos que querem fazer a coisa, mas não é.

A parte da coroa é justamente essa vanguarda que já existe no Brasil, lógico que em minoria, dos terreiros, dos dirigentes que são iluminados, que são orientados pelo astral para promoverem um ambiente espiritual correto, com rituais certos, com harmonia, escoimados, quer dizer, sem aceitar lendas, mitos, superstição, como essa história de que Pombagira é mulher de sete Exus... Isso é conversa, isso é lenda, é mito, é ignorância. Escoimada das crenças, crendices e superstições, escoimada de fanatismo. Tem que ter fé, sincera, segura, dentro do racional.

Então se o terreiro está organizado com orientação correta, sobre o ritual, sobre os pontos cantados, sobre os conhecimentos, sobre a aplicação de certos ritos, de certas oferendas, de orações, tudo, está se começando a fazer a Umbanda Esotérica, a Umbanda Iniciática, aquela que realmente começa a selecionar a mediunidade. Não aceita qualquer um que possa vir gritando, arregalando os olhos, batendo no peito, dizendo que é caboclo.

Aqui, aliás, em São Paulo tem um centro que chama Centro do Caboclo Quebra Galho, aqui tem. Eu tenho o *Jornal de Cultura Umbandista* onde está lá escrito Centro do Caboclo Quebra Galho, quer dizer, ele quebra qualquer galho. Meus irmãozinhos! Não é fácil.

Bem... Mas nós umbandistas temos que encarar toda essa coisa, que é pra amanhã ou depois, quando vier com fanatismo pra cima da gente a gente diz: alto lá, vamos com calma, o negócio não é assim não, eu também entendo um bocadinho, quer dizer, não engolir, não aceitar essa história toda.

Lá, por exemplo, no Rio, sai para aqueles subúrbios, está cheio de placas assim: consulta com Exu Tranca Ruas: Cr$ 50,00, consulta especial: Cr$ 100,00. Quer dizer, passa aquele elemento dando consulta o dia inteiro. Já antigamente eram as cartomantes que distribuíam cartõezinhos. Agora não: Jogo de búzios com a babá fulana de tal, com babalaô fulano de tal: $ tanto. Procurar das tantas as tantas horas. Lá também para os lados de Copacabana e Leblon, tá assim, essas coisinhas.

Mas isso é porque, dado esse volume tremendo, porque, como eu falei, há um mistério, há uma compreensão sobre isso: as religiões de um modo geral oferecem a parte religiosa, mística, ritualística, teológica ou filosófica. Mas, a Umbanda oferece tudo isso, e mais, a parte mediúnica, a parte de se comunicar com o sobrenatural, a parte de pedir diretamente ao sobrenatural e a parte de magia, e a parte que envolve as oferendas, os pedidos, as vinculações às falanges que protegem e ajudam. Quer dizer, então ela é uma religião de fundo mágico, que atrai, que tem mistério e que pode ajudar realmente, não ajudar a ganhar na loteria esportiva, mas ajuda. Então há esse volume, essa atração, porque o povo quer socorro e ele procura socorro onde ele possa desabafar, onde ele possa descontrair.

Então a parte que nós chamamos de Umbanda Esotérica, ela se chama ESOTÉRICA, quer dizer, interna, Iniciática, que seleciona. Não é que ele seja uma maravilha, que produza milagres, que seja a autenticidade, não! Mas é a parte que seleciona valores, que conserva valores e que entende bastante das coisas corretas, que sabe apontar o lado negativo e o lado positivo das coisas. É parte que procura exercer a mediunidade da melhor maneira possível e é a parte onde as verdadeiras Entidades mais procuram os médiuns.

Porque Caboclo e Preto Velho de verdade, um Pai João, um Pai Joaquim, um Pai José, um Pai Jacó, um Caboclo Pena Azul, Pedra Preta, Cobra Coral, Caboclo Cachoeira, não vai procurar médium nas quimbandas, nos candomblés confusos, não vai. Não vai achar mesmo pra eles. Ele vai procurar onde houver mais limpeza e seleção. É a lei natural da luz procurando a luz.

Então resta um conselho mais singelo: que todo aquele que tenha uma luz, uma força, um comando, seja ele "desse tamanhinho", procura logo se encaixar, procura logo fazer. Procura, ele é impulsionado para aquilo. Essa é a parte que nós praticamos de Umbanda Esotérica.

E de acordo com o grau de conhecimento do médium dirigente ele vai levando os conhecimentos até os fundamentos mais profundos do mistério das coisas. Essa é que nós chamamos de Umbanda Esotérica, ou seja, a moeda que tem a parte da cara e a parte da coroa, quer dizer, os dois lados da Umbanda.

Então se a pessoa que ouviu tudo aquilo que eu falei e se eu consegui me fazer entender, já fica sabendo que a coisa tem dois lados, o A e o B, a cara e a coroa, o positivo e o negativo, já não entra assim nesse rolo compressor que existe aí sobre essa parte.

Agora vamos falar um pouco... Eu vou dividir essa palestrazinha descontraída em duas partes: essa que estou fazendo uma dissertação sobre a Umbanda e outra parte que qualquer pessoa aí pode perguntar qualquer coisa que ele tenha dúvida descontraidamente, sem timidez. Aqui não tem nenhum mestre maior, nem nada disso não. Tem um irmão mais experiente que vai dialogar. Pode perguntar o que quiser, pela palavra falada ou pela palavra escrita.

Bem... Então nessa parte, por exemplo, de mediunidade, todo mundo hoje em dia quer ser médium.

Nossa! O negócio não tá brincadeira. Já imaginou? 150 mil terreiros, chega num dia de sábado, vamos dizer que a metade, 75 mil esteja funcionando. Vamos dizer que em cada um destes 75 mil, tenha cinco médiuns. Multiplica isso: Quase 400 mil médiuns, digamos assim... E que todo mundo receba ao mesmo tempo, um Pai João, um Pai Joaquim. Como é que podem existir tantos assim? Será que todos falam igual, ensinam igual, o que um fala num terreiro o outro fala igual ou fala diferente?

Quer dizer, começa a haver no aspecto mediúnico, porque no aspecto religioso, místico, até o ritual, isso aí não se choca muito, porque cada terreiro faz como pode esse tipo de coisa, agora no terreno da mediunidade é que começa a engrenar a coisa, que a coisa começa a ficar perigosa.

Já imaginou uma consulta mal dada a uma pessoa que está desesperada? Uma consulta que tenha uma má orientação, fora de um campo positivo, a um casal, a um marido, a uma mulher, seja com um problema de uma vizinha, de um inimigo. Já imaginou como essas consultas por aí se processam por pseudo-médiuns ignorantes, vaidosos, exibicionistas e por outros que são simplesmente vaidosos, que querem aparecer como médium, que cria a imagem que tem aquele Caboclo, aquele Preto Velho, aquele Exu, etc.

Olhe! Lógico que a mediunidade existe, mas não é assim não, assim... Vupt! Todo mundo manifesta num dia de sábado com 400 ou 500 mil entidades... O negócio não é assim.

O que posso dizer? Um escritor de grande projeção, ele

constituiu uma frase muito bonita, muito conceituada sobre a Umbanda. Ele escreveu: "A Umbanda é um imenso caldeirão fervente em que todos mexem e bem poucos conhecem do seu tempero". Aí está bem definida a coisa.

Para se entender a mediunidade com esses fenômenos psíquicos, místicos e religiosos que acontecem nos terreiros afro-brasileiros incluindo a Umbanda, é preciso que se note que há três ângulos do animismo: animismo natural, animismo vicioso e a ficção anímica.

O animismo natural é aquela gama de sensações neuropsíquicas de sutis contatos que uma pessoa começa a ativar quando começa a sentir também os fluídos da entidade mentora ou protetora dele, isso é uma gama de sensações neuropsíquicas produzidas pelos primeiros contatos da Entidade, chama-se isso então, uma excitação anímica natural que precede a mediunidade, o fenômeno mediúnico.

O animismo vicioso é aquela maneira que a pessoa exerce conscientemente mistificando que está com Exu, que está com aquilo, para fins diversos, confusos, inescrupulosos, vaidosos, etc., que a pessoa não está com nada, não sente nada, apenas sabe mistificar ou pretende mistificar para dizer que está com o Exu Fulano ou Exu Sicrano ou Caboclo Fulano ou Caboclo Sicrano. Esse é o animismo vicioso, perigoso e aquele que se encontra com fartura aí nos chamados terreiros.

E o terceiro aspecto que é o da ficção anímica, que ocorre quando a pessoa dentro de sua simplicidade, de sua singeleza de espírito e mente se sugestiona com uma fé, com uma imagem positiva de fé de que está tendo a cobertura de determinada entidade. Ele não está com vício, ele não quer prejudicar ninguém, não quer se exibir, ele apenas criou por motivo de uma necessidade, de um impacto qualquer, ele criou aquela autossugestão profunda na sua mente de que, por exemplo, o Caboclo Lírio Branco está dando cobertura a ele ou a ela. Então criou uma ficção anímica, de seu animismo, de sua alma, de seu espírito.

Esse é um aspecto até positivo que pode até promover cura, pois sabemos que a mente positiva influencia da cabeça aos pés todo o sistema nervoso e consequentemente sobre os órgãos. É o caso que eu sempre falo para dar um exemplo.

Ora vocês julguem o aspecto positivo desse animismo de ficção anímica. A história completa que eu estou cansado de contar mas que muitos aqui não conhecem. Este é um dos aspectos da ficção anímica, não é o animismo vicioso.

Eu tinha a minha tenda muito grande, lá no Rio, e frequentava uma moça que tinha uma mãe lavadeira, a Dona Sebastiana que era acometida todo mês de uma forte hemorragia útero ovariana, de dez, quinze, vinte dias, coitada, ficava arrasada. E ficava na cama e só 8 ou 10 dias no mês é que ela podia lavar a roupinha dela, etc.

A filha dela consultou lá qualquer um daqueles médiuns menos preparado que disse: sua mãe é médium, ela se vier para a corrente ela fica boa. A filha foi e disse para senhora a dona Sebastiana essa história e a velhinha apareceu lá num sábado, cansadinha, se arrastando, pedindo para entrar na corrente.

Eu disse, mas dona Sebastiana, entrar na corrente como? Para fazer uma purificação, uma descarga, uma cobertura? – Não, é que o Caboclo Fulano disse que sou "média" e que se eu entrar na corrente eu fico boa. Eu olhei, vi aquela pobre criatura assim tão necessitada de caridade, eu disse: bom dona Sebastiana a senhora entra aí na corrente.

Aí a dona Sebastiana se acomodou na corrente. Passou um tempo essa senhora disse que estava boa, não tinha mais hemorragia, não tinha mais nada. Disse: eu acho que eu recebi aqui uma grande "proteção". Ela era uma pessoa de baixa cultura...

Mas naquele tempo eu tinha um sistema de identificação um pouco dura, na parte mediúnica e que eu marcava a identificação dos médiuns tais, tais, tais e tais para vir na lei de pemba, na grafia. Ela veio, ela vinha também, ela queria estar sempre em todas, pois tinha ficado boa. Pediram para eu pressioná-la, para ela se identificar, porque ela já tremia. Eu já sabia que era essa tal ficção anímica que eu falei. Mas tanto me pressionaram que eu disse assim, meio angustiado: entidade que está no aparelho de Sebastiana, identifique-se. Aí a velhinha, era magrinha assim, branquinha, ela arregalou os olhos, levantou o dedo e disse: Caboclo Cocaíííína... O maior do mundo!

Tadinha... minha gente, mas eu podia botar o caboclo cocaína dela para fora? E ela ficou boa... Prensaram-me... Mas se eu tirar essa criatura da corrente ela vai ficar doente, vamos deixar ela com o caboclo cocaína dela aí que não faz mal a ninguém.

Olha para vocês verem como a Umbanda é difícil. Como é complexa e como tem uma temática diversificada. Então uma conversa assim descontraída de acordo com o ambiente que aqui está muito bom... Para a gente então saber que ninguém é dono da sabedoria, a gente é dono da troca de experiência.

Também assistimos outro caso semelhante de ficção anímica, em Niterói. Esse também é interessante. Olha o que estou contando não é anedota, é ficção anímica. Juro como não é anedota, é só para ilustrar.

Eu tinha um amigo que tinha um terreiro grande. Ele achou bonito aquele negócio de identificar com a pemba. Ele disse que ia fazer no terreiro dele aquilo. Um dia ele me convidou e disse que tinha vindo de Portugal uma senhora com uma dor de cabeça terrível e não tinha doutor, que até na Espanha ela foi se tratar e não tinha se curado.

Mas no terreiro dele ela se curou e começou receber um Caboclo que era "uma coisa". Tinha oito meses no Brasil. Ele queria que eu fosse, eu não podia ir, mas já que ele fez tanta questão, um dia romperam, rasgaram o esgoto da rua, ficou intransitável, não houve sessão e eu fui lá. Aí ele me mostrou. Ele ia proceder naquele dia conforme eu procedia porque ele era meu fã. Ele apontou a senhora, uma senhor clara, de cabelo por aqui, belíssima senhora e tal. Quando chegou na hora, ele falou o nome dela, não me lembro se era Emerenciana ou Amélia, uma coisa assim: Entidade que está com Dona fulana, se identifique! E aquela senhora clara assim bonita, ela disse: Caboclo Joaquimmmmm de Portugaaallll.

Não veja aí nenhum acinte, olha eu sou filho de português, por favor, com muito orgulho. Estou falando dessa parte.

Estou citando esses dois casos não como anedota, como fatores autênticos da ficção anímica que promoveu a cura de duas pessoas. Dessa senhora portuguesa, muito digna e dessa lavandeirazinha com o caboclo cocaína dela. Quer dizer, a sistemática umbandista não é brincadeira, é preciso conhecer a coisa para poder definir.

Bom, mas o fato é que a Umbanda realmente surgiu através das falanges dos Caboclos e dos Pretos Velhos para combater, frenar a magia negra, a evolução do fanatismo e da feitiçaria. Isso já há uns 90 anos atrás que o astral superior ordenou esse movimento. Então começou em vários terreiros mais limpos, a baixar entidades com os nomes de caboclo fulano, caboclo sicrano. Como foi o caso do Caboclo Curugussú, que na língua tupi-guarani significa "o grito do Guardião". Depois preparou o caminho para uma Entidade que veio a se chamar Caboclo das Sete Encruzilhadas, isso em Niterói em novembro de 1908.

Esse movimento de luta e de penetração dos pontas de lanças para combater uma situação que já vinha degenerada e caótica e que iria se tornar esse volume tremendo que é hoje, já tem 90 anos.

Mas hoje existe uma vanguarda que está tomando consciência, que está se preparando, não para hostilizar de espada e escudo na mão, mas para combater pela lógica, pela razão, pela explicação, esses fenômenos do misticismo, do fanatismo, essa coisa toda que há por aí.

Olha, falando de mediunidade, falando de Caboclo e Preto Velho, a maioria das pessoas que são médiuns, que se dizem médiuns nos terreiros de Umbanda Popular pensam que Caboclo tem que ter cocar, tem que ter flecha e arco. Que eles são semelhantes àqueles que estão ainda ali pelo Brasil, Goiás, Mato Grosso... Não é nada disso.

Olha imagine o seguinte: se o povo for a um templo espiritual, um centro e lá encontrasse manifestações de Entidades com roupagens, com palavras bonitas, aquela coisa toda, o povo coitado que precisa mesmo, ficava encolhido, tímido, cabreiro, não se comunicava. As Entidades se apresentam assim para uma melhor comunicação, uma melhor descontração do povo, que o povo é maioria e é o mais sofrido, o mais necessitado e então ele chega e vai falar com o Caboclo Pena Dourada, por exemplo, que desce e dá aquela impressão que é aquele índio mesmo e então ele se comunica, ele se descontrai, ele se confessa. Essa é que é uma grande força, porque um terreno bem organizado no mínimo pode fazer uma boa psicoterapia grupal ou individual. Depende da organização do terreiro.

Preto Velho também vem, a maioria, naquela roupagem, naquela forma etérico-fluídica dele, naquela roupagem, porque ele foi um preto velho, mas ele se sobrepôs, ele é sabido, ele evoluiu, depois daquela encarnação de preto velho ele pode ter sido até um cientista, um médico, um engenheiro, enfim. Mas ele quer vir na Umbanda para se comunicar na forma de um Preto Velho. São os Pais João, Pai Joaquim, a Vovó Rita, a Vovó Conga, Vovó Maria. Agora não são ignorantes. Não vamos passar um atestado de burrice dizendo que Vovó Conga diz besteira, diz palavrão e fala bobagem, não. Pode ser a Vovó Conga daquela pessoa que inventou ela, mas não a Vovó Conga de verdade.

E nesse plano na parte de Exu a coisa aí é que pega, porque a maioria dos terreiros de Umbanda Popular pensa que Exu mata, estripa e esfola. Que fuma charuto, bebe marafa, que diz palavrão que baba, que mata que diz que vai fazer e acontecer. Nada disso. Se tem isso por aí ou é baixo-astral que está influindo, projetando sobre aquele sensitivo, que não sendo um médium completo, mas é um sensitivo, ou é um exu de baixa categoria. No linguajar comum, um rabo de encruza ou é um marginal do astral que está influindo daquela forma. Não é um Exu de Lei, um Tranca Ruas, uma Pombagira...

Então esse negócio de Pombagira como já falei ali atrás... Muita gente que quer fazer capa de Pombagira para esconder as traficâncias, que vocês já entenderam... Faz capa de Pombagira. É porque é médium de Pombagira então tem que fazer isso assim, assim, porque Pombagira foi mulher de sete homens... Isso é puro lero-lero, não vão nessa conversa.

Exu é um elemento que tem uma função kármica, uma função de comando também. Ele é um agente intermediário da Luz para a sombra, da direita para a esquerda. Ele é um agente de força que está dentro de uma disciplina, mas ele é um espírito sabido, inteligente, de profundo conhecimento de magia negra, para isso é ele que é a polícia de choque do astral. Ele é quem combate, é quem frena, é quem fiscaliza as sub-falanges até chegar aqueles mais podres lá de baixo. Não é essa coisa... Exu Tranca Ruas, Exu Tiriri, Exu Pombagira, Exu Sete Encruzilhadas, Exu Veludo são entidades possantes dentro de uma função.

Porque era bonito que um desembargador, um presidente, um senador, um juiz, um delegado, um alto comerciante fosse varrer a rua, limpar esgoto, fazer o serviço pesado e grosseiro de uma cidade, não é? Mas são tão importantes quanto. Qual seria pior? A paralização de todo o sistema de limpeza de uma cidade ou todo o sistema burocrático? Claro que seria o sistema de limpeza de uma cidade que iria influir na doença, na higiene, nos vírus, nas contaminações, etc. Serviço burocrático, não!

Então é necessário que haja esses planos.

Agora, o Exu de verdade não é isso. O Exu de Lei, o chamado batizado é um Exu que está numa função, numa disciplina kármica. Eles agem em obediência às ordens de cima.

O que eu vou falar mais para encerrar essa parte de dissertação? Tem muita coisa também muito profunda, mas nós já estamos falando há uma hora e é um pouco cansativo escutar coisas muito profundas assim de Umbanda.

Então é claro que se eu quisesse, mas é cansativo, iria aprofundar ângulos sem fim de lei de pemba, aqueles mistérios, que as entidades de verdade escrevem e que o caboclo fulano lá no terreiro tal ele faz uma bandeirinha bonitinha, uma setinha, uma espadinha, uma lua e diz que é o ponto dele, está certo é um brasão, é um simbolismo, mas não é a lei de pemba. Então poderia orientar porque existe uma gama enorme de conhecimento.

Mas o que aqui interessa, inicialmente aqui era comunicar essa conscientização do lado A e do lado B da Umbanda. Do lado da cara e da coroa, da Umbanda Popular ou Exotérica e da Umbanda Iniciática ou Esotérica, que é a externa e a interna. Isso é que eu queria focalizar essa conscientização de vocês todos. Agora vamos fazer um "intervalinho" e todo aquele que tiver qualquer dúvida, qualquer perguntinha, não tenha acanhamento, aqui não tá o doutor da sabedoria não. Podem perguntar que eu vou tentar responder da melhor forma possível.

1ª Pergunta – Gostaria de saber se uma pessoa que tem mediunidade precisa trabalhar obrigatoriamente, como em geral se ouve por aí.

Resposta – Depende. Há aquela pessoa que tem a mediunidade sem compromissos maiores, tem aquele dom, tá dentro de um carma probatório. Se a pessoa realmente tem essa mediunidade e sente que realmente essas entidades incorporam e o assistem, para o próprio bem, benefício e satisfação dessa pessoa, até na vida material, deve dar sequência a sua mediunidade, se for homem.

Se for mulher, mãe, com criança, com lar, prendendo muito, tem muito perdão. Entra primeiro aí a obrigação, depois a devoção, não há castigo. Entidade nenhuma de luz força o livre arbítrio de ninguém.

O que pode acontecer é o seguinte, a pessoa é realmente médium, aqui não vamos falar de animismo, de pessoas que por vaidade quer ser médium, nada disso, o que realmente é médium, pode acontecer da pessoa não querer. Usa de seu livre arbítrio não quer e não vai ser forçado pelas suas Entidades de luz – elas se afastam. Ora ele fica exposto às correntes negativas, porque ele sendo um médium ele vai atrair, quer ondas negativas, quer positivas. Depois diz, que a Entidade está castigando, tá batendo, nada disso. É isso que eu falei. Eu creio que ficou claro.

2ª Pergunta – Gostaria de saber se alguma pessoa tem condições de saber se outra pessoa é médium, sem esta estar incorporada com um Caboclo ou um Preto velho.

Resposta – Lógico, existem pessoas, naturalmente um iniciado, um médium magista, uma chefe, uma diretora de culto e iniciação que tem conhecimentos e meios de descobrir, de detectar se a criatura tem certo grau de mediunidade, de médio ou grande alcance, lógico que tem. Mas não é qualquer pessoa que vai penetrar nesse ângulo porque envolve um conhecimento especializado.

3ª Pergunta – Se o Exu é um ser de alta inteligência e sabedoria ele age no plano vibratório por missão ou por carma?

Resposta – O termo missão se liga à algo sublimado, à algo evolutivo. É por carma, como falei do Exu Guardião, Cabeça de Legião, o que na Umbanda Popular é chamado batizado, ele está dentro de uma função kármica, sujeitou-se porque quis aquela disciplina kármica. Porque ele passou pela Terra, ele usou e abusou de poderes que tinha, e para depois se ver livre daquela cobrança, ele aceitou trabalhar daquela maneira, então é uma função disciplinar kármica.

4ª Pergunta – A ficção anímica deve ser combatida ou desestimulada? Como?

Resposta – A ficção anímica não deve ser nem combatida nem desestimulada, ela acontece. Pode acontecer e está acontecendo aí em vários terreiros onde há muitos médiuns viciosos e muitos estão presos a uma ficção anímica. Isso depende da adequação, da observação e do conhecimento do chefe do terreiro, do mestre de iniciação, do diretor espiritual tenha para equacionar o problema daquela pessoa, ou daquelas pessoas. Tem que ser uma pessoa competente para distinguir e agir nesses casos.

5ª Pergunta – Em suas obras lemos a respeito de reencarnação sobre o eterno masculino e eterno feminino.

Há discordância no meio kardecista. Gostaria de ouvir a respeito.

Resposta – Aqui vou entrar um pouquinho mais profundo porque quem naturalmente perguntou assim, é pessoa de certa cultura, deve ser pessoa líder. A verdade é relativa, diz "conhecereis a verdade e ela vos libertará". Conhecer como? Pela pesquisa, pelo estudo, pelo esclarecimento. Então ninguém pode se bitolar a determinados dogmas de determinadas correntes se é um iniciado, se é uma pessoa que quer ir as estrelas, quer ler tudo, aprender tudo, pesquisar sobre tudo.

Então, a corrente kardecista tem um ponto de vista... A escola, por exemplo, do Chico Xavier, tem um livro em que ele dá a entender claramente que o espírito é quem define o sexo, então vamos entender: o princípio é binário, é direito e esquerdo, na própria lei da eletricidade se vê isso. Todas as manifestações do Cosmo, da natureza se vê isso. Então sempre existiu o eterno masculino e o eterno feminino.

Quando um espírito encarna como uma mulher, então ele se definiu do lado do eterno feminino.

Para isso no conceito esotérico de todas as escolas, ele teve que criar os chamados núcleos ou chakras, através de várias passagens pelos reinos da natureza. Criar de acordo com a soma de impressões e afinidades e desejos que ele tinha contido dentro de si e a soma dessas afinidades, dessas tendências, desses desejos, condicionou a um corpo astral que tomou a forma que nós viemos a conhecer como feminina, quer dizer, aquele espírito se definiu para ser mulher, para amar como mulher, para sentir como mulher, para ser o santuário divino da maternidade.

Então depois de longos milênios de preparação para essa situação de encarnar como mulher, através de consolidar todos os seus chacras, sua linha de forças, toda uma gama de linhas vitais, por que iria desfazer aquilo tudo de repente para encarnar como homem? Não dá. Não dá mesmo, não tem mesmo condições de desfazer milênios e milênios de preparos.

Pode haver um distúrbio, um extravio, um distúrbio moral ou consciencional que venha numa passagem assim como homem e aí há esses casos de homossexualismos que a gente não sabe, que a ciência não explica até hoje. Há esses casos de hermafroditismo e há outros casos que eu não quero citar que a palavra é um pouco pesada, tendências esquizoides. Mas fatalmente se definirá e se integrará na sua linha do eterno masculino e do eterno feminino. Por que senão era uma pura palhaçada cósmica de desfazer todo aquele sistema, todo arcabouço que levou milênios para se consolidar, de repente... Não pode, não pode ser. A criatura veio se definindo desde quando desceu lá na Eternidade para o mundo da matéria da energia.

Então dentro da própria corrente kardecista, o Chico tem um livro que eu não me lembro agora o nome e que diz que o espírito é quem cria seu próprio sexo. Mas ele não cria (...). Não dá porque ele iria contradizer toda uma série de conhecimentos de escolas esotéricas do mundo. Creio que a pergunta, segundo meu entendimento, fica respondida assim.

Mas profundamente ficaria em uma aula tremenda de explicação sobre chacras, sobre linha de força, qual o primeiro que consolida, qual o segundo, qual o terceiro, até chegar a concretização do plexo sacro, ou seja, do plexo sexual. Porque quando a pessoa morre e afasta-se de seu corpo físico, se é homem ele fica com a forma daquele homem que foi na terra, o corpo astral dele reflete tudo aquilo, inclusive os órgãos se for o caso.

6ª Pergunta – Porque razão a maioria dos médiuns se conscientiza da mediunidade através de sofrimento ou passagens negativas em sua vida. É certo a falta de orientação e outros itens?

Resposta – Bem, aí também, muitas pessoas são médiuns, mas também são criaturas rebeldes, criaturas que tem arestas duras para serem aparadas e eles só vão melhorar e dar sequência a mediunidade real, se é que realmente tem, através do caminho da dor como dizem muito bem os kardecistas. Então muitas pessoas passam por uma série de impactos vitais e impressões para aparar arestas de sua personalidade moral, de seu espírito, que de outra maneira ele não iria melhorar ou evoluir ou achar o caminho, aí ele vai sofrer, tem que passar por esses condicionamentos para melhorar o seu próprio estado de espírito, de aura, de tudo que é para poder dar melhor passividade a sua mediunidade se é que ela é autentica.

7ª Pergunta – Gostaria de saber o que vem a ser a chamada Pombagira. De onde ela vem? Qual a sua origem e o que ela realmente foi.

Resposta – A origem de um comando maior quer na luz, quer na sombra, porque a sombra também tem comando, é uma coisa muito profunda, profundíssima, não caberia aqui na pergunta essa origem muito profunda das coisas, mas basta citar o seguinte: Eu conheço uma pessoa que é médium, médium mesmo, que recebe uma Pombagira que foi rainha na Terra. Ela usou e abusou de poderes materiais, de poderes de realeza, tripudiou, enfim pintou e bordou, um tipo assim

Catarina de Médici da França. Então ela tanto pulou no astral que até que forçada pela injunção de sua própria consciência ou da necessidade que sentiu de evoluir ou de se libertar daqueles liames, ela aceitou ser uma Pombagira de terreiro. Mas porque também ela foi aceita porque ela tinha condições e sabedoria, tinha conhecimento, não é qualquer uma que seria chamada para essa função. Então num cântico, num ponto, ela diz assim:

"Quando andei pela terra fui a dona de sete reinos, dominava pelo ouro, mas acabei no cativeiro".

Ora bem entendido, dominava pelo ouro, mas acabou no cativeiro, ou seja, acabou sujeita a disciplina kármica. Então ela diz na segunda parte:

"Me juntei com Tranca Ruas, fui penar o mundo inteiro, hoje em dia sou Exu, Pombagira de Terreiro". Está aí definido.

Agora, a origem é essa. É daquela entidade que é chamada a exercer uma função kármica na Corrente Astral de Umbanda ou em outras correntes com outros nomes.

Agora é naturalmente uma Entidade que tem conhecimento de alta magia, é agente intermediária do elemento ativo para o passivo, da magia ativa para a passiva e dos equilíbrios de ordem moral, afetiva, sexual, e das coisas que envolvem o mundo do eterno feminino, quer dizer, Pombagira é uma grande, profunda e respeitável Maga Negra.

Agora não são essas Pombagiras frenéticas, histéricas, que baixam nos terreiros, agredindo, se jogando pra trás, gargalhando, quase se empurrando pra cima dos outros. Aquilo não é Pombagira, aquilo é um quiumba qualquer, tem uma vaidade ali, um animismo vicioso, que é o que se vê por aí, mas não é uma Pombagira de Lei. Isso é o que eu posso responder sobre Pombagira.

0ª Pergunta – Muita gente pensa que uma Pombagira, uma Preta Velha, uma Cabocla não pode incorporar em um elemento masculino. O que o senhor tem a dizer?

Resposta – Olha eu só médium de Pombagira. É isso que você quer saber? Nós temos a cabeça e o pé (assim num linguajar mais nosso), temos as costas e a frente. As costas é o Anjo de Guarda, é o Orixá que exerce a função kármica de comando geral sobre a nossa vida, é o pai do Espírito, o Ancestral do Espírito. E a frente é aquela Entidade que vem aguardar com a gente aqui, para manifestar, para lidar, para proteger, enfim, ele é que está mais ligado, é o que mais interessa no caso da mediunidade. Então pelo meu Anjo de Guarda, pelas minhas costas, o meu Exu de Lei é o Sete Encruzilhadas, mas a minha frente é Preto Velho.

Ele vendo que eu tinha certa tarefa delicada a cumprir e que, poderia ser como qualquer homem que pode ser envolvido ou vice-versa pelo elemento feminino, numa idade, talvez novo ainda, ele trouxe a Pombagira desde o princípio para equilibrar essa parte. Quer dizer, para eu poder caminhar despreocupado, sem ser envolvido, porque é natural que haja essas coisas na vida, enfim.

Eu nem completei o que ia falar sobre a parte moral, mediúnica, do perigo do baixo astral se infiltrar no aura do médium vicioso ou do médium defeituoso que o leva para a bebida, para sexo, essa coisa.

Mas então trouxe a Pombagira então ela baixava e baixa, aqui tranquilamente sem fazer nada de exibicionismo que as Pombagiras vulgares ou viciosas fazem por aí.

9ª Pergunta – O espírito do homossexual é masculino ou feminino? Por exemplo: o elemento masculino que é homossexual seria um espírito feminino que optou por nascer como homem por alguma injunção? Ou o contrário, o elemento feminino que é homossexual seria um espírito masculino?

Resposta – Isso aí implicaria em uma tese danada, um desdobramento que fugiria bastante... Agora singelamente, há homossexualismo de um lado e de outro, não é? Vocês sabem disso. É um distúrbio daquele espírito de alguma forma, ou ele está enquadrado naquela encarnação ou está com um distúrbio qualquer de ordem genética, enfim qualquer coisa nesse sentido, hormonal e etc. É um distúrbio, porque normal, dentro de uma normalidade não é. Há um distúrbio, e esse distúrbio é do espírito ou da matéria, ou das duas coisas juntas.

Vamos que tenha sido um espírito vicioso, uma coisa tremenda que forçou uma encarnação como mulher para experimentar aquela situação, como há diversos tipos de tara por aí.

Mas se desde o início ele consolidou seu corpo astral e suas linhas de força dentro da vibração de eterno masculino, forçosamente amanhã ou depois ele retorna assim, enquadrado naquilo que ele consolidou através dos milênios. Isso numa resposta mais singela que implicaria num tema tremendo.

10ª Pergunta – Qual sua opinião sobre Chico Xavier?

Resposta – Excelente, maravilhosa criatura, um exemplo de humildade, de mediunidade produtiva.

Um próprio exemplo para a própria corrente kardecista que no princípio satirizava e chicoteava as obras dele, taxando até ele de louco e de obcecado, dizendo isso, aquilo e aquilo outro. Todavia ele passou a ser um clássico do Kardecismo aqui no Brasil.

Quisera eu ser um pó que Chico Xavier pisa. (nesse momento Mestre Yapacani é aplaudido).

11ª Pergunta – De que modo uma pessoa pode confirmar realmente a mediunidade de fato e de direito? Exemplo a pessoa tem uma dúvida assim: o Caboclo disse que eu sou médium mas eu não sinto nada, não vejo nada, então como ela (a pessoa) pode ter certeza de que é médium de fato?

Resposta – Eu já falei que essa identificação de mediunidade é uma coisa muito delicada, muito profunda. Quando a pessoa ainda não sente positivamente os fluídos de contato, porque se a pessoa sentir mesmo os fluídos de contato, ele não tem dúvidas, porque o fluído de contato não é uma coisa engendrada pela mente, não é arquivada pela mecânica psíquica, é fora de seu controle psicológico, aquilo vem de fora para ele.

São sensações, são correntes, são vibrações, são tomadas de posse que ele não pode frenar, por isso ele não tem dúvida que ele é um médium em potencial que está sendo manipulado em 50% vai para 60%, depois vai para 70%, pra 80%. Se a pessoa ainda não sente nada disso e o Caboclo (não sei por que o Caboclo poderia ter dito isso), mas se ele diz que a pessoa é médium, é preciso esperar para ver.

12ª Pergunta – Com licença, posso falar um pouquinho? Dentro dessa pergunta eu vou me situar no caso dele. Faz tempo em que você é médium, certo? Consegue sentir determinadas reações, mas acontece que a gente vai ouvindo palestras, vai lendo, vai entendendo um pouco da coisa e então passa na cabeça da gente: mas será que essas reações não sou eu que estou provocando? Porque mesmo incorporado a gente tenta cortar, tem horas que não consegue, mas será que não é o subconsciente que está agindo nesse momento, que não deixa a gente cortar aquela reação, aquela vontade sei lá de levantar uma mão ou de dar um passe? A gente quer cortar, pode ser que no momento a gente não pode. Pode ser que a gente esteja tentando cortar mas o subconsciente esteja pensando: não, você é médium e você vai fazer isso! Então, entende, a pessoa exteriormente pensa e tenta, mas inconscientemente, o subconsciente trabalhando não vai deixar fazer isso. Não é esse o caso?

Resposta – Aí é uma engrenagem de condicionamento psicológico, do ser ou não ser, de um policiamento de si próprio sobre as suas reações, mas, o seu tema não é fácil, tema difícil que dependeria de uma aula, mas o que eu quero que fique claro é o seguinte: que o fluído mediúnico da Entidade não tem subconsciente que frene. Se uma Entidade, mesmo você estando (você em tese, é lógico), com seu psiquismo em atividade, quiser que você dê um soco na parede, você vai dar, você não tem condições de frenar. Se ele quiser dar, você quebra os seus dedos, mesmo você sabendo que vai dar um soco na parede. Ora então você diz, eu vou dar um soco na parede e vou quebrar meus dedos, você vai tentar frenar, se tiver força, não é isso? Você vai quebrar os dedos, você não tem força, então você dá um soco na parede e quebra os dedos.

Então, é uma força que comanda e domina seu sistema neurosensorial e motor e trabalhando para dominar tantos por cento de seu sistema psíquico. Agora se você (você em tese) tiver que seu subconsciente frenar, parar, porque você quer, é porque está muito fraco ainda, porque quando tiver forte, não há condições, mesmo você sabendo, que está consciente assim, que vai dar um soco na parede ou vai dar com o rosto no chão. Então eu vou quebrar minha cara, não quero quebrar, não pode, você vai quebrar mesmo. Então isso é mediunidade de verdade, essa não tem dúvida.

Enquanto você comandar essa sistemática de incorpora não incorpora, sou eu, não sou eu, é caboclo, não é, eu faço, eu paro eu não paro, tá tudo muito fraco ainda, é preciso que raciocine, se acalme pra ver realmente o que está acontecendo.

13ª Pergunta – Existe realmente o ente demônio conforme vemos na Bíblia? Acreditar nele ou não estaria uma pessoa indo contra os mandamentos de Deus?

Resposta – Deus nunca falou a ninguém sobre demônio. Demônio é um termo, se não me falha a memória, que se originou do termo *daimon*, do grego, que Sócrates dizia ser o seu bom gênio. Então o termo demônio é criação nova, recente, quer dizer tem alguns séculos. Ele foi adaptado e introduzido na Bíblia (se é que lá consta esse termo).

Eu não estou dizendo que a corrente A, B ou C está errada em acreditar na Bíblia, não, apenas digo que o livro dito como Bíblia tem, os cinco primeiros capítulos atribuídos a Moisés, tem apenas 3500 anos, apenas isso. E que algumas e muitas verdades que estão ali, já existiram há milênios atrás, em outros livros sagrados de outras religiões. Outras religiões falavam no princípio do bem e do mal que posteriormente foi adaptado pela Igreja Católica para o demônio como o princípio do mal.

Ora, mas se Deus, a Deidade é profunda, é onisciente, é onipresente, que se atribui a Deus ser o criador de todas as coisas, como iria esse princípio sublimado criar um ente demoníaco, satânico para martirizar, conflitar, fustigar as criaturas que ele também criou? Foge completamente à lógica.

Os livros que falam muito de demônios, de satanás essas coisas, é a Bíblia dos evangélicos que sofreram interpolações, adaptações, ajeitações durante os séculos, pelas escolas religiosas interessadas.

Então, nós na Umbanda não acreditamos. Sabemos que não existe demônio nem satanás, porque nós sabemos que Deus, a Divindade, a Deidade, como Supremo Comando de Luz jamais iria criar uma aberração consciencional para tentar, perseguir e maltratar aqueles outros filhos que ele criou. Mas para que, a título de que? Que infantilidade é essa? Eu vou criar um filho perverso e um bom para aquele perverso castigar o bom, perseguir o bom, para esse bom sofrer? Tem lógica isso? Não tem.

14ª Pergunta – Posso fazer aqui um parênteses? O mal, vamos dizer assim, o demônio descrito na Bíblia ele foi personificado como o princípio do mal. Segundo a Umbanda seria esse mal o baixo astral?

Resposta – O termo demônio serviria para identificar as hostes do baixo astral, as hostes satanizadas, as hostes bestiais de consciências turbulentas, mas não um espírito que foi criado por Deus para ser o chefe do mal do mundo. Deus não criou um espírito para ser o chefe do mal para tentar tudo o que é bom e todos os filhos. Agora as hostes demoníacas, as hostes satanizadas o baixo astral são hostes demoníacas, são falanges, e não como um, a unidade, um espírito que ele criou especialmente para ser o demônio, jamais. Então a Deidade, o Pai de Suprema Luz, de onisciência, iria criar semelhante aberração consciencional e espiritual? Jamais.

Mas o povão precisa desse tipo de alimento, de lenda. Isso é lenda, gera o medo. Como é outra corrente... Eu aqui não estou para falar de corrente de ninguém e nada. Agora o pensamento da Umbanda de fato e de direito eu tentei traduzir aqui.

15ª Pergunta – Nessa faixa mesmo, a pergunta que eu faço é o problema do Exu Tranca Ruas. Porque é que foi levado a uma imagem negativa, nos terreiros populares, por ai? Gostaria que o pai, por gentileza desse uma rápida explicação sobre esse assunto.

Resposta – Não é fácil explicar a Umbanda... É uma parada, mas vamos tentar rapidamente. Ora, o semelhante atrai o semelhante. Se nós que estamos todos aqui, estamos agora com essa corrente mental elevada de saber, de querer contato com espíritos de luz, vamos atrair esses espíritos de luz que também vem nos ajudar a clarear as ideias, certo? Mas se nós estivermos aqui, botar um galo preto acolá, estátuas de Exu acolá, bater um atabaque, tomar uma marafa e cantar "seu tranca vem cá, meu velho", o que é que pode atrair? Eu estou respondendo assim que é também para gente descontrair um pouco.

Então o ambiente é formado e age pela lei de atração. Quem é fã do baixo astral, o baixo astral aparece. E o baixo astral aparecendo, promete a fortuna, promete as mulheres lindas para os homens, promete os homens mais bonitos do mundo para as mulheres, promete quebrar a perna do marido, da amante, aquela coisa toda. A coisa é essa, é o baixo astral não a Pombagira de fato e de direito e nem o senhor Tranca Ruas que é o guardião, o mago de sabedoria.

16ª Pergunta – Ah!... Então o "seu" Tranca Ruas tá levando a fama? Os outros fazem e ele é quem leva a fama?

Resposta – Pois é, exato. As Pombagiras coitadas, essas é quem mais encapam as safadezas por aí.

Os pais de santo safados, sem vergonha, cafajestes... Me perdoe minha gente, não podia usar termos assim, não é?

Um mocinha uma vez, 18 aninhos, foi me consultar e disse: eu frequento um terreiro e o meu pai de santo disse que eu tenho uma Pombagira que estava pronta a tomar toda a força, o comando mediúnico e dar tudo que era de bom para ela, mas que ela teria que se submeter a determinadas condições.

Ela disse que pensou assim: meu pai falou do seu Matta, eu vou lá. Veio me contar isso, esse caso. Eu disse: minha filha isso é um tipo sem moral, sem mediunidade, que está usando o nome da Pombagira para lhe envolver numa baixa condição. Ah! Você está fazendo isso e aquilo porque tem a atuação de uma Pombagira Cigana, de uma Pomba Gira Sialú, de uma Pomba Gira Rainha, de uma Pomba Gira não sei de quê, de Cabaré não sei que lá, que ela tinha sete exus, era mulher de sete exus.

Então a pobre coitada que não tem uma orientação e um esclarecimento é envolvida nessa corrente negativa e começa às vezes até, coitada, a praticar coisas que ela jamais praticaria em sã consciência.

Essa é que é a realidade. Por isso que é necessário o esclarecimento, a leitura, que é para fugir dessas lendas, dessas crendices, que esses pais de santo sem moral, sem compostura, vivem inventando.

17ª Pergunta – Diz a Bíblia, segundo a palavra de Deus que não devemos nos comunicar com os mortos e nem fazer premonições. Segundo o Espiritismo qual a contradição e resgate de tudo isso?

Resposta – Olha a Bíblia eu já falei, não é a dona da verdade. É a dona da verdade para a corrente protestante ou corrente católica. A Bíblia, ela é para um pesquisador sério, profundo, que compara, nada mais nada menos que a história política, social, religiosa e racial do povo judeu.

A Bíblia está cheia de contradições. Quer ver uma contradição? Vai lá na Bíblia e abre em Aarão que está fazendo magia negra, está matando touro e botando bofe e sangue no altar. Está ou não está lá? Mas eles não falam isso. Essa parte está esquecida, ninguém toca. Essa parte está lá no antigo testamento que ninguém mais lê. Muito respeito os livros de outras correntes que seguem, mas para nós não é.

Tá cheio de contradições, cheia de interpolações.

Moisés escreveu cinco desses capítulos, segundo pesquisa, na língua copta, que era a língua que se falava no Egito, quando Moisés existia. Depois, outra pesquisa profunda diz que ele deixou fragmentos dessa verdade escrita só no aramaico, decalcado de um alfabeto chamado siríaco, de dificílima tradução e interpretação, tanto é que tudo se perdeu, tudo se embaralhou e somente no século VI a. C, Esdras Daniel, ajudado por uma sacerdotisa chamada Oudra, com auxílio de Camaleão, sumo pontífice, começaram a colher fragmentos dessa coisa toda e organizar uma espécie de cabala, porque a Bíblia veio da cabala, para poder consertar tanto quanto possível essa Bíblia.

Então a Bíblia já sofreu uma série de interpolações, de ajeitações, de adaptações. Os evangelhos são também segundo São Fulano, segundo São Cicrano, segundo o que fulano falou, o que cicrano disse, o que cicrano interpretou. Então pode ser a verdade para aquelas correntes, mas para nós que pesquisamos e comparamos não representa verdade nenhuma, nem a palavra de Deus, nem divina, nem nada.

Porém tem muitas verdades, como por exemplo, os 10 mandamentos de Moisés são quase os mesmos 10 mandamentos da página 28 do livro dos Vedas, está lá a mesma coisa. Milênios antes de Moisés já existiam aqueles 10 mandamentos. O sermão da montanha atribuído a Jesus é uma síntese do sermão que Buda fez muito tempo antes. Quer dizer, quem pensa que estuda vai escutando essas coisas todas e acreditando que está tudo certo.

18ª Pergunta – Obs.: Nesta pergunta um pai relata uma dificuldade com um filho que tem problemas, que tentou colocar fogo na casa, etc., porém não é possível ouvir claramente o relato, somente a resposta do mestre.

Resposta – O senhor quer saber se isso é uma dívida, que o senhor tinha que estar passando por esse aborrecimento todo? Sim, existe essa dívida, pois sabemos que todas as escolas pregam mais ou menos a mesma coisa.

Casamento, união, filhos, são ligações kármicas vindas do passado, não há acaso. Ninguém nasce de um pai ou de uma mãe por acaso, porque foi jogado ali. Tudo é condicionado, porque se aqui na Terra há leis para tudo, à maneira dos humanos, que fará a lei de cima, por que aqui nós passamos 50, 60 anos, lá em cima nós passamos toda a vida, então a lei lá encima é mais perfeita. Se esse filho do senhor veio assim para provação sua e da senhora sua esposa e a própria maneira de deixar esse espírito vir, foi alguma forma também de encontrar um meio de melhorar de se curar, pelo esforço do pai e da mãe, isso pode acontecer, é uma dívida kármica, não tenha dúvidas. Mas é um reajustamento entre o senhor, a senhora sua esposa e mãe dele, o pai dele e ele. Mas pode haver misericórdia divina e que ele fique bom, ou fique tão bem que o senhor passe a ter mais paz.

(O pai continua com argumentações difíceis de entender na gravação original)

Resposta – A Entidade não pode revogar a lei kármica, seria bom que eu pudesse pedir a uma Entidade que ele fosse lá encima e revogar uma situação kármica, a Lei lá de cima não ia permitir. O senhor e a senhora sua esposa estavam endividados, entrelaçados de um passado que nessa vida esse ser veio dessa forma. Ora, esse espírito aceitou vir no seio de vocês para esse reajustamento, porque não sabe o que vocês praticaram com ele no passado. Agora, ele veio também assim para que fosse reajustada essa dívida de vocês dois com ele, porque no passado você pode ter submetido ele a tortura, submetido a chicoteamentos, ele pode ter sido um escravo de vocês, que vocês martirizaram, queimaram, botaram no tronco, pode ter sido tudo isso e vocês terem aceitado ele vir aqui nessa encarnação para vocês se reajustarem.

Eu creio que o senhor vai encontrar ainda um ambiente espiritual que possa realmente ajudar. Se ele não tiver profundo defeito de ordem mental, se for também só uma grande influência espiritual astral, o senhor vai encontrar ainda socorro e melhoria para o seu filhinho. Eu acredito nisso, se Deus quiser viu, não perca sua fé não, não perca não.

19ª Pergunta – Quando a pessoa está ainda manifestada pela Entidade, sabemos que ela continua consciente, ouve, vê e sente, essas sensações podem ter fim, ou seja, na medida em que o médium vai evoluindo, ela desaparece?

Resposta – A incorporação, ou ela se processa logo de forma completa, que seria o caso dos médiuns de berço, ou ela se processará gradualmente de acordo com o campo emocional, psicológico, magnético e de saúde do médium. Então ela pode começar com 30%, 40%, 50%, 60%, atingir 70%, e o psiquismo desse médium ainda pode sentir, pode aferir, muita coisa da Entidade. Agora se no decorrer de sua evolução mediúnica houver um casamento completo ele deixará de interferir e de sentir o que está se processando através do seu corpo.

20ª Pergunta – Qual o melhor médium, o consciente ou o inconsciente?

Resposta – Aí entramos num tema profundo. O médium inconsciente total é uma simples máquina que um espírito toma a seu bel prazer e vai usá-lo da maneira que quer. Lógico se for um espírito adiantado ou atrasado terá uma comunicação muito autentica. Mas os chamados médiuns inconscientes são raríssimos.

Agora a mediunidade semiconsciente perfeita eu considero a melhor, porque é a mesma coisa que você saber que foi tomado, que está sendo dominado, que sua língua está falando, que seus olhos estão vendo, porque você está sabendo, mas não está podendo entender nem interferir nem compreender nada. E em caso de perigo imediatamente você retorna, pode retornar com mais facilidade ao seu corpo físico, isso é a semiconsciência perfeita. Agora os graus que a pessoa passa para chegar a essa semiconsciência, como falei, vai de 30% a 90% até.

21ª Pergunta – Como deve proceder, quanto ao sexo, o homem solteiro para que ele não prejudique sua mediunidade?

Resposta – Se um rapaz solteiro tem mediunidade mesmo e ele está praticando essa mediunidade num terreiro, ele se conscientiza de que ele está sendo útil ao seu semelhante, ele deve zelar pela sua saúde física, saúde psíquica e pela limpeza de seu aura.

Ora, sabemos que cada pessoa tem o seu aura que é a emanação de todo seu sistema de saúde e psicológico que irradia aquilo que nós sentimos, haurimos, atraímos, está conosco e dentro de nossa aura. Se um rapaz solteiro tem necessidade de permutar hoje com uma, amanhã com outra, depois da manhã com aquela outra... Todas terão o aura limpo, que ele possa permutar sem haurir, sem aferir miasmas, mazelas, sequelas? Aí é que está, ele pode se sujar nessa sua andança de procura de sexo, se é que ele é médium mesmo e quer praticar e está conscientizado, então ele deve equacionar essa permuta o melhor possível e escolher bem. Ele deve casar, se é o caso, ou deve ter uma companheira efetiva que ele saiba que tenha um aura limpo, um pensamento limpo, essa é que é a verdade, o que eu entendo e tenho experiência através de outros médiuns.

22ª Pergunta – Gostaria de saber se ainda existem espíritos que ainda não encarnaram nesse planeta?

Resposta – Há sim, milhões e milhões ainda. Existem espíritos elementares, espíritos da natureza que ainda estão consolidando o corpo astral para criar condições para a primeira encarnação. São chamados espíritos da natureza, que estão nos sítios vibratórios se preparando para isso.

Essa foi a última pergunta e o mestre o qual encerra a

palestra com essas palavras:

Bem, se fosse o caso, ficaríamos a noite inteira com mil facetas e mil ângulos dessa nossa misteriosa Umbanda, profunda, temática, que tem religião, tem ritualística, tem magia, que tem envolvimento mediúnico, e tem essa gama que tanto atrai o povo, mas eu agora para finalizar, agradeço a atenção maravilhosa desse ambiente. Espero que eu tenha sabido me comunicar bastante e espero que no futuro ainda possa um dia voltar para termos mais um papo desses. E muito obrigado a todos que tiveram a paciência de me ouvir.

O SEGREDO REAL DO VELHO CAFRE

O Tico Tico, n. 437, 18 de fevereiro de 1914

Em dezembro de 1894, um velho Cafre[20] apresentou-se no posto do governo de Pretória[21] (capital do Transwaal, que era então uma República independente) e pediu para falar com o presidente Kruger a quem desejava remeter uma mensagem da maior importância.

Os funcionários, admirados com a audácia do Cafre, fizeram conduzi-lo ao posto de polícia.

Quinze dias mais tarde, quando foi posto em liberdade, o Cafre tentou novamente falar com o presidente Kruger. Dessa vez foi mais bem recebido e levaram-no a presença de um funcionário, cujos sentimentos pelos indígenas do Transwaal eram de justa imparcialidade, coisa rara entre os seus colegas.

Esse funcionário ouviu o velho Cafre, que se chamava Umbanda, era – ao menos estava persuadido de o ser – o único sobrevivente de uma tribo de indígenas, que haviam sido reunidos à nação dos zulus por Chaka, o grande guerreiro negro, o Napoleão sul-africano, e por seu sucessor Dingaan.

O fato de o Cafre lembrar de Chaka provara que tinha mais de oitenta anos e sua aparência confirmava essa pretensão. Seu pai, dizia ele, na qualidade de *induna*[22] da casa do chefe (a tribo tinha um chefe hereditário), era o guarda oficial

20 Indivíduo de algumas populações da África, especialmente de uma região antiga, chamada Cafraria.
21 Capital executiva da África do Sul.
22 Funcionário oficial de um rei ou chefe em sociedades sul-africanas do Bantu.

dos tesouros desse chefe, que consistiam em ricos depósitos de ouro, amontoados em uma caverna.

Uma parte dessa riqueza era, em certa datas fixas, transportada por homens de confiança, até Delagoa, onde servia para traficar com os portugueses.

Logo que Umbanda foi homem, atribuíram-lhe o cargo invejado de chefe da escolta dos comboios de ouro e mais tarde nomearam-no oficialmente guarda do Tesouro Real.

Ele era naquela data a única pessoa no mundo, que conhecia o segredo do tesouro e, sentindo já próximo o seu fim, decidira-se vir a Pretória para confiar seu segredo, a Paulo Kruger, a quem considerava legalmente como herdeiro dos direitos que gozara seu falecido chefe. Demais, sendo seu segredo o eu ele chamava enfaticamente um "segredo real", só estava disposto a revela-lo ao presidente Kruger.

O funcionário, que ouvira a história de Umbanda era o Sr. David Wilson. Havia sido o primeiro comissário das minas em De-Kap-Gold-Fields e seu conhecimento profundo dos costumes indígenas, assim como sua grande ciência das jazidas auríferas, levaram-no a acreditar na história do velho Cafre, tanto mais quanto Umbanda não pedia recompensa alguma, contentava-se com "a satisfação – dizia ele – de um dever supremo a cumprir".

O Sr. Wilson conversou a esse respeito com o presidente Kruger e tentou decidi-lo a conceder uma audiência ao velho Cafre.

Nessa época, porem a prosperidade do Rand[23] estava no seu auge, o ouro afluía ao Tesouro do presidente Kruger e este não se interessou por essa "história inventada por um velho louco" – disse ele.

E recusou-se categoricamente a receber o Cafre.

Este ficou muito desapontado, porém, continuou a negar a revelação do segredo a ouro que não fosse o presidente Kruger.

Quatro meses depois, voltou a Pretória e pediu de novo a Wilson para falar com o presidente.

Dessa vez Kruger ouviu os conselhos de Wilson e consentiu em enviar seu genro, o Sr. Frikkie Eloff, e o general Joubert

23 Moeda oficial da África do Sul.

ao lugar em que devia estar o tesouro.

Umbanda recusou. Repetia melancolicamente:

– É um segredo real, que não pode ser confiado senão a um rei, ou um chefe de governo.

Todos os esforços de Wilson foram em vão. E partindo para a sua aldeia o Cafre declarou com solenidade impressionadora:

– Tomem cuidado... Dentro de dois meses estarei morto.

E eis como Wilson narra sua tentativa para entrar na posse do famoso segredo.

Três meses depois, estava eu em Krugersdrop onde dirigia o jornal *Transwall Sentinel*. Um dia, recebi uma carta de Wilson informando-me de que achara a pista de Umbanda no distrito de Krugersdrop, e estava decidido a descobrir o tesouro misterioso; pedia meu concurso para essa empresa delicada.

Sabendo, desde minhas primeiras investigações, que Umbanda estava em relações amigáveis com um indígena empregado em uma das minas do Rand ocidental, entretive relações com os diretores das turmas indígenas e todos aqueles que, por suas funções, estavam em comunicações constantes com os Cafres.

Entre estes últimos, descobri um intérprete Cafre, que se propôs a procurar Umbanda.

Passado certo tempo, trouxe-me um velho Swazi,[24] que me apresentou nestes termos:

– Não é Umbanda, mas conhece-o e mesmo já o encontrou há três meses na mina York.

Arranjei os passaportes necessários e levei o Swazi a casa de Wilson em Johannesburg.

Depois de uma hora de conversação, Wilson disse-me que ia seguir os conselhos desse velho, pois se sua história não era isenta de contradições, ao menos apesentava algumas indicações prováveis. Ele explicara a meu amigo que conhecia Umbanda desde sua infância, que o sabia possuidor do "segredo real" e que a presença de Umbanda no distrito de Krugersdrop devia certamente ter alguma relação com o tesouro.

---

24 Os Swazi são um grupo étnico bantu da África do Sul.

Começamos por inspecionar a região entre Krugersdrop e Sterkfontein, onde quase todo solo, quase todo calcário, oferece inúmeras e profundas cavernas, repletas de estalactites e de estalagmites de lindo efeito.

O Swazi assegurou-nos, que entrara em uma dessas três cavernas com Umbanda. Isso deu-nos esperança e, como simples visitantes, exploramos, sucessivamente, todas as cavernas. O guia explicou que bastantes dentre elas não haviam ainda sido exploradas. Imaginem nossa alegria, quando o ouvimos dizer que havia sido encontrado ouro natural naquela região!

Vestimos para essas pesquisas a roupa mais usada que possuímos, enrolamos em torno dos joelhos, cotovelos e quadris, muitas tiras de pano, para nos protegermos contra as contusões das quedas que fatalmente iríamos dar. As mãos estavam protegidas por luvas de couro, precauções úteis contra as estalactites, e nossas provisões constavam de conservas, biscoitos, pão e brandi misturado com água.

Não levamos água, julgando encontrá-la nas grutas. Levamos também uma dúzia de archotes, três lanternas surdas e um milheiro de fósforos, cuidadosamente abrigados da umidade, e 3000 metros de corda.

Chegando diante das cavernas, ocultamos nosso carrinho, desatrelamos os cavalos e carregamos provisões.

Ao fim de uma hora paramos para descansar chegado à beira de um poço profundo, cujo aspecto deu esperança a Wilson, visto o Swazi ter contado que Umbanda, para chegar ao tesouro, descia por um poço.

Prendi uma pedra a uma corda e lancei-a como sonda de marinheiro e Wilson, radiante de alegria, anunciou-me que o fundo do poço continha ouro.

Wilson era muito pesado, despi-me, resolvi-me eu a explorar esse poço. Solidamente amarrado, desci por ele.

Confesso que foi um dos momentos mais desagradáveis de minha vida, sobretudo quando entrei na água gelada, negra como tinta, e que minha imaginação povoava de repteis ferozes. Respirei logo que vi que o fundo do poço era muito largo e tinha terra firme, 30 palmos abaixo da entrada. Enviaram-me uma lanterna e examinei atentamente a areia, a mês pés; como Wilson previa, essa areia continha ouro.

Satisfeito, deixo-me suspender pelas paredes da rocha que me feriram os joelhos e as mãos; chegando junto de Wilson quase me atirei em seus braços, tanto acreditava em minha descoberta.

Durante minha ligeira refeição que tomamos então, traçamos nosso plano de ação: eu desceria de novo ao poço, ganharia a nado a margem oposta do lago ali existente. Wilson e o Swazi iriam ter comigo.

Logo que explicamos tudo isso ao Cafre, ele se pôs a gesticular, mostrando medo de se afogar na água do poço!

Fui de opinião que o deixássemos até nossa volta, mas Wilson, furioso, não cedeu.

Desci e logo depois ouvi lá em cima o ruído de violenta discussão, no curso da qual, uma das lanternas caiu, como um meteoro, apagando-se na água. Gritei a Wilson recomendando-lhe calma.

Meu amigo surpreendera o Cafre com um dos bastões ferrados, pronto a feri-lo por trás. De repente, vi com terror a segunda lanterna cair na água e distingui o ruído de um soco, seguido de gemidos e um "pluf" na agua, perto de mim. Alguém caia no poço. Wilson ou o Cafre? Não tive tempo para refletir cinco segundos; Wilson gritou:

– Atenção! O Cafre está na água e está com um dos bastões ferrados. E eu nas trevas, incapaz de me defender, esperando ser atacado pelo Cafre. Um minuto de angustia mortal se passou. Nada. Nada a não ser um silêncio horrível.

Então, outros pensamentos me assaltaram. Se o Cafre morreu caindo na água, seremos acusados desse assassinato. Na minha confusão não me lembrei de que matar um Cafre no Transwaal não era considerado crime.

– Onde estará esse animal? – Exclamou Wilson

Não pude responder, ignorando o que fora feito do Swazi.

Então Wilson gritou, que encontrara a terceira lanterna. Confesso que a sorte dessa lanterna interessou-me muito. Wilson ao contrário, queria continuar a exploração.

Para lhe ser agradável examinei o lugar. As paredes de rocha e calcário não ofereciam a menor passagem: se Umbanda vinha ali, devia por certo conhecer algum caminho secreto.

Desanimado, subi e, enquanto secava a roupa, Wilson contou-me a luta que tivera como Swazi. Mas não se inquietava com as consequências desse desaparecimento.

Não relatarei as peripécias da volta, que foram as mesmas da vinda. Com a diferença de que sofremos sede.

Tínhamos entrado na gruta às cinco horas da tarde. Às quatro horas da madrugada reaparecemos na superfície da terra, transidos de umidade, mortos de fadiga e mais céticos do que nunca, quanto à veracidade das histórias do Swazi.

Atrelamos os cavalos ao carro e tocamos para Krogersdrop. Caminhamos lentamente por caminhos péssimos, quando Wilson deteve repentinamente os cavalos e mostrou-me um ponto ao longe: vimos então um Cafre surgir do solo, como por encanto, apanhar um embrulho e correr na direção oposta à nossa.

– É o Swazi! – Exclamou Wilson, que como eu reconhecera a roupa, riscada de azul, do nosso guia.

Chamamo-lo, porém ela ainda correu mais ligeiro.

Ao longo do caminho procuramos esclarecer esse mistério.

Por que passagem secreta o Swazi escapara?

Nunca resolvemos esse problema e o tesouro, se existe, ainda deve estar lá.

O CULTO DA CABULA

No primeiro volume da obra *História da Umbanda no Brasil* fizemos uma breve abordagem do Culto da Cabula e suas influência na práticas nos rituais da Umbanda. Apresentamos agora um estudo mais abrangente sobre o tema.

O culto da Cabula é um exemplo que aponta para a fusão dos ritos bantos com o Catolicismo Espiritismo. Este culto, praticamente extinto, generalizou-se após a Lei Áurea e é o precursor das primitivas macumbas. Originária da Bahia passou a ser conhecida no final do século XIX após o fim da escravidão e apresentava caráter secreto e religioso. Em diversos locais recebeu a influência do Catolicismo formando uma amalgamação sincrética onde se ouviam muitos termos utilizados nos terreiros de Umbanda. No final do século XIX, a Cabula já era amplamente presente como atividade religiosa e passou a receber influências do Espiritismo.

Esse sincretismo afro-católico ocorreu, principalmente, nas áreas rurais da Bahia e do Rio de Janeiro. Pesquisas históricas dão conta de que a Cabula refere-se aos rituais negros mais antigos, que envolviam imagens de santos católicos sincretizados com os Orixás. Foi uma herança, reprimida, dos cultos africanos, nas senzalas. Nestas práticas os antigos sacerdotes mesclavam suas crenças e culturas com o catolicismo para conseguirem praticar e preservar sua crença.

No Rio de Janeiro, do final do século XIX e início do século XX, eram comuns as práticas afro-brasileiras similares a Cabula e também ao que ainda se conhece como Almas e Angola. Na obra Kitábu, Nei Lopes (*Kitábu*: o livro do saber e do espírito negro-africanos. Rio de Janeiro: Editora Senac, 2005). registra sobre o culto Omolokô e o culto Cabula. Sobre a cabula, é relatado:

> A Mesa e o Santé – a Cabula é uma confraria de irmãos devotados à invocação das almas, de cada um dos kimbula, os espíritos congos que metem medo. Também se dedica à comunicação com eles por meio do kambula, o desfalecimento, a síncope, o transe enfim. Toda confraria de cabulistas constitui uma mesa. O chefe de cada mesa é o embanda, a quem todos devem obedecer. Cada embanda é secundado por um cambone. A cabula é dirigida por um espírito, Tata, que encarna nos camanás, iniciados. Sua finalidade é o contato direto com o Santé, o conjunto de espíritos da natureza que moram nas matas. Por isso, todos os camanás devem trabalhar e se esforçar para receber esse Santé, preparando-se mediante abstinência e penitências. Cada um dos espíritos que formam o Santé é um Tata. Todo camaná tem e recebe seu Tata protetor, seja ele o Tata Guerreiro, o Tata Flor de Carunga, o Tata Rompe Serra, o Tata Rompe Ponte. Na mata moram os Bacuros, anciãos, antepassados, que nunca encarnam (incorporam). A reunião dos camanás forma a engira (...).
>
> O Omolocô é um ramo da cabula, da mesma for-

> ma que a cabula é um ramo do Omolocô, ciência dos antigos nganga-ia-muloko, que controlavam a maldição dos raios. O omolocô tem Zambi como Entidade Suprema. E cultua entidades como Canjira, o senhor dos caminhos e da guerra; Quimboto, o dono da varíola e das doenças; Caiala, senhora do mar; Pomboê, dona dos raios; Zambanguri ou Sambariri, senhor do trovão; Quiximbi ou Mamãe Cinda, dona das águas doces. No Omolocô todo pai é um Tata; seus auxiliares são os cambones; todo filho é um caçueto; e toda médium, intermediária entre o Santé e o mundo dos vivos, é uma cota. E todos são malungos, amigos, companheiros.
> A bandeira do Omolocô é verde, atravessada em diagonal por uma linha branca e com uma pena branca no centro (...). O camutuê, cabeça, do futuro caçueto não será raspado, recebendo apenas uma pequena tonsura (...).

De alguma forma a Umbanda tem influencias da cabula, pois mantém forte a presença do Orixá em sua pratica doutrinária.

No Rio de Janeiro, antes mesmo de Zélio F. de Moraes incorporar o Caboclo Sete Encruzilhadas, no ano de 1908, já era bastante comum à prática dos rituais afros similares aos que conhecemos hoje como Cabula, Omolocô e Almas e Angola. Talvez com o surgimento da Umbanda, tenha-se obtido uma maior organização no que se refere ao desenvolvimento mediúnico, à prática da caridade e o auxílio ao nicho populacional menos favorecido.

A cabula foi perseguida ferozmente pela polícia. O pesquisador Roger Medeiros diz que o temor e, consequentemente, a perseguição a cabula vêm lá de trás, ainda por ocasião da escravatura, quando ela foi usada pelos negros como força revolucionária nos seus confrontos com os fazendeiros. A cabula era um ritual para abater os inimigos com feitiço, executando continuamente líderes escravagistas, especialmente aqueles que perseguiam os negros fugidos da senzala. Era, em verdade, um instrumento de luta manejado por um guerreiro invisível e intangível, de demônios constituído. O ódio era maior, principalmente, se esse feiticeiro fosse remanescente dos vindos da África.

Manter o segredo sobre o ritual era como uma lei para não ser desobedecida nunca pelos seus adeptos. Há inúmeras histórias de adeptos da cabula presos e torturados pela polícia, mas que jamais revelaram os segredos de seus rituais. A longevidade da cabula andou, inclusive, por conta desse pacto da sociedade negra para com a sua religião, segundo o historiador Maciel de Aguiar. Mas Maciel divide em dois momentos distintos a cabula: uma em que ela mantinha a chama revolucionária e outra servindo às rixas entre suas próprias comunidades.

Em meados do século XX a cabula passou a sobreviver com outros propósitos. Mas o seu começo foi realmente o de servir à luta pela libertação dos escravos. Sua eficiência foi tamanha nesta etapa que o governo da Província, instigado pelo padre da região, Duarte Pereira Carneiro, instituiu a guerrilha de São Mateus para o extermínio da cabula.

Segundo ainda Maciel, essa guerrilha remanejou para São Mateus capitães do mato de outras regiões do Pais. Entre eles veio um dos mais temidos, o cearense Francisco Vieira de Melo, que executou o Negro Rugério, chefe do Quilombo de Santana. Mas escaparam dele outros líderes revolucionários, entre eles Benedito Meia Légua e Clara Maria do Rosário, que só seriam mortos depois da ida à região do bispo diocesano do Estado, Dom João Batista Correia Nery.

Mas o bispo só chegou lá depois da abolição da escravatura, movido pelo momento por que passava o país, ainda tomado pelo alvoroço religioso-fanático de Antônio Conselheiro no sertão da Bahia. Desconfiavam os dirigentes católicos da terra que este mesmo fanatismo do sertão baiano seria transportado para a região do vale do Cricaré, onde existiam, na época, cinco mil escravos libertos.

Por esse tempo, a cabula havia crescido muito, tinha deixado de ser apenas religião dos negros fugidos, passando a ser, também, dos negros libertos e praticamente de toda a população negra. A partir desse novo contingente de frequentadores, ela dedicou-se também ao culto aos seus heróis revolucionários, com a sistemática encarnação nos cabuleiros dos espíritos revolucionários de Benedito Meia Légua, Negro Rugério e Maria Clara do Rosário.

Por esse período da grande afluência dos negros a cabula, que vai da abolição da escravatura (1888) ao inicio do século XX, passando pela transição da Monarquia para a República, o bispo Dom João Batista Nery conseguiu que o governo pusesse em execução a maior perseguição policial a cabula, sob suspeita, novamente, de que ali estaria também para surgir um novo Canudos, com outro fanático à frente do tipo de Antonio Conselheiro.

A intervenção do bispo chegou ao ponto de fazer o governo considerar a cabula uma atividade criminosa. E a cabula defendeu-se caindo na clandestinidade, disfarçando sua atividade na prática do Espiritismo, que era tolerado pelas autoridades policiais.

O Bispo Dom João Corrêa Nery fez, no início do século XX, em uma pastoral, a descrição deste culto onde diz que a Cabula é semelhante ao Espiritismo e à Maçonaria, reduzidos a proporções para a capacidade africana e outras do mesmo grau.

O tema foi retomado por Nina Rodrigues apontado para a explicação de que o Espírito que comanda os trabalhos é chamado de Tatá. Seus adeptos, chamados de Camanás, devem guardar sigilo absoluto sobre os rituais sob pena de morte por envenenamento.

Tal qual no Catimbó, as sessões são denominadas mesas e o chefe de cada mesa é chamado de Embanda, sendo auxiliado pelo Cambone. A reunião dos camanás (cabulistas) forma uma Engira. Todos devem obedecer cegamente o Embanda sob pena de castigos severos. Usam calças e camisas brancas e lenços amarrados à cabeça.

O templo é denominado de Camucite. O local é secreto, sempre embaixo de uma árvore frondosa no meio da mata, em torno da qual é limpa uma extensão circular de aproximadamente 50 metros. Feita uma fogueira, a mesa é colocada do lado leste, rodeando pequenas imagens com velas acesas, simetricamente dispostas.

As velas são denominadas estereiras e são acesas iniciando-se pelo leste, em honra do mar (calunga grande), depois para o oeste, norte e sul.

Logo após a abertura do ritual, o Embanda, ao som dos nimbus (pontos cantados) e palmas compassadas, se contorce, revira os olhos, bate no peito com as mãos fechadas até soltar um grito estridente. Vejamos um desses nimbus:

Dai-me licença, carunga
Dai-me licença, tatá
Dai-me licença, báculo
Que embanda qué quendá

O cambone traz então um copo com vinho e uma raiz. O Embanda mastiga a raiz e bebe o vinho. Serve o fumo do incenso, queimado neste momento em um vaso e entoa o segundo nimbu:

Báculo no ar
Me queira na mesa
Me tombe a girar

O Embanda, ora dançando ao bater compassado das palmas, ora em êxtase, recebe do cambone o candaru (brasa em que foi queimado o incenso), trinca nos dentes e começa a emitir chispas pela boca, entoando então o nimbu:

Me chame três candaru
Me chame três tatá
Sou Embanda novo (ou velho)
Hoje venho curimá

É a hora das iniciações. Os pleiteantes (caialos) a camanás (iniciados), vestidos humildemente com calças brancas e camisa da mesma cor e descalços, são levados pelos seus padrinhos até o Embanda e tão logo adentram o círculo, passam três vezes por baixo das pernas do Embanda. Este aspecto do ritual é denominado tríplice viagem, que simboliza a fé, a humildade e a obediência a seu novo pai. O Embanda recebe a emba (pemba pilada) e com ela fricciona os pulsos, a testa e o occipital do caialo, que depois mastiga a raiz e bebe o vinho oferecido pelo Embanda.

Após esse ritual o Embanda toma uma vela acesa, benzese e começa a passá-la por entre as pernas, por baixo dos braços e pelas costas do camaná. Se porventura a vela se apagar diante de um dos camanás, esse deverá ser castigado com várias pancadas na mão com o kibandan (palmatória), até que a vela não mais se apague. Esses castigos são frequentes e o Embanda manda aplicá-los sempre que julga conveniente, para o aperfeiçoamento dos camanás.

Então, avaliada a fé de todos os camanás, prossegue-se com a tomada do santé, que é a parte principal das reuniões. Entoam um nimbu apropriado e o Embanda dança, com grandes gestos e trejeitos para que o Espírito se apodere de todos. De tempos em tempos todos lançam ao ar a emba, para que se afastem os "maus espíritos" e fiquem cegos aos profanos, não devassando assim os seus segredos.

Os espíritos que baixam nos adeptos identificam-se como Tatá Guerreiro, Tatá Flor de Carunga, Tatá Rompe-Serra, Tatá Rompe-Ponte etc. Este culto praticamente não existe na atualidade e foi absorvido pelo Catimbó Jurema e pelas macumbas, principalmente no Rio de Janeiro.

Tata Tancredo Silva Pinto e Byron Torres escrevem sobre o ritual dos cabulistas:

Os cabulistas faziam os seus trabalhos nas matas virgens e eram conhecedores profundos dos pontos cabalísticos, de leitura muito difícil.

Desse culto originou-se, mais tarde, a Linha das Almas, em consequência do sincretismo católico, que trouxe as palavras "almas" e "espírito". Passaram então, os cabulistas a fazer as suas obrigações para as "almas", mas dentro do seu culto.

Na Lei das almas, os homens são chamados de mucambos e as mulheres de mucambas. O médium de modo geral é camba.

Os cambas, quando em trabalho de culto, usam um largo cinturão, onde trazem, embutidos, diversos amuletos, pedaços de aço, de ferro, ferraduras pequenas, duas estrelas de prata etc.

Os seus auxiliares diretos são os embandas, os cambonos de gira e outros.

Os espíritos da natureza que habitam nas selvas são chamados de Santé, e têm, nos nomes, algumas semelhanças com os demais cultos. Assim, Tata Veludo corresponde a Exu. Tata das Matas, a Oxóssi, Tata da Pedreira, a Xangô etc.

Os que vão iniciar nesse culto recebem o nome de camanás, para os homens, e mucambas, para as mulheres.

Os seus trabalhos são realizados embaixo das árvores consagradas no culto, dentro das matas. Esse trabalho chama-se mesa, e é assistido pelos sacerdotes menores, como os embandas.

A mesa (trabalho) é aberta três dias antes ou depois da Lua Nova, conforme a natureza do trabalho. Acendem uma vela na direção Norte-Sul, riscando um grande signo de Salomão, de 35 ou oito pontas e colocando uma cruz nesse local.

Na mesa, debaixo das árvores consagradas, colocam espelhos, pedras, cachimbos grandes e pequenos, um alguidar com uma infusão de raízes, como guiné, e outras, além de tocos e banquinhos.

Os Santés, quando arriados, batem no peito, emitindo um ronco oco, acompanhado pelas palmas ritmadas dos presentes. Os Pretos Velhos, espíritos de velhos Tatas, dançam flexionando os joelhos.

Percebem-se algumas diferenças em relação ao que foi relatado por Nina Rodrigues. Com a urbanização do Rio de Janeiro, ficou cada vez mais difícil a pratica da cabula nas matas e o culto passou a ser praticado nos terreiros, acabando por amalgamar-se com as macumbas. É um culto praticamente extinto.

SEU 7 – ANOS 90

Adão Lamenza

Já distante dos holofotes da mídia, o Chefe Supremo da Lira, seguia obstinado em prestar caridade e cumprir, da melhor maneira possível, sua missão. Missão essa de tentar aliviar as mazelas do mundo e espalhar o amor e a bondade a todos que batessem em sua porta, ou seja, em sua Lira. Com seu tradicional marafo "Creoula" fora do mercado nos anos 90, o Guardião comandava seus trabalhos empunhando a garrafa da aguardente "Caninha da Roça" e seu charuto entre os dedos.

A multidão que se aglomerava em seu templo deu passagem a um grupo mais seleto de pessoas que realmente demonstravam seu firme vínculo com o Rei da Lira que, por sua vez, seguia em suas giras sem jamais perder o foco: A Caridade!

Figura 50: Seu Sete acompanhado por uma grande amiga: Dona Flor. Acervo de Adão Lamenza.

ELA TAMBÉM É GANGA!

Adão Lamenza

Em 4 de Outubro comemorava-se o aniversário da Pombagira Dona Audara Maria do Oricó, também conhecida como a Dona da Rosa Vermelha e esposa de Seu 7 da Lira. A história narrada pelo próprio 7 da Lira e ouvida *in loco* por esse humilde cambono foi que Eles se encontraram em uma longa estrada encantada e após a corte do Exu, caminharam por muito tempo de mãos dadas e se separaram numa encruzilhada. E então, tornaram-se um casal. Separados na encruza, mas unidos na encantaria e na caridade para sempre.

Muito mais rigorosa e austera que Seu 7 da Lira, D. Audara Maria cobrava as faltas comportamentais dos filhos de Santo da casa e era responsável por comandar a gira de Exu do grande Terreiro de Santíssimo. Vibrava na linha do Oriente e sua gira era detentora de uma rara beleza.

Figura 51: Pombagira Audara Maria incorporada em Mãe Cacilda de Assis. Acervo de Adão Lamenza.

TENDA ESPÍRITA MIRIM – A UMBANDA NA UMBANDA

Coronel Carlos Soares Vieira

Preliminares da sua criação

O médium Benjamim Figueiredo,[25] em 1919, com apenas sete anos, participava com a sua família de Sessões Espíritas, na Rua Henrique Dias, 26, Rocha, Rio de Janeiro, haja vista ter sido sua avó, uma das pessoas a trazer o Espiritismo para o Brasil.

Na sessão de 12 de março de 1920 uma entidade incorporou no jovem médium, pela primeira vez, identificando-se como Caboclo Mirim, o Grande Mestre que veio ensinar a "Es-

25 Nascido em 26 de dezembro de 1902 e falecido em 3 de dezembro de 1986.

cola da Vida", que poucos conheciam na época, dizendo: esta será a última sessão de Kardec realizada pela família e que as próximas passariam a ser de Umbanda.

Não era mais possível para Benjamim continuar o seu trabalho com os kardecistas, que recusavam veementemente a presença desse tipo de espíritos, considerados por eles de impuros para desenvolverem o progresso da humanidade.

O caso de Benjamim, acontecido quando era jovem e tendo como palco o Kardecismo, é semelhante ao ocorrido em 1908 com Zélio de Moraes, o fundador da Umbanda.

Pelas orientações recebidas, Ele (o Caboclo Mirim) poderia praticar a caridade de uma forma mais brasileira, ou seja, próxima das camadas menos favorecidas da população.

Durante os primeiros anos de ligação com o Caboclo das Sete Encruzilhadas, Benjamim foi auxiliado no seu desenvolvimento pelo médium Zélio Fernandino de Moraes. Sobre a descendência da Tenda Mirim, Lilia Ribeiro conta que Benjamim passou a frequentar a Tenda Espírita Nossa Senhora da Piedade, a Tenda de Zélio, para que ele o desenvolvesse na Umbanda. Disse ainda eu em um dos trabalhos de praia, local vibracional, realizados pelo Caboclo das Sete Encruzilhadas, estando presente o Benjamim, o Caboclo das Sete Encruzilhadas incorporado em Zélio, deu passagem ao Orixá Malet, uma das entidades de trabalho da Tenda Espírita Nossa Senhora da Piedade, que de imediato, dirigindo-se à Benjamim, segurou-o pelo braço e colocando-o nas costas de Zélio correu com o mesmo por meio quilometro e, retornando ao local inicial, jogou Benjamim no mar, dizendo: "Você está pronto para trabalhar com o Caboclo Mirim".

A meu ver, esta simples cerimônia de colocar o médium nas costas, correr e ao retornar jogá-lo no mar, representa, salvo melhor juízo, um batismo na Lei de Umbanda.

Pai Roberto, que trabalhava com um médium do bairro de Alcântara – São Gonçalo, Rio de Janeiro. Benjamim foi visitar o terreiro desse médium e Pai Roberto disse a Benjamim que ele abandonaria o cavalo dele e passaria a trabalhar com Benjamim, deixando de lado os trabalhos de feitiçaria que fazia através dele.

O Caboclo Mirim vinha com a finalidade de criar um novo núcleo de crescimento para a Umbanda, e assim, toda a família do médium foi convocada para preparar a Seara Mirim, dando início à mesma em 1924, para nela firmar os postulados da nova organização.

E os chamados ou escolhidos foram: José Nunes de Figueiredo Filho, Judith Gonçalves Figueiredo, Benjamim Gonçalves Figueiredo, Eduardo Gonçalves Figueiredo, Madalena Gonçalves Figueiredo, Eugênia Gonçalves Figueiredo, Hercílio Latino Gonçalves, Abigail Maria Gonçalves, David Latino Gonçalves, Benjamim Franklin Gonçalves, José Fróes e João da Mata Mesquita Filho. São 12! E 12 foram os apóstolos de Jesus! Coincidência?

A partir de então, toda família Figueiredo viu-se envolvida na formação daquele que seria um dos mais importantes núcleos umbandistas do Brasil.

Aos 13 dias do mês de outubro de 1924, considerou-se fundada a Tenda Espírita Mirim que começou a funcionar à Rua São Pedro – Centro, hoje extinta e, após 18 anos, em 1942, na Rua Ceará, hoje Marechal Rondon, 597 – São Francisco Xavier, Rio de Janeiro, uma majestosa sede.

Disse o Caboclo Mirim em uma das suas primeiras mensagens: – A partir deste momento a Tenda Espírita Mirim será reconhecida mundialmente e advertiu que aquela seria uma Organização única no gênero em todo Brasil, cujo método seria adotado por outras Tendas, até mesmo em outros Estados da Federação, o que mais tarde teríamos a oportunidade de comprovar.

De fato, o ritual da Tenda Mirim sempre se destacou no meio umbandista, por trazer influências das correntes filosóficas que vão desde o Ocultismo e a Teosofia, ao Espiritismo de Kardec.

Ainda como parte da ruptura com outras religiões, nos Terreiros orientados pelo Caboclo Mirim, não se encontravam altares com as imagens católicas, mas sim, apenas a de Jesus, situada acima da altura da cabeça dos médiuns, onde se lia a inscrição "O Médium Supremo.

Os atabaques foram trocados por tambores (tocados por

médiuns sentados). Toalhas de guarda e as vestes rendadas coloridas típicas da Bahia deram lugar aos brancos uniformes e calçados sempre sóbrios, como a lembrar a seus médiuns que todos eram apenas "Operários da Fé", ou melhor, "Soldados de Oxalá", como consta da letra de um belo hino da Tenda Mirim.

Instruções do Caboclo Mirim

1ª) Abra o seu corpo, esqueça a vida material e fale somente o necessário.

2ª) Não interceda no comportamento de ninguém, por mais estranho que seja, respeitando a todos indiscriminadamente, pois assim estará respeitando a si próprio.

3ª) Não ria nem caçoe de ninguém, mantendo o silêncio absoluto e total.

4ª) Não ache graça nas entidades incorporadas, pois as mesmas comportam-se de diversas maneiras, dependendo do cavalo, isto faz parte dos trabalhos.

5ª) Respeite o iniciante incorporado, mesmo achando que o mesmo não esteja firme com o Guia, pois os mesmos estão em evolução como todos nós e fazem parte importante dos trabalhos.

6ª) Evite o contato físico com os outros, não ponha a mão na cabeça de ninguém, pois você desconhece o que as pessoas trazem consigo mesmo de bom ou de ruim. Somente os médiuns juramentados podem fazer isso, assim assumindo a responsabilidade.

7ª) É perigoso dar consulta, pois no momento da consulta você assume uma responsabilidade espiritual séria consigo mesmo.

8ª) A alimentação, bem como o zelo do seu corpo físico, são fatores preponderantes para a boa captação dos fluidos que emanam da Espiral Ascendente formada pelo ectoplasmia de todos e que de lá vem à verdadeira cota de cada um, de acordo com os seus merecimentos. O valor da entidade depende do corpo físico e do corpo mental do cavalo e se o mesmo não tiver uma boa saúde psicofísica e mental, a entidade não terá nada para dar a quem necessite.

9ª) Acompanhe mentalmente e cante as curimbas, pois as mesmas são orações cantadas e trazem nas suas palavras verdadeiras filosofias de vida e ensinamentos. Não intercedam nos curimbeiros solicitando cantar esta ou aquela curimba simplesmente porque você acha bonita ou que rima bem. A curimba é fator de importância nos trabalhos e cabe a quem estiver comandando a gira, ordená-las de acordo com a necessidade.

10ª) Abra o seu coração. Oxalá veio ao mundo e não o virou, trouxe sua doutrina e foi um observador. Não será você que poderá julgar os outros. Seja, portanto, um observador oculto da vida, pois viemos ao mundo para sermos comandados e não comandantes. Seja um pequeno homem em um mundo grande e não um grande homem em um mundo pequeno.

11ª) Mediunidade é uma coisa e Doutrina Espírita é outra. A mediunidade processa-se de diversas maneiras, quer na audição, tato, visão, olfato, incorporação etc. Doutrinação é o que fazemos nas giras com as entidades, pois trabalhamos para as Almas e não com as Almas.

12ª) A nossa Doutrina não conserta a vida de ninguém, mas cria condições para que cada um conserte a sua própria vida de acordo com o seu paladar.

13ª) Em uma sessão todos são vistos e observados e cabe a cada um a responsabilidade espiritual de seus atos.

14ª) Abra a sua mente para que você possa levar consigo e para os seus verdadeiros fluídos de paz e felicidade de acordo com o seu merecimento.

15ª) Não interceda na vida dos outros os aconselhando, pois você não sabe dos seus merecimentos e assim procedendo você não assume responsabilidades espirituais. Lembre-se do livre arbítrio de cada um. Viva a indiferença construtiva da sua própria existência.

16ª) Não se esqueça do compromisso que você assume com o Caboclo Mirim desde que você resolveu frequentar a sua Casa. Escolha para si mesmo os ambientes que frequenta, não participando de trabalhos baixos, pois a responsabilidade será somente sua e você, um dia, prestará contas da mesma. O mundo dos mortos é incomensurável e nele habitam os mais diversos tipos de espíritos, portanto, não os invoque sem conhecimento de causa.

17ª) A Umbanda não faz matança, pois os animaizinhos são nossos irmãos e a Lei da Fraternidade Universal proíbe.

18ª) Seja dono do mundo material que você possui, não deixando que o mesmo seja o seu próprio dono. Goste do que lhe pertence, mesmo sendo pouco.

19ª) Viva a vida como ela se apresenta para você na sua verdadeira beleza, prezando conscientemente o seu copo físico e seu corpo espiritual.

20ª) a Umbanda tem fundamento e "É coisa séria para quem é sério ou quer se tornar serio".

Aspectos da sua consolidação

Tornamos a enfatizar que o Ritual da Tenda Mirim continuou a ser diferenciado no meio umbandista trazendo influências do Ocultismo e da Teosofia. O Caboclo Mirim aboliu algumas práticas que mantinham relação com as macumbas cariocas, o Catolicismo e a cultura africana.

A Tenda Mirim contava com vários colaboradores, dentre eles os escritores Diamantino Coelho Fernandes e Jota Alves de Oliveira, Cícero dos Santos, Gareau Moreira, Olívio Novais e outros. Da Tenda Mirim saíram vários médiuns que se responsabilizaram pela criação de novas Tendas em todo território nacional.

Benjamim Figueiredo participou ativamente no Primeiro congresso Brasileiro do Espiritismo da Umbanda, em 1941, que teve como Comissão Organizadora Jayme S. Madruga, Alfredo Antônio Rego e Diamantino Coelho Fernandes, cujo evento foi instalado em 19 de outubro de 1941, no qual Diamantino Coelho Fernandes da Tenda Espírita Mirim, na sessão de 23 de outubro de 1941, apresentou a tese "O Espiritismo de Umbanda como Religião, Ciência e Filosofia". No dia 24 de outubro, Roberto Ruggiero, membro da Delegaçao da Tenda Mirim, apresentou a tese "Cristo e seus Auxiliares".

A Tenda Espírita Mirim, em 1944, possuía 1600 médiuns e tinha uma frequência mensal superior a 40.000 pessoas.

Por volta de 1950 existiam nas hostes umbandistas dois grupos: os que defendiam a matriz kardecista e os que defendiam a origem africana da Umbanda. Os dois eram mutuamente hostis e os conflitos eram aprofundados pelas diferenças raciais e de classes.

A primeira casa descendente da Tenda Mirim foi criada em 3° de junho de 1951, como a primeira filial, em Queimados – Nova Iguaçu, Rio de Janeiro, na Rua Alegrete.

Depois desta, novas casas foram abertas em Morro Agudo, Austin, Realengo, Rocha, Vila Izabel, Jacarepaguá, Colégio, Itaboraí, Taquara. Olaria e Petrópolis, no Rio e no Estado do Rio.

A primeira casa descendente do Caboclo Mirim, aberta fora do Rio de Janeiro, foi a de Assaí no Paraná.

Em 1952, Benjamim Figueiredo, sob a orientação do Caboclo Mirim, escreveu o livro *A Tenda Espírita Mirim e a sua Escola: orientação umbandista para os filhos da Família Mirim*, com o propósito de orientar a formação de um terreiro na parte material.

Ainda em 1952, Benjamim Figueiredo, juntamente com o Grande Chefe Caboclo Mirim, em cinco de outubro, criou o Primado de Umbanda e a Primeira Escola Iniciática de Umbanda.

O Primado de Umbanda, Organização Federativa, tinha como objetivo estimular o estudo da Umbanda e a difusão do seus ensinamentos, dando Formação Sacerdotal Inciática aos dirigentes de Terreiros filiados, utilizando a terminologia da Língua Nheengatu para identificar os Graus de Evolução Espiritual, resgatando dessa forma os Fundamentos Esotéricos da Grande lei de Umbanda.

Em 1953, ainda sob a orientação do Caboclo Mirim, Benjamim Figueiredo, escreveu o seu segundo livro, intitulado *A Umbanda na Escola da Vida*, com Fundamentos Esotéricos, Herméticos e Iniciáticos.

O Primado de Umbanda do qual a Tenda Mirim não mais participa, está localizado na Rua Espírito Santo, 215 – Praça Seca – Jacarepaguá.

Em 1954, no Primado de Umbanda, nas funções de Primaz, Benjamim Figueiredo escreveu o seu terceiro livro, intitulado *Ordenaçoes – Glossário.*

Em 1956, o *Jornal de Umbanda* editado pela União Espiritista de Umbanda do Brasil, anunciou que os líderes e as Federações que representavam os dois grupos hostis, anteriormente citados, reuniram-se formando uma organização denominada Colegiado Espiritualista do Cruzeiro do Sul que abarcava as cinco Federações mais atuantes do Rio de Janeiro, cujo objetivo era trabalhar pela unidade da Umbanda. A iniciativa desta articulação partiu da UEUB e incluía também a Federação liderada por Tancredo da Silva Pinto. Neste colegiado estava incluído o Primado de Umbanda, cujo Primaz era Benjamim Figueiredo.

Em 1961, Benjamim Figueiredo escreveu o seu quarto livro intitulado *Okê Caboclo*, ditado pelo Caboclo Mirim.

O Colegiado Espiritualista do Cruzeiro do Sul organizou o Segundo Congresso Nacional de Umbanda em 1961, de 16 a 23 de julho, com participação das organizações do Rio Grande do Sul, Paraná, Santa Catarina, São Paulo, Minas Gerai, Espírito Santo e Bahia.

Uma das finalidades da reunião exposta pelo Presidente da Comissão Organizadora era congregar as Tendas e Terreiros, sem distinção de ritos e liturgias, para através do Conselho Supremo dos Cultos Afro-Brasileiros discutir todas as matérias, e sobre elas deliberar, atinentes aos Cultos praticados em nossa terra, de índios e negros.

O Segundo Congresso Nacional de Umbanda não foi tão importante, sob o ponto de vista ritualístico, como o Primeiro, porém trouxe grande contribuição para a união dos umbandistas. A festa de encerramento foi realizada em 26 de julho no Maracanãzinho, estando presentes cerca de 4.000 médiuns uniformizados. O período compreendido entre 1958 e 1967 é conhecido como a Fase de Reconhecimento Social da Religião.

Segundo o escritor Decelso o que predominou como ainda predominam são os pontos de vista pessoais, pois ainda se sustentam teses mais ou menos assim: "Minha Umbanda" ou então, o que vem sustentando o operoso e respeitável irmão, Primaz e Presidente da Tenda Mirim, Benjamim Figueiredo, para quem não se deve acender velas, pois para ele Umbanda não deve acender velas.

Em 1969, em entrevista ao escritor Jota Alves de Oliveira, transcrita no seu livro *Magias de Umbanda* e intitulada "45 anos de Umbanda sem Exu", disse Benjamim Figueiredo:

– E percorria Jesus todas as cidades e povoados, ensinando nas sinagogas, pregando o Evangelho do Reino e curando toda sorte de doenças e enfermidades. Vendo Ele as multidões, compadeceu-se delas, porque estavam aflitas e exaustas como ovelhas que não tem pastor. E então se dirigiu aos seus discípulos: A Seara na verdade é grande, mas os trabalhadores são poucos. Rogai, pois, ao Senhor da Seara que mande trabalhadores para a sua Seara (Mat. 9: 35-37).

Jesus fala em Seara e recomenda aos seus discípulos para rogar a Deus que mande trabalhadores para a sua Seara. A palavra Seara significa Campo de Cultivo. Então verifica que os trabalhadores são poucos para cultivar a vastidão do campo, que é imenso, e recomenda, ou pede mais trabalhadores, isto é: Homens capazes de entender a sua palavra, a palavra do seu Evangelho, as lições que ficaram para a vida eterna. Não havendo quantidade suficiente de trabalhadores, é preciso que os discípulos supliquem ao Senhor, a Deus, que encaminhe mais discípulos para o Mestre enviar a todas as nações, pregar o seu Evangelho, a palavra de Luz. O campo de cultivo é o mundo e o trabalho de arroteamento da terra, do cultivo, corresponde aos seus habitantes. É preciso esclarecê-los, instruí-los, iluminá-los, através da Luz do seu Evangelho.

Estabeleçamos paralelos com o Ensino de Jesus, pois as Searas, no plural, também são várias, ele mesmo afirmou em outra passagem, que tinha outras ovelhas que não estavam ali naquele rebanho, mas era necessário cuidasse, também delas.

A Seara Cristã é uma só, porém, ela se subdivide em várias Searas. O conjunto do Cristianismo forma uma unidade, mas, as outras Searas, mesmo que não adotem o Cristianismo, vivem dentro da Grande Seara do Senhor, que é o mundo. Então não importa, para o Senhor, que estejam divididos os seus governados: católicos, protestantes, espíritas, umbandistas, maometanos, islamitas etc. Não importa, pois Ele sabe da capacidade de entender de cada um, e cada um está ligado a Ele dentro de qualquer religião, seita ou culto.

45 anos sem Exu

Escolhemos, depois de outros, este título para chamar a atenção dos leitores e desenvolver este item, e mostrar que a curimba de Exu diz que "Sem Exu não se faz nada" – é força de expressão – e nada mais! Os umbandistas conscientes ou inconscientes, ainda não tem muito que analisar, meditar, refletir quanto ao que os espíritos de qualquer categoria dizem, ou mandam fazer. É preciso não esquecer, também, que somos espíritos vivendo em ambiente físico, e os espíritos desencarnados vivem no ambiente extra físico. Mas, repetimos: todos nós somos espíritos e devemos analisar toda orientação que os espíritos nos transmitem do além que pode ser boa ou ruim. Por isso, e para isso, para fazer as devidas distinções, aí está a Doutrina Espírita, para estudar, analisar e comparar.

Jesus também tratou com Exus encarnados e desencarnados. Viveu, padeceu e morreu na Quimbanda, realmente, pois o ambiente da Terra é mais de Quimbanda de que de Umbanda. "Quem gostar de Exu, que trabalhe com ele, e quem não gostar que o mande embora. Temos livre arbítrio que Deus no concedeu para agirmos com a nossa vontade. Se Exu precisa evoluir, que reencarne e venha trabalhar no pesado".

O progresso da Umbanda dependerá, também, dos seus praticantes. A Umbanda será o que dela fizerem os umbandistas. Porém, sem o desejo de avançarem, de irem mais adiante, de se reformarem, de se melhorarem moral e espiritualmente, sem se evangelizarem, os umbandistas estacionarão no marco zero! E a Umbanda será aquela força indomável a sulcar os caminhos vários que conduzirão o homem a Deus – através de mais sofrimento.

O caminho ficará plano quando o filho de fé – o médium se dispuser a deixar de ser máquina, apenas, aparelho receptivo ou intérprete, para, aceitando o sacrifício, com abnegação que a sua mediunidade lhe impõe estudar e aos poucos melhorar os ambientes do seu lar e da sua vivência, e isso só se consegue através do treino perseverante, da força de vontade. Mas para isso é indispensável que o Chefe da Tenda tenha carinho com os seus comandados, instruindo-os e fazendo leituras de livros doutrinários e evangélicos para que a iluminação se faça na alma de cada um. Fora disso, é como diria o Caboclo Estrela: "Carregar água no cesto".

Uma escola de Umbanda com 27 filiais

O Movimento Umbandista se expande de maneira significativa e justificada, inclusive nas previsões de Jesus, conforme constatando no seu Evangelho. A par do expansionista por todos os Estados, queremos admitir que é no Rio de Janeiro e no Estado do Rio Grande do Sul, onde o índice de progresso já se impõe de maneira acentuada, a Umbanda e os seus praticantes vão evoluindo devagar e, consequentemente, eliminando petrechos de suas práticas, por desnecessários, pois o ambiente da selva africana ou brasileira, não é o mesmo da civilização, daí, o índio e o Preto Velho já estabeleceram algumas modificações nas práticas do passado, melhorando-as e fazendo-as acompanhar o dinamismo da época, como, aliás, está acontecendo com o Catolicismo.

Nossa observação volta-se para as práticas da Tenda Mirim, no Rio de Janeiro, práticas sem Exu. É uma organização única no gênero em nosso Brasil – cujo método vem sendo adotado por outras Tendas, até mesmo nos Estados, como tivemos oportunidade de ver.

A palavra Escola traduz ensino, colégio, educandário, onde se aprende. Caboclo Mirim faz questão que se use a designação Escola e ele têm justificadas razões para essa exigência, sem forçar a ninguém, mas que tem lógica. É realmente, uma corrente espiritualista com métodos próprios ou sistema planificado, do qual se obtém os mais salutares resultados, tanto para os aprendizes, os iniciados, como para os que lá chegam com a capacidade mediúnica desenvolvida.

Um Templo onde os benefícios se estendem aos que buscam – bem intencionados – algo de que estão necessitados. Benefícios que os bons trabalhadores de Pai Oxalá, fazem descer do Céu a Terra, para amenizar as dores de todos, e despertar em cada filho de Deus – a Centelha de Vida que vibra em cada um de nós.

Este comentário é uma cópia fiel daquilo que o Caboclo e o Mestre nos dizem em sua linguagem clara, mas uma pálida amostra que traduzimos dentro das nossas probabilidades.

Caboclo Mirim, espírito missionário, preparou a antena receptiva daquele que seria e é intermediário do seu programa, de suas ordens, de sua mensagem cheia de amor e vida! O seu médium, que presa a sua missão, e que está cumprindo religiosamente a sua tarefa, o seu missionato, já há 45 anos.[26]

A imponente sede própria, de três andares, com um salão de 1000 metros quadrados, foi inaugurada no dia 19 de março de 1942, conforme dados colhidos no mensário *O Caminho*, excelente jornal doutrinário publicado pela Tenda Mirim durante 21 anos e do qual foram secretários e colaboradores o autor deste livro,[27] Diamantino Coelho Fernandes, Jota Alves de Oliveira, Cícero dos Santos, Gareau Moreira, Olívio Novais e outros.

Em sua nova sede e durante alguns anos a Tenda Espírita Mirim chegou a registrar uma frequência de 3.000 assistentes! E o que é mais notável é que tal número de frequentadores era atendido em apenas duas horas de trabalho! Tal a quantidade de médiuns passista e de descarga, para atender tão grande multidão! Cremos admitir que seja recorde nos anais do Espiritismo de Umbanda, o fato registrado em livros da Tenda, bem assim a quantidade de médiuns que por lá passaram, mais de 8.000!

A Seara é grande e os trabalhadores da Seara, que se dispunha cuidar do cultivo do campo; porém, como a máxima de Jesus adquiriu quando Ele aconselhou aos discípulos que pedissem ao Senhor da Seara que lhe mandasse trabalhadores para melhor cuidar e expandir a Seara nova de Umbanda, e assim aconteceu! Oito mil médiuns!

E o que fazer quando se acumularam tantos médiuns, talvez uns três mil?

Mirim tomou as providências e pôs seu programa a funcionar dentro da expansão prevista, com seu método prático, eficiente: Simplicidade, naturalidade, disciplina, amor ao próximo e respeito acima de tudo.

As primeiras providências foram tomadas para a instalação da primeira, e que ocorreu em 30 de junho de 1951. Para

26 Dados de 1969 no livro *Magias de Umbanda*, de Jota Alves de Oliveira.
27 Jota Alves de Oliveira.

esta tarefa foi destacado um dos servidores fiéis de Mirim: Antônio Chagas (o Chaguinhas), médium do Caboclo Tibiriçá. Com humildade e firmeza, o trabalho foi concluído para felicidade da grande Família Mirim. Foi o início de uma série que não sofreu solução de continuidade nestes primeiros 18 anos. A filial número 1 surgiu no longínquo subúrbio da Central do Brasil, do chamado Ramal de Nova Iguaçu, na Estação de Queimados – à Rua Alegrete. E foi como que um luzeiro dentro do campo deserto daquela região, que prosperaria com rapidez e assinalaria o progresso do local. É a filial número 1 ostentando em sua fachada o emblema de duas flechas cruzadas, que é o ponto riscado de Mirim, simples e definindo que ali é uma Seara de Caboclo, que se denomina Umbanda para os civilizados da Terra de Santa Cruz. Vem, nesse lapso de tempo, abrigando a todos os viandantes das caminhadas difíceis na encarnação presente, dentro deste mundo de provas e expiações. É um Templo! Sede própria dispondo de todo o conforto para os filhos da Casa e seus assistentes.

Aí tem os leitores uma organização que honra a Umbanda e os umbandistas e que não têm similares. O método de trabalho de Mirim vem sendo adotado por muitas Tendas do Rio de Janeiro e de outros Estados.

Os uniformes são iguais para todos, de algodão branco. Para os homens macacão branco e para as mulheres, moças e meninas, avental até os pés e abotoado na frente, de meia manga.

Não se fazem nem se aconselham despachos, que é o produto da ignorância de quem pede e de quem faz. É que a Lei de choque de retorno é inexorável, não perdoa e estará ativada com o produto que enviamos ao desafeto.

No sistema de vibrações emanadas do Astral Superior não são usadas nem recomendadas velas. Não se adotam colares presos ao pescoço, ditos guias. Não se usa pemba, nem pólvora, nem ponteiros. Não se usam bebidas, a não ser o vinho doce, moscatel nas giras festivas dos terceiros domingos do mês, no horário de 16 as 20 horas; nas filiais é no primeiro domingo do mês. O elemento material que o Caboclo ou Preto Velho usa é charuto ou cachimbo, nada mais.

Na abertura das sessões, preces e cânticos próprios para a preparação do ambiente. Cânticos de chamada do Guia Chefe e, em consequência, dos seus auxiliares ou substitutos e demais trabalhadores. Na prece são salvados todos os Orixás, tanto na abertura como no encerramento das sessões. Durante as sessões os cânticos correspondentes ao Orixá do mês, são entoados do começo ao fim.

As sessões se dividem em: Sessões Públicas de Passes e Descarga dos maus fluidos ou retirada de obsessores. Sessões Privativas de Irradiação aos doentes e desobsessão. Sessões Privativas da Escola de Médiuns, ocasião em que é ministrada toda orientação doutrinária e ritualística aos trabalhadores da Escola Mirim.

Tudo funciona bem e bonito, em uma disciplina perfeita e harmoniosa.

Todas as sessões são realizadas dentro do horário estabelecido de uma e meia, no máximo duas horas.

Diz o Caboclo Mirim que todos devem respeitar as Leis da Terra, e que os médiuns, empregados e sujeitos a horários e a patrões, bem como as donas de casa aos seus deveres domésticos, com afazeres diários em hora normais, não podem ficar à mercê de espíritos menos disciplinados, que esquecem a condição do médium encarnado e, consequentemente preso ao tempo e a horários. Além do mais, acrescenta, sempre houve e haverá doentes – MAS QUE TODOS DEIXARÃO DE ADOECER QUANDO PRATICAREM A LEI DE OXALÁ.

O Primado de Umbanda em São Paulo

Félix Nascentes Pinto, natural de Macaé, Rio de Janeiro, excelente médium, entre 1937 e 1940, fez Curso de Formação de Chefe de Terreiro na Tenda Mirim, e passou, em São Paulo, a trabalhar com um casal que praticava a Umbanda às escondidas, em virtude da forte perseguição policial. Em 1950, fundou a Tupã Oca do Caboclo Arranca Toco.

Em 1952, mesmo com as acirradas perseguições aos Cultos Afro-Brasileiros decidiu levar a Umbanda para a rua, realizando uma grande festa pública para Oxóssi no SENAC, em São Paulo, estando presente uma Delegação de 11 Tendas cariocas, comandadas por Benjamim Figueiredo.

Em 1958, convidado por Benjamim Figueiredo, criou em São Paulo uma Delegacia do Primado de Umbanda. Em 28 de setembro de 1960, fundou o Primado de Umbanda do Estado de São Paulo, passando mais tarde a denominar-se Primado de Umbanda do Brasil.

O Terceiro Congresso de Umbanda realizado no Rio de Janeiro, no estádio de São Januário, entre 15 e 21 de julho de 1973, cuja comissão organizadora presidida por Cavalcanti Bandeira, contou com Benjamim Figueiredo, presidente da Tenda Mirim.

A revista *Mundo de Umbanda*, número 1, de 1973, publicada pelo Primado de Umbanda, citava: Os umbandistas desejam consolidar o Dia da Umbanda e preservar os rituais comuns e afins, proclamando o desejo de congregarem um Colegiado Nacional, os Órgãos Associativos e Federações Estaduais, a fim de encontrar as distorções e os abusos que são cometidos em nome da Umbanda.

Segundo a revista, os temas propostos abordavam: Aspectos Doutrinários e Filosóficos; Sincretismo Religioso; Teologias e Crenças; Moral e Ética Religiosas; Práticas e Rituais; Iniciação e Desenvolvimento; Organização Religiosa; Música, Danças e Cânticos; Simbologia; Aspectos Administrativos; Os Cultos e a Legislação Oficial; Órgão Nacional Inter Federativo; Temas Livres e Teses sobre a Umbanda.

Figura 52: Altar da Ordem Mística do Pensamento. *O Que Há!*, n. 53, 7 de agosto de 1930.

Figura 53: Dança da macumba. Desenho de Luiz Gonzaga. *Vamos Ler!*, n. 18, 3 de dezembro de 1936.

Figura 54: Transe em trabalho para Yemanjá. *Tribuna da Imprensa*, n. 8051, 2 de janeiro de 1976.

Figura 55: Vodu haitiano. *Correio Braziliense*, fevereiro de 2010.

Figura 56: Barco com oferendas para Yemanjá. *República*, n. 90, 10 de dezembro de 1979.

Figura 57: Médium incorporada com criança. *Jornal da República*, n. 90, 10 de dezembro de 1979.

Figura 58: Mãe Delamare no altar da Tenda Espírita Mãe Delamare. Bairro do Reduto – Belém (PA). *O Liberal* (PA), n. 22312, 22 de maio de 1989.

Figura 59: Bazar Preto Velho. Bairro do Guamá – Belém (PA). *O Liberal* (PA), n. 22348, 27 de junho de 1989.

Figura 60: Casa de artigos religiosos. Bairro da Pedreira – Belém (PA). *O Liberal* (PA), n. 22476, 2 de novembro de 1989.

Figura 61: Louvação à Iemanja. Desenho de T. Rosco . *O Liberal* (PA), n. 22511, 7 de dezembro de 1989.

Figura 62: Trabalho para Iemanjá. Praia Grande – Outeiro – Belém (PA). *O Liberal* (PA), n. 22512, 8 de dezembro de 1989.

Figura 63: Médiuns enfileirados durante trabalho para Iemanjá. Praia Grande – Outeiro – Belém (PA). *O Liberal* (PA), n. 22513, 9 de dezembro de 1989.

Figura 64: Pombagira Audara Maria incorporada em Mãe Cacilda de Assis. Acervo de Cristian Siqueira.

Figura 65: Seu Sete da Lira, incorporado em Mãe Cacilda de Assis, e o seu tradicional ebó do carnaval. Acervo de Adão Lamenza.

Figura 66: Mãe Cacilda de Assis incorporada com a Cabocla Jurema. Acervo de Adão Lamenza.

Figura 67: Seu Sete da Lira cobrindo um amigo com sua capa. Acervo de Adão Lamenza.

Figura 68: Capa de Seu Sete da Lira. Acervo de Cristiam Siqueira.

Figura 69: Capa do LP *Seu Sete é quem manda*. J. B. de Carvalho.

Figura 70: Capa do EP *Cordeiro de Nanã*. Os Tincoãs.

Figura 71: Capa do LP *Umbanda Querida*. Arlete Moita (Yalorixá da Tenda Espírita Caboclo Rompe Mato).

Figura 72: Capa do LP *O Rei do Congo*. Sussú.

Figura 73: Capa do LP *Umbanda*. João Carolino.

Figura 74: Capa do LP *Oxóssi Pena Branca*. J. B. de Carvalho.

Figura 75: Capa do LP *Aruanda*. José Ribeiro.

Figura 76: Capa do LP *Obaluayê!*. Orquestra Afro-Brasileira.

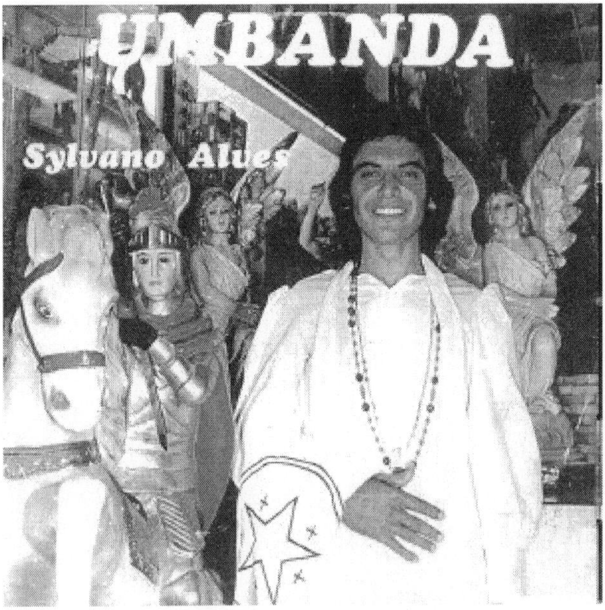

Figura 77: Capa do LP *Umbanda*. Sylvano Alves.

Figura 78: Capa do LP *Os Tincoãs*.

Figura 79: Capa do LP *Saravá*. Trio Indaiá.

Figura 80: Capa do Single *Ponto de Macumba*. Heitor dos Prazeres e Sua Gente.

Figura 81: Detalhe do congá da T.U.O. (Itacuruçá), dirigida por W. W. da Matta e Silva. *http://umbandadobrasil.no.comunidades.net*

Figura 82: Congá da T.U.O. (Itacuruçá), dirigida por W. W. da Matta e Silva. *http://umbandadobrasil.no.comunidades.net*

A CONFRARIA DOS PRETOS VELHOS DE UMBANDA

confere ao Ilustríssimo Senhor

Pai Diamantino Fernandes Trindade

o título de **Soldado de Aruanda**

em agradecimento pela sua incansável luta em favor da Umbanda.
Que Olorum-Zâmby-Tupã o abençoe sempre! Saravá!

Limeira, 15 de novembro de 2017

Pai Evandro Fernandes
CONFRARIA DOS PRETOS VELHOS DE UMBANDA

5º Dia da Umbanda

Figura 83: Homenagem da Confraria dos Pretos Velhos de Umbanda. Limeira – 15 de novembro de 2017.

Figura 84: Padre Gabriel Malagrida, uma das encarnações do Caboclo das Sete Encruzilhadas. Biblioteca Nacional de Portugal.

CASA DE UMBANDA

HERVAS MEDICINAES

Trata-se sobre atrazos de vida e qualquer negocio para o bem estar. Consultas gratis, para os enfermos. Medium somnambulo. Das 10 da manhã ás 4 da tarde. Rua Lia Barbosa n. 15, em frente á estação do Meyer.

(J. 3784)

Figura 85: Anúncio sobre casa de Umbanda. *Correio da Manhã*, n. 625, 21 de março de 1916.

Figura 86: O tocador de macumba. *Vamos Ler!*, n. 183, 1 de fevereiro de 1940.

Figura 87: Indígena tocando trombeta feita de bambu e caveira. *Vamos Ler!*, n. 17, 26 de novembro de 1936.

Figura 88: Dr. Armando Cavalcanti Bandeira. Autor da obra *O que é a Umbanda.*

Figura 89: José Rodrigues Lopes Barros (O Aprendiz). *Diário Carioca*, 16 de fevereiro de 1933.

Figura 90: Túmulo de Zélio de Moraes. Cemitério de Maruí – Niterói. Acervo da Tenda Espírita Nossa Senhora da Piedade.

Figura 91: Fachada da casa onde ocorreu a primeira gira de Umbanda. São Gonçalo – Niterói. *A Noite*, n. 4470, 7 de maio de 1924.

Figura 92: Deputado e radialista Attila Nunes Filho. *Revista do Rádio*, 1959.

Figura 93: Fachada da Federação Espírita Brasileira em 1924. Avenida Passos, Rio de Janeiro.

Figura 94: Fachada da Tenda Espírita Santa Bárbara, uma das sete tendas mestras fundadas pelo Caboclo das Sete Encruzilhadas. Rua São Pedro, 133 – Rio de Janeiro. *A Noite*, n. 8750, 22 de maio de 1936.

Figura 95: Cumbuca e turíbulo utilizados na Confraria da Estrela Dourada do Caboclo Sete Lanças, 1997.

Figura 96: Dançarina de macumba. *Manchete*, n. 80, 28 de março de 1953.

Figura 97: Detalhe de um Batuque no Rio Grande do Sul. *Manchete*, n. 80, 28 de março de 1953.

Figura 98: Clara Nunes durante ritual (1972). *Realidade*, n. 117, dezembro de 1975.

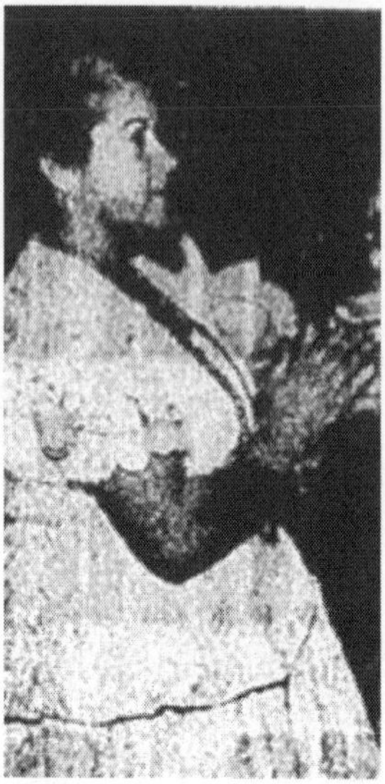

Figura 99: Senhora Almerinda Fraga Abarassa. Presidente da União de Tendas Espíritas de Umbanda do Estado de São Paulo.
Ultima Hora (PR), n. 2161, 27 de abril de 1959.

Figura 100: Pai Demétrio Domingues (esquerda) e Pai Pedro Furlan (direita).
Umbanda Verdade, n. 1, maio de 1986.

Figura 101: Iniciadas yorubanas de Obaluaiê.
Edições Planeta – Orixás, n. 126-B, maio de 1983.

Figura 102: Babalorixá jogando búzios.
Edições Planeta – Orixás, n. 126-B, maio de 1983.

Figura 103: Exu (na visão de Carybé).
Edições Planeta – Orixás, n. 126-B, maio de 1983.

Figura 104: Detalhe da capa de Seu Sete da Lira.
Acervo de Cristian Siqueira.

Figura 105: W. W. da Matta e Silva com o médium Ezio.

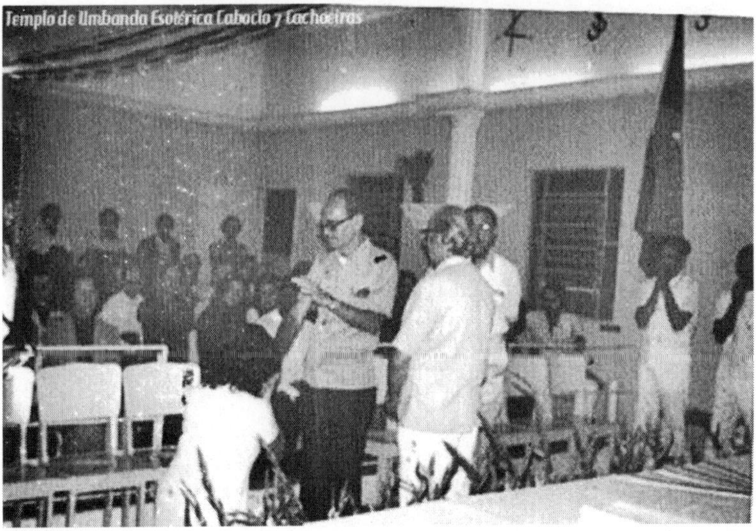

Figura 106: W. W. da Matta e Silva no Templo de Umbanda Esotérica Sete Cachoeiras.

Figura 107: W. W. da Matta e Silva no Templo de Umbanda Esotérica Sete Cachoeiras.

Figura 108: W. W. da Matta e Silva no Templo de Umbanda Esotérica Sete Cachoeiras.

Figura 109: Waldemar Bento – Célebre autor do livro *A Magia no Brasil*.

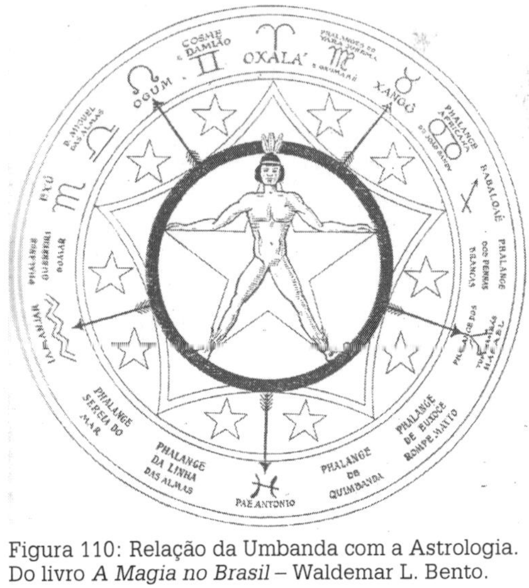

Figura 110: Relação da Umbanda com a Astrologia. Do livro *A Magia no Brasil* – Waldemar L. Bento.

Figura 111: Ogum Megê – também conhecido por Odó – Gum.
Do livro *A Magia no Brasil* – Waldemar L. Bento.

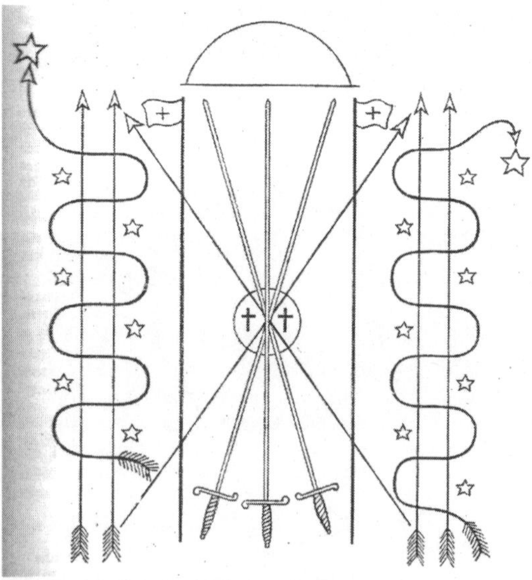

Figura 112: Ponto de Xangô Agodô.
Do livro *A Magia no Brasil* – Waldemar L. Bento.

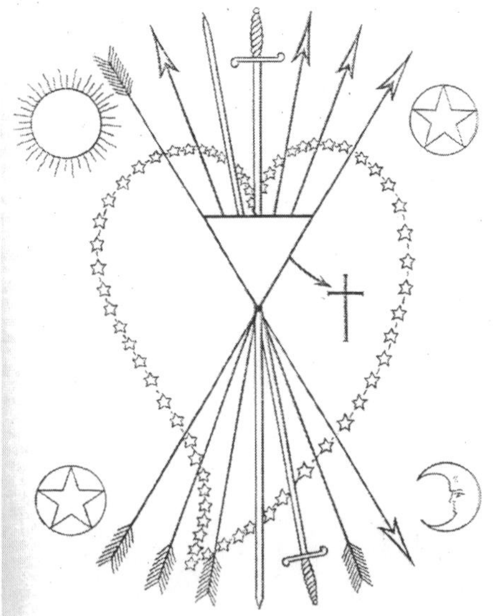

Figura 113: Ponto de Yemanjá.
Do livro *A Magia no Brasil* – Waldemar L. Bento.

Figura 114: Gegê-Nagô sudanesa.
Do livro *A Magia no Brasil* – Waldemar L. Bento.

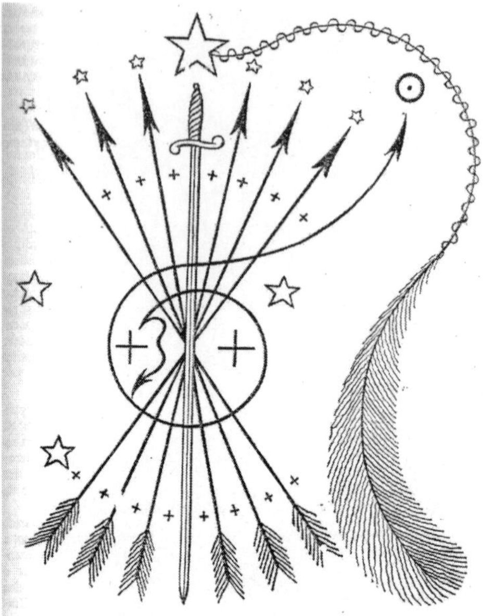

Figura 115: Ponto de Xangô Alafim – Eché.
Do livro *A Magia no Brasil* – Waldemar L. Bento.

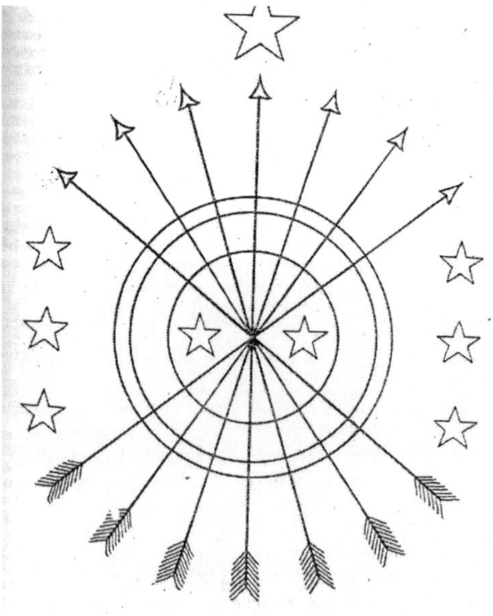

Figura 116: Ponto de Ogum Rompe Mato.
Do livro *A Magia no Brasil* – Waldemar L. Bento.

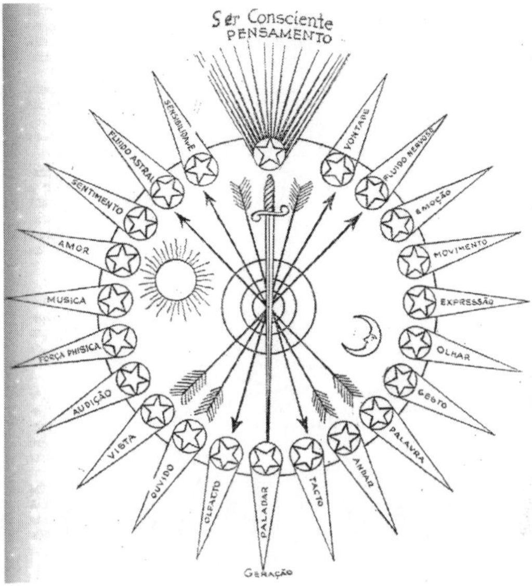

Figura 117: Ponto de Zambi.
Do livro A Magia no Brasil – Waldemar L. Bento.

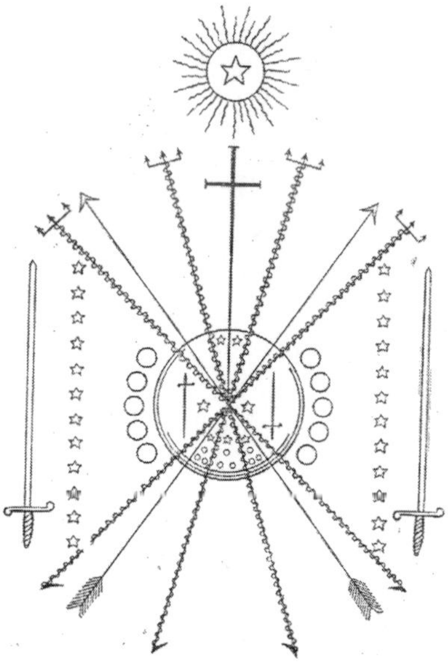

Figura 118: Ponto de Pai Antonio.
Do livro *A Magia no Brasil* – Waldemar L. Bento.

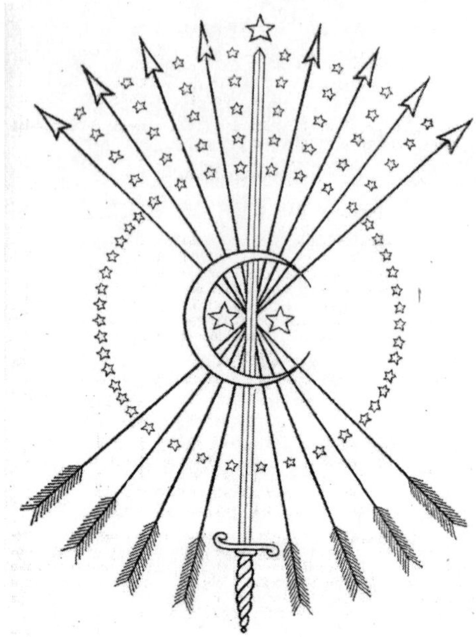

Figura 119: Ponto de Xapanan.
Do livro *A Magia no Brasil* – Waldemar L. Bento.

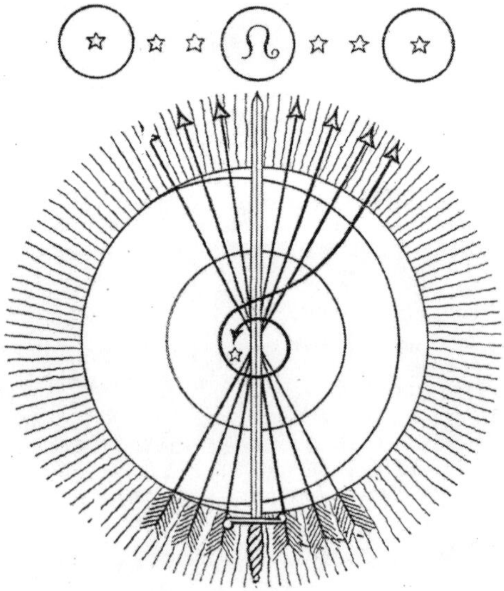

Figura 120: Ponto de Odô-Gum.
Do livro *A Magia no Brasil* – Waldemar L. Bento.

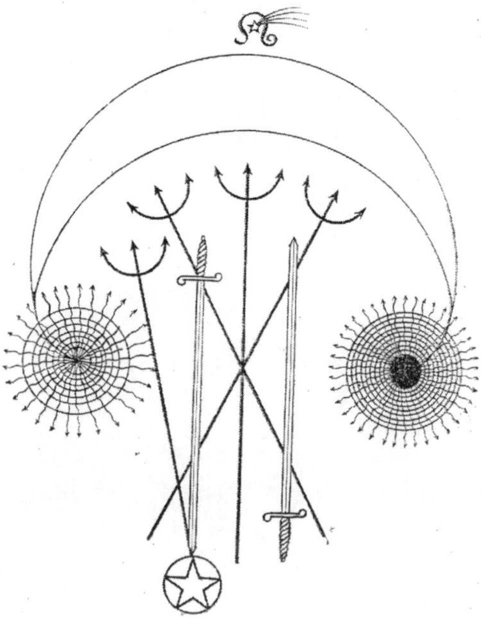

Figura 121: Ponto de D. Miguel das Almas – Quimbanda.
Do livro *A Magia no Brasil* – Waldemar L. Bento.

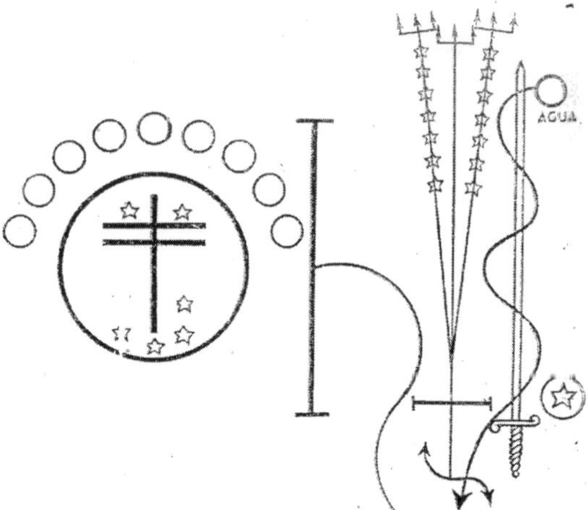

Figura 122: Ponto de Oxumaré.
Do livro *A Magia no Brasil* – Waldemar L. Bento.

Figura 123: Mameluca – Mestiça, nascida no Brasil – Filha de Santo.
Do livro *A Magia no Brasil* – Waldemar L. Bento.

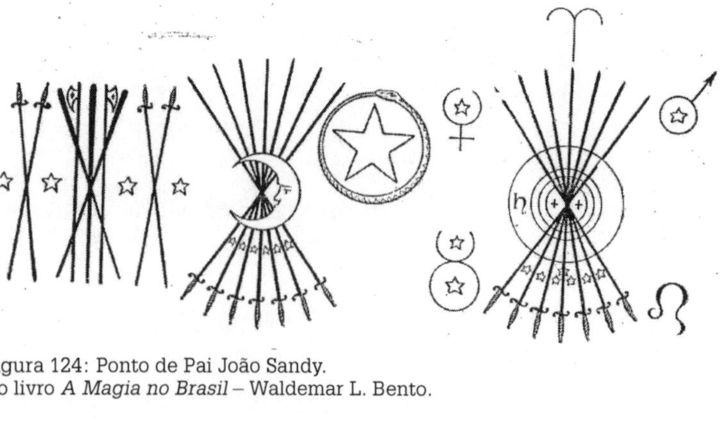

Figura 124: Ponto de Pai João Sandy.
Do livro *A Magia no Brasil* – Waldemar L. Bento.

Figura 125: Ponto de Ogum Megê.
Do livro *A Magia no Brasil* – Waldemar L. Bento.

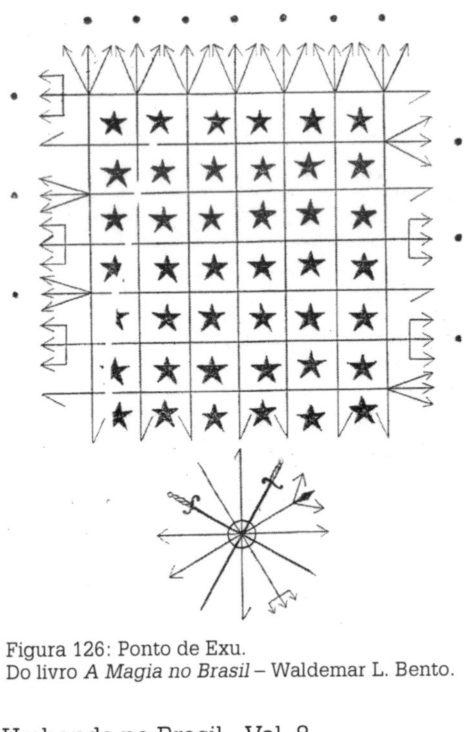

Figura 126: Ponto de Exu.
Do livro *A Magia no Brasil* – Waldemar L. Bento.

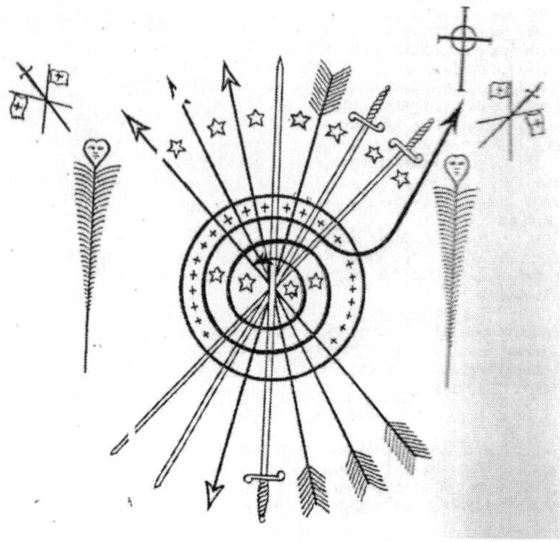

Figura 127: Ponto de Babalaoê.
Do livro *A Magia no Brasil* – Waldemar L. Bento.

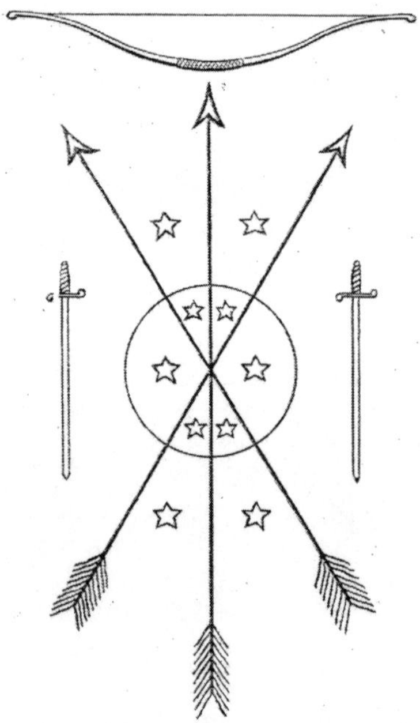

Figura 128: Ponto de Pai Pupinambá (Anoel).
Do livro *A Magia no Brasil* – Waldemar L. Bento.

Figura 129: Capa do *O Pasquim*, n. 56, 16 de julho de 1970.

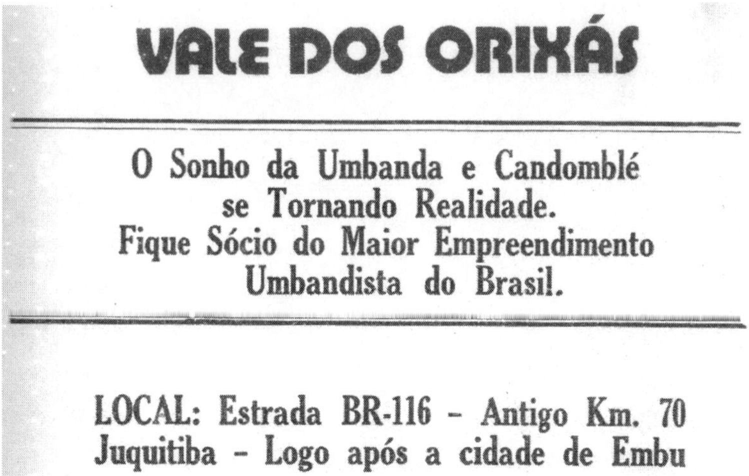

Figura 130: Propaganda do Vale dos Orixás.
Umbanda Verdade, n. 1, maio de 1986.

Figura 131: Kimbanda Kia Kusaka, negro de Angola, o que cura doenças (feiticeiro), conhecido no Brasil como Quimbandeiro.
Do livro *A Magia no Brasil* – Waldemar L. Bento.

SOBRE O AUTOR

- Professor do curso de pós-graduação em História e Cultura Afro-Brasileira do Centro Universitário Salesiano (UNISAL).
- Professor (aposentado) do Instituto Federal de Educação Tecnológica de São Paulo (IFSP) onde lecionou as disciplinas: Química, Fundamentos da Educação, Psicologia da Educação, História da Ciência e Epistemologia do Ensino.
- Lecionou como professor emérito na Universidade Cidade de São Paulo e professor adjunto nas Faculdades Oswaldo Cruz, Universidade de Santo Amaro e Universidade de Guarulhos.
- Pesquisador CNPq.
- Pesquisador do Grupo de Estudos e Pesquisa em Interdisciplinaridade (GEPI) da PUC-SP.
- Mestre em Educação pela Universidade Cidade de São Paulo.
- Master Science in Education Science by City University Los Angeles.
- Doutor em Educação pela PUC-SP.
- Pós-Doutor em Educação pelo GEPI-PUCSP.
- Autor de livros sobre Educação e Ciências: *A História da História da Ciência*, *Temas Especiais de Educação e Ciências*, *O Ponto de Mutação no Ensino das Ciências*, *Os Caminhos da Educação e da Ciência no Brasil*, *Leituras Especiais sobre Ciências e Educação*, *O olhar de Hórus: uma perspectiva interdisciplinar do ensino da História da Ciência*, *Química Básica Teórica*, *Química Básica Experimental*, *Médicos e Heróis: os caminhos da Medicina brasileira desde a chegada da Família Real até as primeiras décadas da República* e *Personagens da Ciência Brasileira*.
- Autor de livros sobre Umbanda: *Umbanda e sua história*, *Umbanda Brasileira: um século de história*, *Umbanda: um ensaio de ecletismo*, *Iniciação à Umbanda*, *Os Orixás na Umbanda e no Candomblé*, *Manual do Médium de Umbanda*, *A construção histórica da literatura umbandista*, *Antônio Eliezer Leal de Souza: o primeiro escritor da Umbanda*, *Memórias da Umbanda do Brasil*, *Você sabe o que é Macumba? Você sabe o que é Exu?*, *Leal de Souza*, *História da Umbanda no Brasil*, *História da Umbanda no Brasil – Volume 2: A Umbanda nos Jornais do Rio de Janeiro*, *História da Umbanda no Brasil – Volume 3: Memórias de uma religião*, *História da Umbanda no Brasil – Volume 4: Registros históricos*, *História da Umbanda no Brasil – Volume 5: Documentos históricos*, *História da Umbanda no Brasil – Volume 6: Registros históricos periódicos*, *Volume 7: Macumbas e perseguições religiosas*, *Retratos e Registros Históricos da Umbanda – Volumes 1* e

2; *Manual de Umbanda para iniciantes*.

• *Past Master* da Loja Maçônica Cavaleiros de São Jorge (Grande Oriente do Brasil).

• Membro da Escola Superior de Guerra.

• Médium do Templo de Umbanda Ogum Beira-Mar, dirigido por Edison Cardoso de Oliveira, entre 1981 e 1989.

• Vice Presidente da Federação Umbandista do Grande ABC entre 1985 e 1989 e Membro do Conselho Consultivo do Superior Órgão de Umbanda do Estado de São Paulo no mesmo período.

• Relator do Fórum de Debates: *A Umbanda e a Constituinte*, realizado na Assembleia Legislativa de São Paulo, em 1988.

• Colunista do Jornal *Notícias Populares*, em 1989, escrevendo aos domingos sobre a história e os ritos da Umbanda.

• Pesquisou a Umbanda e os cultos afro-brasileiros em diversos terreiros, visitando várias vezes a Tenda Nossa Senhora da Piedade e a Cabana de Pai Antônio onde conviveu com Zélia de Moraes e Zilméia de Moraes.

• Dirigiu o Templo da Confraria da Estrela Dourada do Caboclo Sete Lanças entre 1993 e 1999.

• Colunista do *Jornal de Umbanda Sagrada* entre 2008/2009.

• Colunista do Jornal *Aldeia de Caboclos* desde 2013.

• Ministro religioso do Templo Cristão Umbanda do Brasil.

• Ministro religioso da Casa de Cultura Umbanda do Brasil.

• Sacerdote de Orunmilá-Ifá iniciado pelo Babáláwò Ifatoki Adekunle Aderonmu Ògúnjimi (*Babalawo Ifasoya Ifadaisi Agbole Obemo*).

• Iniciado na Raiz de Guiné (*Hanamatan Ramayane*).

• Iniciado e consagrado na Kimbanda das Almas (*Babá Egúngún Inụ́ Aféfe*).

HISTÓRIA DA UMBANDA NO BRASIL - VOL. 8
foi confeccionado em impressão digital, em novembro de 2024
Conhecimento Editorial Ltda
(19) 3451-5440 — conhecimento@edconhecimento.com.br
Impresso em Luxcream 70g – StoraEnso